JN441182

집단상담

조 윤 지음

창지사

머/리/말

1 명심보감에 이런 글이 있습니다. '착한 일을 하는 사람은 봄 뜰의 풀과 같아서 그 자라는 것이 눈에 보이는 것은 아니지만 나날이 자라는 바 있으나, 나쁜 일을 하는 사람은 칼 가는 숫돌과 같아서 그 닳아가는 것이 눈에 보이는 것은 아니지만 사실 나날이 닳고 있는 것이다.' 이 비유를 착한 일을 하는 사람 대신 '공부하는 사람'에게 적용해 보면 어떨까요? '공부하는 사람은 봄 뜰의 풀과 같아서 그 자라는 것이 눈에 보이는 것은 아니지만 나날이 자라는 바 있다.'는 뜻이 될 것입니다.

여러분께서 이 책을 펼친 이유는 다양할 것입니다. 대학 교과목에 포함되어 있거나, 상담 전반에 관해 더 깊이 알고 싶어서, 또는 집단상담에 관한 지식을 배우고자 하는 이유에서일 것입니다. 상담에 대해 관심은 있으나 혼자 공부하기 버거워 도움을 얻고자 했다면, 이 책은 여러분의 뚜렷한 목적에 부합하는 지식을 전달해 드릴 것입니다. 그저 단순한 호기심으로 책을 펼쳤다 하더라도, 이 책을 계기로 봄 뜰의 풀과 같이 지속해서 성장하며 공부하는 사람으로 변화할지도 모르겠습니다.

2 이 책은 2022년부터 2025년까지 서정대학교 사회복지상담과 학생들과 교실에서 진행된 '집단상담의 기초' 강의에 바탕을 두고 있습니다. 제가 집단상담을 강의한 일이 처음은 아니었지만, 매 학기 연속해서 강의를 진행한 것은 서정대학교가 처음이었습니다. 따라서 이 책에 실린 모든 내용은 서정대학교 강의실에서 학생들과 나눈 수업에서 비롯되었음을 밝힙니다.

집단상담 교실에서 시작된 이야기는 개인의 감정과 경험을 거쳐 때로는 생각지 않은 방향으로 뻗어 나갔고, 학생들이 경험하는 지금, 여기의 사건들은 그들 영혼의 내면 풍경과 뒤섞이곤 했습니다. 사실 상담이란 사람들과의 관계 속에서 어떻게 조화롭고 상식적으로 잘 살아갈 수 있는가를 고민하는 과정입니다. '잘 산다는 게 과연 무엇일까요?'라고 묻는다면 대부분은 행복하게 사는 것이라고 대답합니다. 행복하게 사는 것이 무엇인지 명확하게 정의하기는 어렵지만, 상담적 측면에서 행복을 말한다면 가까운 사람들과 잘 지내는 것이라고 말할 수 있습니다. 누구든 가족을 비롯한 주위 사람들과 원만하게 지내며 행복하게 살기를 꿈꾸지만, 그렇지 못해 갈등하거나 마찰을 빚으면 고통스러운 것이 인지상정일 것입니다.

집단상담에 참여한 학생들은 수업 시간을 통해 자유롭게 자신들의 경험과 의견을 나누며 행복에 관한 나름의 해결책을 찾아냈습니다. 선생인 저는 그와 같은 자유로움, 다채로운 개성의 분출을 즐겼습니다. 다만, 그렇게 나눈 이야기들이 향기처럼 그대로 사라진다면 얼마나 아쉬울까, 이미 그 자체로 삶의 큰 기쁨이었지만 지나간 이야기들을 좀 더 차분하게 정리할 수 있으면 좋겠다는 생각을 하던 차에 이렇게 강의 교재로 만들 기회가 주어진 것은 실로 가외의 행운이라고 생각합니다.

저는 집단상담 강의를 통해 학생들과 함께 공동 작업을 하면서 몇 가지 중요한 점을 깨달았습니다.

첫째, 이렇게 다양한 세대, 직업, 경험을 가진 사람들을 모을 수 있는 것은 공부밖에 없다는 것입니다. 공부는 우리 모두가 나누어 가질 수 있는 지식을 가르쳐

줍니다. 그러므로 자기 삶의 주인이 되고자 하는 진지함과 성실함, 그리고 배움에 대한 존중감 등의 태도를 갖추기만 한다면, 우리는 누구나 학식의 깊이와 상관없이 오늘을 살아가는 지혜를 얻을 수 있을 것입니다.

둘째, 공부는 다양한 삶의 방식을 가진 사람들과 함께하는 것이 좋다는 것을 알게 되었습니다. 뜻이 맞고 취미가 비슷한 사람들끼리 어울리는 것도 큰 즐거움이지만, 다양한 사람들이 모여 함께 공부하며 세상에는 여러 종류의 삶이 있다는 것을 직접 확인하는 공유의 재미와 유익함도 무척 컸습니다.

공부를 하면 할수록 세상을 바라보는 생각과 태도는 물론 우리의 세계관과 마음가짐이 바뀌게 됩니다. 이 책을 바탕으로 집단상담을 공부하는 분들께도 인생의 변화가 있었으면 하는 바람입니다. 이 책을 통해서 인간과 상담에 가까이 다가가고, 그로 인해 현재 자신의 삶을 고귀하고 더욱 참되게 바꾸어 나갈 수 있기를 바랍니다.

3 사족(蛇足) 같은 말일 수도 있겠지만, 이 말은 꼭 덧붙이고 싶습니다. 이 책을 펼친 분 가운데는 인생의 겨울을 맞고 있는 분도 있을 것입니다. 땅에 몸담고 살아가는 존재들에게 겨울은 매우 혹독한 계절입니다. 풀은 마르고 나무는 잎을 떨구며 잠시 성장을 멈추어야 합니다. 새들은 먹을 것 찾기를 포기하고 산짐승은 동면에 들기도 합니다. 그러나 만물이 생동하는 봄이 오면 모든 것은 아무 일이 없었던 것처럼 되살아납니다. 우리의 삶도 그러합니다. 저는 삶을 되돌리는 데 배움보다 더 좋은 길은 없다고 생각합니다.

더 나아가 우리가 어느 삶의 현장에서든 만나는 사람들의 마음에는 구멍이 뚫려 있는 경우가 많을 것입니다. 빨려 들어가면 다시는 나올 수 없을 것 같은 블랙홀을 지니고 사는 사람들에게 그 구멍에서 빠져나올 수 있는 용기를 주는 사람이 우리였으면 합니다. 우리는 그들이 덜 외로울 수 있도록 도와주는 사람이며 그들에게 괜찮다고 말해줄 수 있는 사람입니다. 그들에게 다정하게 다가가 우연히 스쳐가는 것 같은 인연이지만 우리를 스쳐가는 사람들이 우리로 인하여 위로받을 때, 정말 그렇게 된다면 더할 나위 없이 행복할 것입니다.

어떤 경우든 우리는 책을 통해 지식을 얻고, 그 지식은 우리를 변화시킵니다. 책 읽는 과정에서 우리 자신이 변할 수도 있고, 책 속의 어떤 글귀나 지식이 마음 속에 남아있다가 마치 봄 뜰의 풀과 같이 우리 삶에 싹터 오를지도 모릅니다. 아주 크게는 인생관이 바뀔 수도 있고, 생활 습관이나 태도의 변화가 올 수도 있습니다. 더 나아가서는 여러분이 살고 싶은 인생의 모습, 가지고 싶은 직업의 모양이 바뀔 수도 있습니다.

상담이 변화를 목적으로 하듯, 저는 이 책이 그리스 옛이야기에 나오는 아리아드네의 실타래 같은 것이기를 바랍니다. 영웅 테세우스를 미궁에서 빠져나오게 해 주었던 바로 그 실타래 말입니다.

이 책을 쓰는 데 서정대학교 강의가 큰 도움이 되었습니다. 함께 공부한 서정대학교 학우 여러분께 감사의 마음을 전합니다. 아울러, 깊이 있는 지식을 책이라는 형태를 통해 준비하고 진행함으로써 대한민국 지식공동체 형성에 크게 이바지해 온 도서출판 창지사 여러분들께도 감사의 인사를 올립니다.

2026년 2월

조 윤

책 구성에 관하여

사회복지 현장에서 집단상담은 개인의 변화와 성장을 지원하는 효과적인 방법으로 자리 잡아 왔습니다. 사람들은 집단 안에서, 타인의 이야기 속에서 자신을 비추어 보고, 공감과 지지를 통해 새로운 가능성을 발견합니다. 이러한 과정은 상담자 한 사람의 노력으로는 만들어낼 수 없는, 집단만의 역동과 힘을 보여줍니다.

이 책은 사회복지사를 꿈꾸는 학생들을 위한 집단상담 교재로서, 가장 기초적인 집단상담의 이론과 실제를 유기적으로 이해하도록 돕기 위해 총 4부로 구성되었습니다.

▶ 제1부: 상담 이해

상담과 상담자에 대한 이야기를 담았습니다.

▶ 제2부: 집단상담 이해

집단상담의 개념, 역사, 집단원, 집단 역동 등에 관한 내용입니다.

▶ 제3부: 집단상담 기초 이론

주요 상담이론(정신분석, 인간중심주의, 합리적 정서적 행동치료, 현실치료)을 중심으로 집단상담의 이론적 기초를 탐색합니다.

▶ 제4부: 집단상담 진행 단계

집단의 발달 단계, 상담자의 역할, 주요 개입 기법 등에 대해 서술했습니다.

현장에서는 정답보다 과정이 중요합니다. 집단상담의 이론은 실천을 위한 나침반이 되지만, 그 길을 걸어가는 힘은 상담자와 집단구성원의 진심 어린 만남에서 비롯됩니다. 이 책이 바로 그 과정에 함께하는 안내서가 되어, 여러분이 집단상담의 본질을 이해하고 자신만의 실천 철학을 세워가는 데 기여하기를 바랍니다.

이 책은 집단상담을 처음으로 접하는 분들을 염두에 두고 쓴 책이기에 내용이 기초적입니다. 보다 심층적인 공부를 원하시는 분은 집단상담을 다루고 있는 여타의 좋은 책들을 찾아 깊이 있게 공부하시길 당부드립니다.

차/례

PART Ⅲ 집단상담 기초 이론

Group Counseling

PART I

상담 이해

Group Counseling

CHAPTER 01

상담과 상담자

1 상담이란?

2 우리는 언제 상담을 받고 싶어 하나?

3 상담과 문화–문화적 맥락 속의 인간 이해

4 상담자의 기본 태도

5 상담자가 갖추어야 할 역량

6 상담자가 익혀야 할 상담 기술

7 상담자와 내담자의 상호 작용

8 상담자의 윤리적 문제

1 상담이란?

사람이 가장 고민하고 또 해결하기 원하는 부분은 결국은 인간관계다. 살다 보면 막막하고 어려운 순간이 참 많은데 특별히 우리가 어려움을 겪는 것은 꼬여버린 인간관계라고 할 수 있겠다. 인간의 마음은 마음 심(心)자에서 찾아볼 수 있듯이 어디로 튈지 모르는 그런 특징을 가지고 있다. 한자어의 특징인 상형원리에 따라서 마음 심자는 심장의 형태를 본 떠 만든 것이라고 하는데 내가 보기엔 한 획 한 획이 모여있지 않고 다 흩어져 있는 것이 마치 인간의 마음이란 본래 종잡을 수 없어 '내 마음 나도 몰라.'라고 외치고 있는 것처럼 보인다.

마음은 속절없이 바뀌고 예측하기도, 또 측량하기도 불가능하다. 속수무책으로 우리는 마음의 요상스러운 널뛰기에 휘둘리고 있는데, 상담심리학은 그런 인간의 마음을 예측하고 그 마음을 가진 인간이 만들어 가는 대인 관계를 헤아려 보자고 하는 시도이다. 아마 여러분에게 세상에서 제일 힘든 게 뭐냐고 묻는다면 많은 분들이 인간관계라고 대답하기가 쉬울 것이다. 이런 이유로 인간관계에 대한 고민을 대화를 통해 해결하고자 하는 상담심리학은 우리 모두에게 통찰과 지혜를 준다.

특히 땅덩어리는 좁고 인구 밀도가 높은 대한민국 같은 사회 속에서, 학벌과 인맥, 지연, 학연이 촘촘하게 얽혀있는 사회를 살아내기 위해 다양한 인간관계에 목을 매는 우리에게 인간관계를 다루는 일은 행복한 삶을 위해 꼭 필요한 것이라 사료된다.

대한민국의 인간관계가 얼마나 다양한가를 알아보자. 우리나라에서 가족의 의미는 비단 직계 가족뿐만 아니라 결혼하면 처가 혹은 시가와 그 식구들까지 다 가족이 된다. 사돈의 팔촌까지를 우리는 거의 가족처럼 여긴다. 유전자가 하나 섞이지 않았어도 우리는 가족이라고 부른다. 남편과 아내의 일가 친척까지도 가족으로 여기고 대하니 사회관계의 범위는 얼마나 무한정한가? 구인 광고에서조차 함께 일할 가족을 모신다고 하는 문화 속에서 무한정 늘어나기만 하는 인간관계를 잘 해 나가야 하는 것이 우리가 직면한 문제다. 상담심리학은 여기서 출발한다.

과학기술과 생명 연장 기술의 눈부신 발전으로 인해 우리는 100세를 넘어 120세, 혹은 150세까지도 살 수 있게 될 시대를 만날 거라고 예측한다. 인간의 수명이 늘어난다는 것은 기쁜 소식일 수도 있지만 또 다른 측면에서 보자면 끔찍할 수도 있다. 긴 역사를 통해 인류는 삶에서 부딪치는 다양한 상황들을 기록에 남겨두었는데 기록에 남아있지 않는 것이 바로 100세 이후의 시대이기 때문이다. 우리가 80세가 되었을 때 우리에게 어떤 일이 일어날까에 대한 연구들은 많이 나와 있다. 그러나 100세 이후를 대상으로 한 연구는 아직 미미하다.

100세 이후의 삶이 어떤 식으로 전개될지 경험하지 못했기에 우리는 예측할 뿐이지만 인간관계가 중요함은 아무리 강조해도 지나치지 않을 것이다. 인간관계가 무난한 사람이 행복한 노년을 보낼 수 있음은 자명해 보인다. 대인 관계에 대한 탐색을 기본으로 하는 상담은 100세 시대를 대비해서 우리가 반드시 공부해야 할 분야이기도 하다.

그렇다면 상담이란 무엇일까? 상담(相談)이라는 한자어는 서로 이야기를 나눈다, 혹은 어떤 일에 대해 상의를 한다는 의미로 풀어볼 수 있다. 상의의 대상이 되는 사람은 아무래도 많은 경험과 지혜를 소유한 사람이나 전문가일 것이다.

중국에서는 상담이라는 단어를 '자순(咨询)'이라고 쓴다. '자순'은 한국어 '상담'과 같은 의미로, 공식 문서나 일상 대화 모두에서 널리 쓰이며 상담, 문의, 조언을 의미하는 단어라고 한다. 물어서 의견을 구한다는 뜻으로 해석하면 될 듯하다. 우리말로 하면 자문쯤에 해당할 것이다. 이렇게 볼 때 상담은 치료적 의미보다는 곤란한 상황이나 어려운 문제에 대해 지혜로운 윗사람이나 전문가에게 물어서 답을 찾는 것이라고 이해할 수도 있겠다.

영어로 상담은 카운슬링(counseling)이다. 카운슬링은 상담·협의 또는 권고·조언을 뜻하며, 심리학적 교양과 기술을 익힌 카운슬러가 내담자와 면접하여 대화를 거듭하고 원조적 관계를 통해 문제 해결과 인격적 발달을 돕는 것을 의미한다. 원래 상담이라는 용어는 사회적, 정치적 문제가 있을 때 원로들을 함께 소집하여 그들의 자문을 구한 것에서 유래했다고 한다.

그렇다면 상담에 대해 전체적으로 개관하여 보도록 하자.

첫째, 상담은 도움을 필요로 하는 사람을 대상으로 한다. 도움을 자진해서 청해오는 대상뿐만 아니라 부모가 아이 문제를 가지고 상담을 요청하기도 하고 기타 법원이나 교정기관에서 상담을 요청하는 경우도 있다. 따라서 상담이라고 하는 것은 도움이 필요한지에 대한 판단을 내담자 본인이 하는지 아니면 제삼자나 상담자가 할 수 있는 한 상담자나 제삼자가 대신하여 상담을 신청할 때, 일반적으로 필요한 도움의 내용은 현실적 생활 과정에서 부딪치는 어려움과 고통 혹은 고민인 경우가 많고 현실 생활을 떠난 보다 추상적인 막연한 불안이나 의욕 저하와 잠재력의 개발, 삶의 의미 찾기 등이 될 수도 있겠다.

둘째, 상담에서 주로 다루는 주제는 일반적인 화제나 사실 관계에 대한 확인보다는 상담을 받는 내담자의 개인적 삶의 문제나 심리적 어려움, 삶의 태도이다. 상담을 하다 보면 상담의 초기 단계에서 내담자는 본인의 심리적 고통을 이야기하면서 그 원인을 주변의 상황이나 대상 인물에게 돌리는 경향이 많은데 상담자는 내담자가 호소하는, 혹은 생각하는 문제의 근원이나 본질을 경청하여야 한다. 전문 상담자는 그와 동시에 내담자가 문제를 호소하는 방식이나 특성, 내담자의 성장 과정, 가족적 역동 등 내담자가 언급하지 않는 여러 문제에도 관심을 가져야만 한다.

셋째, 상담은 일종의 인간관계지만 인간적인 관계에 그치지 않고 내담자에 대한 상담자의 전문적 기술과 전략이 개입된다. 이러한 기술에는 내담자의 마음에 대한 이해와 공감, 숨겨진 핵심 감정의 분석과 해석, 마음의 반영인 사고방식 탐색과 행동 방식의 분석과 수정, 내담자의 행동적, 인지적, 정서적 왜곡이나 모순 찾기 등이 포함된다.

마지막으로 상담은 그 목적이 내담자의 성장과 행복에 있다. 상담에서 상담자의 모든 역량과 노력의 초점은 내담자의 성장과 행복 달성에 맞추어져야 한다. 그런데 내담자의 성장과 행복이 구체적으로 무엇을 뜻하는지는 내담자마다 매우 다양하므로 상담자는 내담자와의 대화나 상호 작용 혹은 전문적인 평가 과정을 거쳐 내담자와 합의하거나 구체화하는 작업이 필요하다. 여기서 합의라는 표현에 주목해야 하는데 상담자가 내담자에게 알리거나 상의하는 과정 없이 내담자의 성장과 행복의 내용을 일방적으로 정하는 것은 심리학이 추구하는 상담이론과는 맞지 않다. 물론 내담자 연령이나 지적 혹은 정서적 장애 수준 혹은 의뢰인의 요청 내용에 따라 이런 합의 과정이 쉽지 않은 경우도 있지만 상담자는 명백하게 존재하는 내담자의 문제에 대해 내담자의 성장과 행복을 위한 합의 과정을 원만하게 이루어야 한다. 이 과정을 원만하게 이루려면 상담의 초기 단계부터 내담자와 신뢰 관계를 형성하는 것이 가장 중요하다.

2 우리는 언제 상담을 받고 싶어 하나?

삼국유사에 전해지는 '임금님 귀는 당나귀 귀' 이야기는 신라의 48대 왕인 경문왕(景文王)에 관한 설화이다. 경문왕은 왕위에 오른 후 어느 날부터 갑자기 귀가 점점 커져서 당나귀 귀처럼 길어졌다. 이 사실은 왕비나 신하들, 심지어 궁인들까지 아무도 몰랐고, 오직 왕관을 만드는 복두장 하나만 이 비밀을 알고 있었다. 복두장 역시 이 사실을 절대 비밀로 지키기로 맹세했다.

그러나 복두장은 이 비밀을 오래 숨기기 힘들었고, 점점 마음속에 큰 부담과 고통을 느꼈다. 결국 그는 세상을 떠나기 전 도림사라는 절 근처 대밭 속으로 들어가 큰 소리로 "임금님 귀는 당나귀 귀처럼 생겼다."라고 외쳤다. 그 뒤 바람이 불 때마다 대나무 숲에서 이 말소리가 들려서 사람들에게 퍼지게 되었다.

'임금님 귀는 당나귀 귀' 설화는 단순히 귀가 큰 임금이 자신의 치부를 가리려다가 들통나는 이야기가 아니라는 해석이 있다. 한 나라의 지도자는 백성들의 이야기에 귀를 기울여야 한다는 정치적인 메시지를 담고 있다는 것이다. 설화에서 임금의 긴 귀는 사실 단순한 결함이 아니라, 하늘이 백성의 소리를 잘 들으라는 뜻의 상징으로 볼 수 있다. 실제로 설화 후반에는 중년의 한 남자가 경문왕에게 큰 귀는 장수와 복을 상징하며, 백성의 말을 잘 듣는 명군의 징표라고 설명해서 왕이 자신의 귀를 부끄러워할 필요가 없음을 이야기한다.

또한 대나무가 바람에 흔들리며 "임금님 귀는 당나귀 귀"라고 외치는 장면은 숨겨진 진실이 어떻게든 드러나듯, 지도자도 백성의 목소리를 무시하거나 숨길 수 없음을 상징한다. 이는 왕이나 권력이 민심에 귀 기울여야 하며, 진실을 근거로 통치해야 한다는 교훈으로 해석된다.

'사람은 언제 상담을 받고 싶어하나'라는 질문 앞에 떠올린 이야기다. 사람이 다른 존재의 생명체와 다른 가장 큰 특징은 말이다. 사람은 말의 존재다. 오죽하면 철학자 하이데거가 언어는 존재의 집이라고 했을까. 사람의 특징을 말이라고 할 때에, 결국 사람은 말을 하는 존재이고 말을 통해 자신을 드러내는 존재이다.

사람은 말을 통해 자신을 표현하고 드러낸다. 일상의 여러 가지 상황을 우리는 말을 통해 전달한다. 상담은 상담자와 내담자간 말을 통해 이루어지는 상호 작용이다. 사람이 상담받고 싶을 때를 생각해 보자. 사람이 상담을 받고 싶어 하는 경우는 크게 심리적, 정서적, 대인 관계 문제 등으로 인해 생활에 어려움이 있거나 자신의 마음 상태에 불편함을 느낄 때이다.

구체적으로는 다음과 같은 상황에서 상담을 원하게 된다.

첫째, 주변 사람들과의 관계가 자꾸 틀어지거나 인간관계가 부담스러울 때이다. 인간관계에서 자신이 받는 상처나 갈등을 해결하기 어렵거나 두려움을 느낄 때 상담을 통해 관계 패턴을 점검하고 개선하고자 한다.

둘째, 스트레스, 우울, 불안, 분노 같은 감정이 지속적으로 나타나 스스로 조절하기 어려운 상태일 때 상담이 필요하다. 반복되는 부정적 감정은 심리적 내면 갈등의 신호로, 전문가의 도움을 받아 인지적 왜곡을 바로잡고 감정 조절 능력을 회복하는 과정이 요구된다.

셋째, 삶이 무의미하게 느껴지거나 극단적인 생각, 자살 충동이 들 경우 즉시 상담의 대상이 된다. 삶의 의미 상실과 같은 심각한 정서적 위기 상황에서 상담은 안전망 역할을 한다.

넷째, 일상생활에서 느끼는 작은 불편감이나 고민이 혼자 감당하기 어려워질 때 상담을 받는 것이 도움이 된다. 문제가 심각하지 않더라도 정서적 불편함을 조기에 관리함으로써 고통이 커지는 것을 예방할 수 있다.

다섯째, 자신의 성격, 기질, 대인 관계 패턴 등을 이해하고 자기 성장과 발달을 위해 상담을 선택하는 경우도 많다. 심리상담은 어려움이 없을 때도 긍정적 자아 발전과 자기이해를 위해서도 효과적이다.

결론적으로, 사람은 심리적 어려움이나 대인 관계 문제, 감정 조절의 어려움, 삶의 위기 상황에서 상담을 받고자 하며, 때로는 어려움이 심화되기 전에 예방적 차원에서 상담을 받기도 한다. 상담은 자기 삶을 돌아보고 건강하게 나아가기 위한 중요한 도구라고 말할 수 있다.

3 상담과 문화 - 문화적 맥락 속의 인간 이해

상담의 문을 두드리는 내담자의 발자취에는 그가 살아온 문화적 배경이 고스란히 묻어 있다. 문화는 개인이 세상을 인식하고, 가치관을 형성하며, 특정 방식으로 행동하게 만드는 뿌리 깊은 요인이다. 그러므로 상담자는 내담자의 문제와 삶의 맥락을 깊이 이해하기 위해 그가 속한 문화적 맥락을 존중하고 파악해야만 한다. 이를 무시한다면 상담의 효과는 반감되고, 무엇보다 내담자와의 신뢰 형성에 장애가 생길 수 있다.

1) 개인주의와 집단주의의 만남

오늘날 세계의 양대 문화라고 꼽히는 것은 서양 사회의 개인주의 문화와 동양 사회의 집단주의 문화이다. 이 근원적인 차이는 결국 인류가 어떤 자연 환경에서 어떻게 먹고 살아왔느냐, 즉 농경문화와 유목문화의 갈림길에서 시작되었다. 인류의 역사는 농경과 유목의 충돌과 융합으로 점철되어 왔기에, 오늘날 완벽한 농경사회나 유목사회는 없으며, 순수한 집단주의나 개인주의만으로 이루어진 사회나 국가도 존재하지 않는다. 다만, 한 번 형성된 문화는 그 특유의 관성을 가지고 쉽게 변하지 않는다.

동서양의 문화적 차이는 아주 사소한 일상 속에서도 뚜렷하게 드러난다. 당장 이름을 쓰는 순서만 보아도 그렇다. 동양에서는 성이 먼저고 이름이 뒤에 오지만, 영어권에서는 이름이 먼저고 성이 뒤에 나온다. 이는 우리에게는 가족 전체를 뜻하는 성이 이름보다 중요하고, 서구에서는 성보다는 개인을 지칭하는 이름이 더 중요하다는 방증이다. 주소를 적는 순서도 마찬가지다. 우리는 국가명과 도시 등을 먼저 쓰고 맨 나중에 개인의 이름을 적지만, 영어 주소는 이와 반대다. 날짜도 우리는 연도, 달, 날의 순이지만 영어는 날, 달, 연도 순이다.

이러한 이름, 주소, 날짜의 순서를 통해 동양과 서양 모두 아주 뚜렷한 한 가지 특징을 발견할 수 있다. 동양은 항상 큰 단위를 먼저 쓰고 작은 단위로 넘어가는 반면, 서양은 작은 범위에서 점차 큰 범위로 넓혀 나간다는 것이다. 이는 동양에서는 공동체나 집단이 우선이고, 서양에서는 개인이 먼저라는 것을 단적으로 보여준다.

우리가 무의식중에 사용하는 언어에서도 집단주의적 산물을 쉽게 찾을 수 있다. 서양인이 들으면 고개를 갸웃거릴 만한 '우리 남편'이나 '우리 마누라' 같은 표현이 그러하고, 구인 광고에서 자주 보이는 "함께 할 가족을 모십니다."라는 문구 역시 집단주의의 전형이다. 심지어 아이를 벌 주는 방식에서도 차이가 있다. 동양에서는 잘못한 아이를 집 밖에 세워두어 가족이라는 집단에서 소외시키는 것이 벌이 되지만, 서양에서는 아이를 방 안이나 옷장에 가두어 개인의 자유를 제한하는 것이 벌이 된다.

무엇이 좋고 나쁜지를 떠나, 동양인이 서양인에 비해 타인의 숨은 의도를 파악하는 '눈치'라는 능력이 월등히 발달했다는 점도 주목할 만하다. 이는 동양에서 자신을 늘 타인과의 관계 속에서 파악하는 데 익숙해서 생긴 능력이다. 그에 반해 타인을 배제하고 독립적인 자기 개념을 중시하는 서양인들은 타인의 숨은 의도를 파악하는 능력이 상대적으로 떨어진다고 볼 수 있다.

2) 농경과 유목

이러한 집단주의와 개인주의를 낳은 농경문화와 유목문화는 삶의 근본적인 환경에서 시작되었다. 농경이 시작되면서 인류는 이전과는 완전히 다른 차원의 존재가 되었다. 농사를 지으면서 처음으로 마을을 이루어 집단 거주를 했고, 파종, 추수, 관계시설 관리 등은 여럿이 함께 일할 때 효율이 높아 생존에 유리했다. 이 집단 노동 사회에서는 당연히 '나'보다는 '우리'의 가치가 더 높았다. 집단의 질서를 위한 수직적인 서열이 만들어졌고, 오랜 경험이 필요한 농사의 특성 때문에 연장자가 우대받는 환경이 조성되었다. 힘들게 지은 생산물은 가족의 공동 소유물이었으니, 개인의 이름보다 가족 전체를 뜻하는 성이 중시된 것은 자연스러운 결과였다.

반면, 유목에서 가장 중요한 것은 이동이다. 가축을 기르다가 풀이 없어지면 미련 없이 짐을 싸서 새로운 땅으로 떠나야 했다. 늘 돌아다녀야 하니 생활은 불안할 수밖에 없었고, 새로운 목초지를 확보하려면 기존 세력과 싸움도 불사해야 했다. 자연스레 힘이 세고 싸움을 잘하는 사람이 우대받았고, 노인보다 젊은이들이 유리했다. 신선한 풀만 있다면 경험이 중요한 것도 아니었기에, 이는 나이나 신분에 상관없이 누구나 능력을 발휘할 수 있는 열린 사회의 기반이 되었다. 폐쇄적인 농경민과는 달리, 이동하는 삶은 타문화에 대해 개방적인 태도를 갖게 했다. 또한 이동하는 삶을 살다 보니 부족한 식량과 생필품을 마련하기 위한 상업이 자연스레 발달했다. 상업은 내 몫이 정확해야 했고, 남들과의 협력보다는 개인적인 능력이 중요했기 때문에 집단보다는 '나'의 중요성이 부각되어 갔다. 상업은 협상 과정이 필수였으므로 논쟁을 통한 토론 문화도 함께 발달했다.

3) 개인과 집단의 충돌

문화에 대한 정의는 많지만, 핵심적인 개념은 '공유된 이해'이다. 생각, 가치, 규범, 행동 방식에 대한 문화 구성원 간의 암묵적인 합의가 존재하며, 이를 바탕으로 어떤 상황에서 어떻게 행동하는 것이 옳고 자연스러운지에 대한 공감대가 구축된다.

학자들이 문화를 이해하는 데 가장 널리 사용하는 개념이 바로 개인주의와 집단주의이다. 핵심은 개인과 그가 속한 집단 간의 상호 관계를 어떻게 보느냐이다. 가령, 나는 A와 결혼하고 싶은데 부모님의 선택은 B일 때, 혹은 주3말에 쉬고 싶은데 부장님에게서 등산하자는 문자를 받을 때처럼, 개인의 뜻과 집단의 뜻이 충돌할 때 누구의 손을 들어주느냐가 개인주의와 집단주의 문화의 근본적인 차이를 만든다.

개인의 뜻대로 선택하고 표현하는 것이 당연하다고 생각하는 문화는 개인주의적 성향이 높은 것이다. 미국이나 프랑스와 같은 서구 유럽이 그 예이다. 반면, 집단이 개인에게 때로 과도한 요구를 하고 이를 수용하지 않는 사람에게 철없고 이기적이라는 낙인이 찍히는 문화는 집단주의적 성향이 강한 것이다. 한국, 일본, 싱가포르 같은 아시아 국가들이 대표적이다.

우리나라의 집단주의적 문화에는 일장일단이 있다. 장점은 일단 공동의 목표가 생기면 무서운 응집력과 추진력을 발휘한다는 점이다. 경제 위기 때 금 모으기 운동이나 국가적인 축구 응원 등이 이를 보여주듯, 위기와 어려움에 대처하기에 적합한 구조이다. 하지만 이로 인해 만성적인 긴장과 피로가 수반된다. 일상이 옆으로 자유롭게 흩어져 있는 모양이 아니라, 팀장과 부하직원, 선배와 후배, 정규직과 비정규직처럼 서열에 의해 위아래로 세워져 있는 수직적인 문화 속에서 구성원 각자에게 주어진 역할 수행을 제대로 못하면 주변의 비난을 피하기 어렵다. 이처럼 나에 대한 다른 사람들의 평가에 민감해질 수밖에 없는 타인 중심적인 생각은 행복 성취의 걸림돌이 된다. 집단의 응집력과 통일성을 강조하는 문화 속에서는 개인의 행복이 뒷전으로 밀리기 때문이다. '뭉치면 살고 흩어지면 죽는다'는 말처럼 위기에 대처하기에는 좋지만, 평소에는 뭉치면 피곤하고 흩어지면 자유로운 경우가 더 많다. 그러나 조직이 그 단단한 위계를 유지하고 일을 일사천리로 진행하기 위해서는 모두 하나가 되어 규격화된 행동을 해야 하고, 이 과정에서 개인의 다양한 취향과 감정들은 부수적인 것으로 전락하여 자유감이 뒷전으로 밀려나게 된다. 타인의 평가와 의견을 경청하고 존중하는 자세는 필요하지만, 그것이 내 인생의 유일한 나침반이 되면 스스로 느끼고 생각하는 것보다 타인의 반응이 더 중요해지는 문제가 발생한다.

4) 문화 차이를 넘어선 이해

이러한 문화 차이는 소극성이나 수줍음과 같은 태도를 바라보는 시선에도 영향을 미친다. 능력이나 개성을 강조하는 개인주의 중심의 서양 사회에서는 자율성과 적극성을 장려하는 반면, 인품이나 화합을 강조하는 집단 문화권의 동양 사회에서는 얌전함과 소박함 등을 장려한다.

예컨대 서양 사회에서는 자신의 아내가 파티에서 수줍어하면 남편이 집에 돌아와 아내와 다투는데, 이는 자신 없어 하는 태도를 수치스럽게 여기기 때문이다. 반대로 동양 사회인 한국에서는 아내가 누군가와 대화할 때 거침없이 자기 의견을 표현하면, 주변 사람들이 그 남편을 딱하게 보기도 한다. 능력보다는 위아래를 식별하고 처신하는 것을 중시하는 한국에서는 특히 공개석상에서 수줍어하는 몸짓으로 조용히 있는 여성에게 '품위가 있다'며 긍정적인 평가를 하는 편이다. 하지만 이러한 문화적 차이가 있다 하더라도, 지나치게 자신을 내세워 튀는 것이 아니라면, 수줍음이 바람직한 태도라고 보기는 어렵다. 그것이 점잖은 자태가 아니라 용기 없음을 반영하는 것이라면 소극성을 넘어 의존적일 수 있기 때문이다.

다문화 사회가 확대됨에 따라 상담자는 문화적 다양성을 이해하고 자신의 문화적 편견을 인식하며 극복하는 문화적 역량을 갖추는 것이 필수적이다. 서구권과 동양권은 개인주의와 집단주의 가치관 차이가 크고, 감정 표현 방식이나 의사결정 과정에서도 차이가 크다. 이를 고려하지 않고 획일적 상담법을 적용하면 내담자와의 불일치가 발생할 수 있다.

문화적 배경은 내담자의 심리적 문제, 사회적 지위, 가족 관계, 인생관 등에 영향을 미치므로, 상담은 내담자가 속한 문화적 환경을 이해하고 그 환경에 맞는 개입과 지원을 제공해야만 내담자가 심리적 안정과 성장에 이를 수 있다. 결론적으로, 상담의 효과를 극대화하고 내담자의 진정한 변화를 끌어내기 위해서는 문화적 배경을 깊이 고려하는 것은 선택이 아닌 필수적인 요소이다.

5) 문화적으로 유능한 상담자 되기

문화적으로 유능한 상담자가 되기 위해서는 자기 인식, 지식, 기술 세 가지 영역에서 꾸준한 노력이 필요하다.

첫째, 자기 인식이다. 상담자는 자신의 가치관, 편견, 고정관념을 인식하고, 그것들이 다양한 문화 배경을 가진 내담자에게 미치는 영향을 성찰해야 한다. 문화적 차이를 차별이나 부정적인 시각으로 보지 않고 받아들이는 태도가 중요하다.

둘째, 문화적 지식이다. 내담자가 속한 문화, 그 문화의 사회·정치적 맥락, 제도적 장벽에 관한 충분한 이해와 정보를 갖추어야 한다. 이를 통해 내담자의 문화적 배경에 맞는 상담 이론과 기법을 적용할 수 있다.

셋째, 문화적 기술이다. 내담자와의 상호 작용에서 문화적 차이와 특성을 고려하여 의사소통하고 적절한 상담 개입을 할 수 있는 능력을 말한다. 예를 들어, 내담자의 문화에 적합한 호칭이나 표현을 선택하는 것 등이 여기에 포함된다.

여기에 더하여 개방성과 호기심을 가지고 다양한 문화를 존중하며, 자신이 문화적 맥락 속에서 행위를 하고 있음을 항상 자각하는 태도도 필요하다. 애매함에 대한 인내심과 문화 간 차이에 대한 이해력은 다문화 상담에서 특히 중요하다. 꾸준한 학습과 훈련을 통해 최신 다문화 상담 이론과 실기를 익히며, 자신의 편견과 가치를 지속적으로 재평가하는 과정이 선행되어야 진정한 문화적 유능성을 지닌 상담자가 될 수 있다.

문화적으로 유능한 상담자는 자기 인식으로 편견을 극복하고, 충분한 문화적 지식과 기술을 바탕으로 내담자에게 적절하며 존중하는 상담을 제공하며, 지속적인 자기 계발과 개방적 태도로 다양한 문화와 소통할 준비가 되어 있는 전문가이다.

좋은 부모는 아이처럼 생각하고 실력있는 낚시꾼은 물고기처럼 생각하듯 좋은 상담자가 되기를 원한다면 내담자처럼 생각하기 위한 노력을 멈추지 말길 바란다.

4 상담자의 기본 태도

상담자가 되기를 희망하는 동기는 개인마다 다르겠지만, '좋은 상담자'가 되고자 하는 열망은 모두가 공유하는 목표이다. 마치 높은 산을 오르기 전 신발 끈을 단단히 조여 매듯, 성공적인 상담 전문가로 자리매김하기 위해 먼저 갖추어야 할 핵심적인 마음가짐과 태도에 대해 심층적으로 논하고자 한다.

1) 상담자의 마음

상담자의 마음에 대해 쓰자니 문득 〈그리운 바다 성산포〉로 유명한 제주도 시인 이생진의 〈흰구름의 마음〉이란 시가 떠오른다.

"사람은 아무리 높은 사람이라도 땅에서 살다 땅에서 가고
구름은 아무리 낮은 구름이라도 하늘에서 살다 하늘에서 간다
그래서 내가 구름을 좋아하는 것은 아니다
구름은 작은 몸으로 나뭇가지 사이를 지나갈 때에도
큰 몸이 되어 산을 덮었을 때에도
산을 해치지 않고 그대로 간다"

나는 상담자의 마음이란 아무도 해치지 않는 흰구름의 마음과도 같고 서로에게 음식을 떠먹여 주는 곳이 천국이라던, 아마 여러분도 들어봤을, 탈무드에 나온다는 랍비와 천국·지옥에 관한 이야기를 통해 그 의미를 설명하고자 한다.

어느 날 신은 사람들에게 종교의 법을 가르치는 랍비에게 지옥을 보여주셨다. 지옥의 사람들은 커다란 식탁 주변에 앉아 있었고, 식탁 중앙에는 맛있는 스튜가 가득 담긴 냄비가 놓여 있었다. 그러나 모든 사람은 굶주림과 절망에 차 있었다. 문제의 근원은 사람들이 들고 있는 숟가락에 있었다. 숟가락의 손잡이가 자신의

팔보다 길어 음식을 떠서 자신의 입으로 가져갈 수 없었기 때문이다. 이 이야기 속 지옥은 자기중심적 욕구 충족의 좌절을 상징한다. 개인의 욕구(음식)는 존재하지만, 그 욕구를 오직 자신만을 위해 사용하려 할 때, 도리어 비극적인 고통(굶주림)에 봉착하게 되는 것이다.

이어서 신이 보여주신 천국은 지옥과 모든 물리적 환경이 동일했다. 똑같은 식탁, 똑같은 스튜 냄비, 그리고 똑같이 긴 숟가락을 든 사람들이 있었다. 그러나 천국의 사람들은 모두 행복하고 만족스러운 상태였다. 그들은 서로에게 음식을 떠먹여 주는 법을 배웠고, 긴 숟가락을 상대방의 입으로 향하게 사용하고 있었다. 천국은 상호 호혜성과 공감의 원리가 실현되는 공간이었던 것이다. 긴 숟가락은 도움을 필요로 하는 인간의 한계를 의미하지만, 그 한계를 타인을 돕는 도구로 전환함으로써 궁극적으로 자신의 욕구까지 충족시키는 지혜를 발휘한다.

상담자는 바로 이 천국의 원리를 실현하는 사람이라고 생각한다. 내담자가 겪는 고통(스튜)과 한계(긴 숟가락)를 스스로 해결하려 할 때 좌절하지만, 상담자를 통해 상호 작용의 가능성을 재경험하면서 그 고통과 한계를 극복하는 과정이다. 상담의 본질은 '내 음식을 내가 먹겠다는 이기적인 투쟁'을 멈추고, '서로에게 음식을 떠먹여 주는 상호적인 협력'으로 전환하는 교정적 정서 체험을 제공하는 데 있다.

따라서 상담자가 가져야 할 인성이라는 것은, 내가 가진 것을 내담자에게 주고, 또 내담자가 가진 것이 내게 필요하다면 기꺼이 받는 태도라고 할 수 있다. 상담자는 나를 찾아온 내담자는 환자이고 나는 그를 치료하는 의사라거나, 나보다 열등한 사람이라는 관점으로 접근해서는 절대로 좋은 상담 효과를 낼 수 없다.

상담심리 분야에서 대단한 위치를 차지하는 칼 로저스는 상담자에게 이런 조언을 했다. 내담자, 즉 상담을 받으러 오는 사람이 있다면 무조건적으로 그 사람에게 공감해 주고, 지지해 주고, 이해해 주며, 수용해 주라는 것이다. 물론, 알코올 중독자나 자기중심적인 사람, 혹은 오토바이를 사주지 않는 부모를 원망하는 청소년(고등학교 1학년이 폭주족이 되기 위해 오토바이를 요구하는 경우 등)에게 무조건적인 공감을 한다는 것은 쉽지 않다. 당장이라도 "그건 잘못된 일이야."라고 말해주고 싶은 욕망이 끓어오를 수 있다. 그러나 상담자라면 절대로 내가 저 사람보다 낫다, 나는 저 사람을 가르쳐야 하고 올바른 길로 인도해야 한다는 식으로 흘러가서는 안 된다.

상담자는 내담자를 인간으로서 존중해 주고, '저 사람이 왜 저런 이야기를 할까?', '저 아이는 왜 저토록 오토바이를 갖고 싶어 할까?'와 같은 측면으로 먼저 이해해야 한다. 그 사람을 환자로 보는 것이 아니라 나와 동등한 인간으로 보는 것이 상담자의 첫 번째 자질이며, 이것이 바로 인성이라고 말할 수 있다.

지옥에 있는 사람들이 음식을 나 혼자 먹겠다고 하니 못 먹는 것처럼, 서로 떠먹여 주면 되는 것이다. 상담자 역시 내담자의 이야기를 듣고 서로 주고받으며 떠먹여 주는 관계를 맺어야 한다. 이것이야말로 상담을 아름답게 이끌어가는 하나의 원동력이 아니겠는가? 내 것을 너에게 아낌없이 주겠다, 또 당신이 가진 것이 내게 필요하다면 나도 받겠다라고 하는 마음, 바로 그런 인성이 상담자에게 필요하다.

2) 헌신과 열정 : 타인의 성장을 향한 깊은 열망

상담자는 타인의 삶에 의미 있는 변화를 창출하고, 그들이 역경을 극복하며 성장하는 과정에 동참하고자 하는 깊은 헌신과 열정을 가져야 한다. 단순히 문제를 해결해 주는 것을 넘어, 내담자가 자율성을 회복하고 정신적, 정서적 건강을 증진하도록 돕는 보람된 직업이라는 확고한 자부심을 내재화해야 한다. 이러한 이타적 동기는 상담 관계의 신뢰 기반이 된다.

3) 탐구적 자세 : 인간 심리에 대한 영속적인 관심과 이해 욕구

인간의 마음과 행동은 복잡하고 역동적이므로, 상담자는 이에 대한 지속적인 관심과 탐구적인 이해 욕구를 가져야 한다. 사람들의 심리와 행동에 대한 이해를 평생에 걸쳐 확장하겠다는 의지를 가져야 한다. 이 과정에서 인간 존재에 대한 합리적이고 보편적인 자각을 키울 수 있으며, 이는 자신과 타인을 성장시키는 필수적인 지적 기반이 된다.

4) 자기 성찰과 치유 : 변화의 주체가 되는 자세

상담자는 내담자의 성장을 돕는 동시에, 자신을 가장 깊이 성찰하고 치유할 기회를 얻는다. 내담자의 어려움을 다루는 과정에서 자신의 과거 경험과 미해결된 문제들을 직면하는 것을 주저하지 않아야 한다. 자신을 먼저 변화시키고 치유함으로써, 내담자에게 진정성 있는 조력자가 될 수 있다는 인식이 좋은 상담자가 되기 위한 가장 중요한 자기 돌봄이자 동기이다.

5) 사회적 책임감과 영향력 : 공동체의 건강 증진

상담 전문가는 개인의 문제를 넘어, 사회 공동체의 정신 건강 증진에 기여한다는 사회적 책임감을 지녀야 한다. 상담 활동이 개인의 삶의 질 향상을 넘어, 건강한 사회 구성원 육성에 기여하며 사회 전반에 긍정적인 영향력을 행사할 수 있다는 사명감을 갖고 이 분야에서 활약하고자 하는 바람을 가져야 한다.

6) 전문성 추구와 지속적 성장 : 학습을 멈추지 않는 자세

상담 분야는 끊임없이 발전하고 변화하는 학문이므로, 상담자는 직업적 안정성에 안주하지 않고 지속적인 전문성 성장을 추구해야 한다. 경력과 함께 전문성을 심화하고, 다양한 상담 분야와 최신 이론에 대한 학습을 멈추지 않아야 한다.

이러한 지속적 학습 의지와 전문성 추구는 상담자로서의 장기적인 커리어 발전과 내담자에게 제공하는 서비스의 질을 결정짓는 핵심적인 마음가짐이다.

상담자는 내담자의 문제와 그 문제의 근원이 된 개인적 특성, 관계적 특성, 환경에 대한 대처 방식 등에 대한 이해와 분석을 하는 데 그치는 것이 아니고 내담자의 숨겨진 자원과 역량을 발견하여 그것을 지렛대 삼아 내담자의 행동과 사고를 수정하기 위해 여러 가지 기법과 기술을 구사할 수 있어야 한다. 그렇다고 해서 상담자가 내담자의 문제를 쭉 들어보고 자신의 경험에 비추어 '이렇게 하면 된다, 저렇게 하면 된다'는 식의 조언을 하거나 지시하는 것은 상담이 아니다. 상담은 마치 도사나 점쟁이가 족집게처럼 운명을 점지하여 길을 보여주는 것과 비슷한 류처럼 여겨져서도 안된다.

전문 상담은 일방적인 충고나 좋은 지시와는 다르고 운명에 대한 내용 같은 것도 아니다. 전문 상담은 인간의 심리, 의사소통, 인간관계 등에 대한 과학적인 이해를 바탕으로 오랜 기간의 실습과 수련을 거치는 활동이다.

5 상담자가 갖추어야 할 역량

상담자가 하는 일은 무엇일까? 상담자의 역할이란 내담자가 찾아와서 자신의 갈등이나 문제를 말로 표현할 수 있도록, 또한 그의 문제 상황을 드러낼 수 있도록 격려함으로써 내담자 스스로가 자신의 문제를 이해하고 그 문제를 극복할 수 있도록 여러 측면에서 도와주는 역할을 하는 것이라 할 수 있다.

따라서 상담자는 규모 없이, 혹은 체계 없이 그저 남의 말을 잘 들어주는 것으로 상담의 목적을 달성했다고 여겨서는 안된다. 오히려 상담이 전문 영역이란 사실을 스스로가 명확하게 인식하고 그 직책을 수행하는 데 있어서 필요한 모든 자질을 익혀야만 한다.

좋은 상담자에게 나타나는 공통점은 전문적 지식과 기술뿐 아니라 인간적인 자질과 관계 형성 능력에 있다. 상술하면 다음과 같다.

1) 전문성

좋은 상담자는 상담 이론과 기법에 대한 깊은 지식과 숙련된 기술을 갖추고 있어야 하며, 내담자의 심리적 특성을 정확히 이해하고 상황에 맞는 효과적인 개입을 할 수 있어야 한다. 간혹 상담자가 내담자의 문제 상황에 대하여 전문적인 지식과 훈련을 바탕으로 접근하는 것이 아니라 내담자의 말을 잘 들어주는, 그리고 그 말에 경청하고 공감해 주는 따뜻한 마음만 가지고 있다면 상담자의 역할을 잘 할 수 있다고 오해하는 경우가 있다.

그러나 사람에 관한 관심과 사랑, 따뜻한 마음은 상담자가 기본적으로 갖춰야 할 소양이지 그가 상담자로서의 전문가 역할을 수행하는 데 필요한 조건이라고는 말할 수 없다. 상담자라고 하는 전문가적 집단에 걸맞은 작업을 수행하기 위해서는 먼저 상담자 자신이 스스로 훈련이 되어 있어야 한다. 실제 상담 작업에서는 전문가적 기술이 필요할 때가 많다. 상담이라고 하는 것은 체계적인 훈련이 필요하고 철저히 계산된 프로세스를 가지고 내담자에게 접근하지만, 또 한편으로 상담은 다양한 삶의 현실에서 응용할 수 있는 분야이기 때문에 상담자가 충분한 훈련을 받고 자기 자신을 통제할 줄 아는 숙련공 같은 존재가 되면 내담자에게 훨씬 큰 도움을 줄 수 있게 된다.

따라서 초보 상담자라고 한다면, 많은 사례를 경험하고 유용한 상담자로서 자신을 다듬는 데 최선을 다해야 한다. 교육 분석을 통해서 자신의 정신 역동을 이해하는 것도 필요하고 나아가서 그것을 바탕으로 내담자를 더 잘 이해하는 경험적 학습을 반드시 익혀야만 한다. 상담자는 지식, 수련 기술 등의 전문적인 측면에서 그가 가지고 있는 자질을 최대한 끌어올리는 데 노력해야만 한다. 내담자와 관계, 즉 내담자와 라포가 아무리 잘 형성되어 있다고 해도 내담자가 실제로 호소하는 문제를 정확하게 다루어주지 않는다면 그는 좋은 상담자의 역할을 하는 것이라고 말할 수 없기 때문이다.

2) 공감 능력과 인간 이해

내담자의 감정을 그대로 이해하고 수용할 수 있는 공감적 태도는 상담의 기초이며, 내담자의 입장에서 생각하고 느끼는 능력이 매우 중요하다. 상담자가 가져야 할 가장 기초적이고 기본적인 자세는 사람에 대하여 존중하는 자세이다. 증상을 호소하는 내담자가 다소 현실성이 떨어진다고 하더라도 상담자는 그 내담자를 존중할 줄 알아야 한다. 사람에 대한 애정은 관심, 연민, 동정, 배려, 그리고 그가 겪는 고통에 대해서 같이 고민해주는 인간적인 자세를 의미한다.

이를 통해 내담자는 자신이 진정으로 이해받고 있음을 느껴 신뢰와 편안함을 갖게 된다. 상담자가 내담자를 만나는 상담 장면을 상상해 보자. 내담자는 주로 개인적인 문제를 가지고 찾아오기 때문에 그 상담이 성공적으로 이루어지기 위해서는 내담자가 자기를 충분히 다 드러낼 수 있도록 상담자가 내담자에게 친밀하고 우호적인 태도를 취하는 것이 가장 중요하다. 그러나 우호적 관계를 위해서 상담자가 너무 지나치게 내담자와 가까이 대하는 격의 없는 태도를 보이면 내담자는 공사 관계를 구분하지 못하고 지나치게 친밀감을 보일 때가 있다.

그러다 보면 상담자의 윤리에 어긋나는 부적절한 관계로 발전할 여지가 있기 때문에 상담자는 반드시 내담자를 친절하게 대하되 일정한 거리를 둠으로써 불필요한 문제가 야기되는 것을 예방할 수 있어야 한다. 이것을 위해 상담자는 다음과 같은 태도를 보이는 것이 중요하다. 상담자는 쉽게 상황에 휘둘리지 않고 어떤 상황에서나 일관성을 견지하는 능력을 갖추고 있어야 하며 내담자에 대해서 우호적이고 또 친절을 베풀되, 그러나 그 친절은 때때로는 단호함을 보여주는 친절을 베풀 수 있는 사람이어야 한다.

상담자의 일관성이 중요한 이유는 내담자에 대해서 한결같은 태도를 유지하면서 내담자에 대한 존중을 보여줘야 함을 의미한다. 우호적이면서도 단호한 친절을 보여야 한다는 것은 상담자가 가져야 할 가장 기초적인 자세이다. 상담자는 일관성 있는 태도로 내담자를 대해야 한다. 일관성 있는 태도란 처음에는 그의 모든 문제를 다 들어줄 것처럼 접근했다가 나중에 정서적인 교감이 생기고 내담자가 다가서면 거기에 경계를 두기 위해서 거절하는 모습을 보이는데 이때 내담자는 상담자가 자신을 배척했다고 여겨 배신감을 느끼고 상처를 입는 경우가 많다. 내담자의 문제를 풀어주기 위해서는 상담자는 때때로는 부모가 되기도 하고 스승이 되기도 해야만 한다. 따라서 일관된 자세를 견지한다는 것은 내담자의 신뢰를 바탕으로 하는 것이기 때문에 상담을 성공적으로 이끄는 데 가장 큰 요소가 된다.

3) 대인 관계 기술과 신뢰 형성

상담자는 내담자와 안정적인 관계를 구축하여 내담자가 마음을 열 수 있도록 도와야 한다. 이는 적극적 경청, 비언어적 신호 파악, 개방적 질문 기술 등을 포함한다. 상담자는 여러 가지 기술을 사용하여 내담자의 문제에 개입할 수가 있는데, 이러한 기술에는 경청, 질문, 반영, 명료화와 같은 것들이 있다. 하지만 경청이나 질문, 반영, 명료화 같은 이런 기술은 잘 들어주기만 해도 스스로 난관을 이겨낼 수 있고 자신의 문제를 해결할 수 있는, 비교적 자신의 내적 자원이 많은 내담자에게는 적용할 수 있지만 적극적으로 상담자가 개입해서 내담자의 문제를 풀어주어야만 하는 상황에서는 경청, 질문, 명료화 같은 기술로는 통하지 않는다. 도무지 자기 자신의 상황을 판단하지 못하고 말로 설명되지 않을 정도로 증상이 심각한 환자에게 상담자가 할 수 있는 일이란 단지 들어주는 일밖에 할 수 없는 경우도 있다.

하지만 실제 상담 상황에서 내담자에게 어떤 기술을 가지고 다가가느냐에 따라서 즉 상담자가 어떤 개입 방식을 채택하느냐에 따라서 상담의 결과는 많이 달라진다. 대개 경청, 질문, 반영, 명료화와 같은 부드러운 기술을 사용하는 상담은 통찰 지향적 상담이라고 해서 상담자가 내담자에게 지시하거나 내담자의 문제에 개입하지 않고 비교적 중도에 서서 내담자 스스로가 자신의 문제를 파악할 수 있도록 지지하고 도와주는 그런 개입 방식이지만 지시 상담에서는 상담자가 해석이나 지시와 판단을 통해 내담자를 문제에 직면시키거나 내담자의 행동을 통제하는 등 적극적으로 상담에 개입하는 기술을 사용하기도 한다.

상담자는 내담자가 쉽게 변하지 않는다는 사실을 항상 염두에 두어야 한다. 상담이라고 하는 것은 단기간에 끝내는 단거리 경주가 아니라 오히려 마라톤 경주로 여길 줄 알아야 한다. 내담자가 전진했다가 또 후퇴를 반복한다 할지라도 끈기를 가지고 내담자를 기다려 주어야 한다. 흔히 인생을 단거리 경주가 아니라 마라톤이라 표현하기도 하는데 나는 상담자와 내담자의 관계는 단거리도 마라톤도 아닌 산책같은 것이라고 생각한다. 천천히 가되 그러나 오래도록 같이 걸어가야 한다.

4) 윤리의식과 자기 관리

상담자는 내담자의 비밀을 철저히 지키며 윤리적 문제에 민감하게 대처할 수 있어야 한다. 또한 자신의 감정과 스트레스를 관리해 상담에 영향을 미치지 않도록 자기 관리가 필요하다. 상담자는 내담자의 신뢰감을 얻을 수 있도록 자기 관리를 철저히 해야 한다. 상담자 자신이 철저하게 준비되어 있지 않으면 상담자의 말에 힘이 있을 수가 없다. 상담자는 도덕적, 사회적으로 내담자의 신뢰를 얻을 수 있어야 한다.

5) 문화적 민감성과 다양성 존중

내담자의 문화적 배경과 차이를 존중하고 이해하며, 편견 없이 상담하는 태도는 현대 상담에서 필수적이다. 상담자는 사회에 대한 폭넓은 경험과 인식이 있어야 한다. 내담자의 행동이나 사고 및 감정을 이해하는 데 필요한 전문가적 지식도 물론이지만 사회적으로 어떤 것이 정상적으로 용인되며 어떤 것은 병리적인지를 구별할 줄 알아야만 한다. 상담자가 내담자를 인도할 때에 내담자의 행동을 폭넓게 이해함과 동시에 그가 상식적인 수준으로 돌아갈 수 있도록 내담자를 인도하는 능력이 중요하다.

6) 문제 해결 능력과 창의성

상담 과정에서 내담자의 문제를 분석하고 적절한 해결책을 제시하며, 새로운 접근법을 창의적으로 시도할 수 있어야 상담 효과를 높일 수 있다. 내담자가 말하는 표면적인 내용 속에 담겨있는 의미와 감정을 깊이 살필 줄 알아야 한다. 증상에 휘둘리는 것이 아니라 그 증상을 야기했던 근본적인 문제가 무엇인가를 재빨리 파악할 줄 알아야 한다. 내담자가 처음부터 자세하게 자신의 문제나 증상에 대해서 일일이 다 고백하지 않더라도 상담자가 재빨리 눈치채고 내담자 스스로가 잘 알지 못했던 것을 선명하게 알려준다면 내담자는 그 상담자와 계속해서 상담하고자 할 것이다. 따라서 상담자는 내담자의 한마디 말 속에서 그의 상황을 이해하고 문제 해결책을 찾는 여러 가지 능력들을 키워야 한다.

상담자는 공감과 이해의 차원에 머무를 것이 아니라 내담자가 가지고 있는 현실적인 문제들을 해결할 방안을 제시하고 모색할 만한 능력을 갖춰야 한다. 내담자들이 원하는 것은 자신이 직면한 문제에 대한 해결책이며 그 문제를 해결하기 위해서 지지와 공감해 주는 것은 어디까지나 그것이 해결책이 아니라 그 해결책을 찾아가는 데 있어서 디딤돌과 같은 요건일 뿐임을 명심해야 한다. 상담자는 소극적인 참여자가 아니라 능동적인 참여자로서 치료적 상호 작용에 적극적으로 개입하는 동시에 내담자에게서도 적정한 거리를 두고 지금 내담자에게 무슨 일이 어떻게 일어나고 있는지를 명확히 파악할 수 있는 능력을 가지고 있어야 한다.

7) 충실한 감정의 재현 능력

내담자가 이전의 외상 경험을 수정하기 위해서 적절한 교정적 정서 체험을 거쳐야 함이 당연할 때 상담자는 현실 검증과 정서 체험을 통해서 내담자의 대인 관계 반응에 부적절함을 내담자 스스로가 발견할 수 있도록 인도해야만 한다. 내담자가 변하려면 정서적인 요소만으로는 부족하고 지적인 이해와 아울러, 체계적인 현실 검증이 있어야 함은 인지행동 치료가 보여주는 통찰이다. 내담자가 변하기 위해서는 정서적 지지나 이성적 판단만으로는 쉽게 변화가 일어나지 않는다.

변화에 대한 뚜렷한 동기가 있어야 하고 내담자의 의지가 더해져서 실행에 옮겨질 때 상담은 큰 효과를 발휘할 수 있다. 내담자가 자기 스스로 살아온 방식, 세계관, 그리고 자신의 익숙한 행동들을 포기하고 새로운 것을 채택하는 것은 굉장히 어렵다. 따라서 인지적 혹은 정서적으로 상당한 효과를 보았음에도 불구하고, 변화에서는 미온적 태도를 쉽게 보이곤 한다.

변화의 필요성을 절감하게 하는 설득이나 또 문제에 직면시키는 적극적인 개입 등이 상담자의 판단에 따라서 내담자에게 주어지는 것이 옳다. 강조해서 말하자면, 정서적 지지나 공감을 통해서 그와 친밀감을 형성한 다음에 인지적 분석을 통해서 그 스스로 자신의 문제에 대한 통찰력을 키울 수 있도록 도와줄 뿐만 아니라 그것을 어떻게 개선하고, 그 현실의 문제를 어떻게 극복할 것인지 함께 탐색하는 과정이 필요하다. 변화의 방법을 모색해 주고 변화에 대한 의지를 촉발하는 등 상담자가 가지고 있는 모든 자원을 총동원하여 내담자를 적극적으로 도와주는 것이 상담자의 역할이라고 할 수 있다.

6 상담자가 익혀야 할 상담 기술

좋은 상담자는 전문적 지식과 상담 기술을 바탕으로 내담자와 깊은 인간적 신뢰 관계를 형성하고, 공감과 윤리성을 겸비하며 문화적 다양성을 존중하는 능력을 갖춘 사람이다. 이들이 상담 과정에서 내담자의 변화를 효과적으로 이끌어낸다. 이를 위해 상담자가 갖추어야 할 능력 가운데 가장 기본적으로 익혀야 할 상담 기술 몇 가지를 알아보자.

1) 주의 집중 능력 함양

상담자가 내담자에게 '당신과 함께 하고 있다'는 느낌을 주는 것은 집중에 큰 도움이 된다. 이를 위해 상담자는 내담자와 눈을 맞추고 몸의 방향을 내담자 쪽으로 맞추는 등 비언어적 신호를 주의 깊게 사용한다. 이러한 자세는 상담자가 내담자에게 몰두하고 있다는 강한 신호를 전달한다.

2) 개방적이고 수용적인 자세 유지

대화를 하는 동안 다리를 꼬거나 팔짱을 끼는 자세는 내담자에게 방어적인 인상을 줄 수 있어 주의 집중에 방해가 된다. 따라서 자세를 편안하고 개방적으로 유지하여 상담자 자신도 마음을 열고 내담자에게 집중할 환경을 만들어야 한다.

3) 경청과 비언어적 신호에 집중하기

상담자는 내담자의 말뿐만 아니라 표정, 몸짓, 음성의 톤 등 비언어적 메시지에도 주의를 기울여야 한다. 이러한 전인적 경청은 내담자의 감정을 깊이 이해하고 상담 효과를 높이는 핵심 기반이다. 경청이란 단순히 듣는 것을 의미하는 것은 아니다. 경청이라고 하는 단어 속에는 듣는 사람의 능동적인 청취 과정이 들어감을 의미한다. 상담자가 내담자의 이야기를 들을 때에 그 마음속에서는 수많은 정신 활동이 일어나고 있다. 상담자는 경청을 통해 내담자가 직면하고 있는 어려움과 문제, 그리고 증상의 실체를 이해하고 그것이 지니는 여러 가지 의미를 찾아내려고 한다. 이 과정을 통해 내담자의 심리와 성격이 어떤 식으로 조직되어 있고 나아가 어떤 식으로 내담자가 현실 세계와 타협하며 작용하고 있는지를 이해하게 된다. 따라서 상담자는 경청하는 동안 일시적으로 내담자를 이해하는 공감과 인지적 상담자의 역할로 돌아오는 관찰의 역할을 번갈아 가면서 수행하고 있음을 기억해야 한다. 이것이 경청의 역할이다.

4) 질문, 반영, 명료화 기법 익히기

상담자는 내담자의 이야기 속에서 더 많은 정보를 얻어 내기 위해서 질문을 던진다. 이때 던지는 질문은 정보 수집을 위한 것이라기보다 내담자가 자신이나 자신의 문제에 대해서 더 주의를 기울이고 빠뜨리는 문제가 없이 더 잘 말할 수 있도록 자세하게 말할 수 있도록 그런 목적을 가지고 행해지는 것이다. 즉 내담자에게 어떤 것에 집중하도록 질문하면서 경청이 가지고 있는 수동적인 태도보다는 조금 더 적극적으로 내담자에게 다가가는 것을 의미한다.

반영이란 내담자가 어떤 말이나 행동을 할 때 그 말과 행동에서 드러난 감정 혹은 태도 이런 것들을 상담자가 간파하면서 그것을 다시 내담자에게 간단한 말로 되돌려주는 것이다. 반영이란 내담자가 자신을 스스로 이해할 수 있도록 도울 뿐만 아니라 자신이 상담자로부터 이해받고 있다는 느낌을 줄 수 있으므로 상담에서 가장 중요한 기술 중의 하나이다.

명료화란 상담자가 내담자에게 내담자가 호소하는 증상이나 문제에 대해서 조금은 더 자세히 말해줄 것과 또 설명할 수 있도록 내담자를 독려하고 지지하는 것을 의미한다. 때때로 명료화는 내담자가 말한 것을 상담자가 그에게 그 말을 그대로 돌려줌으로써 내담자로 하여금 좀 더 명확하게 자신의 문제를 이해할 수 있도록 돕는 행위를 뜻한다.

5) 해석과 직면으로 돕기

해석은 내담자의 말과 행동 가운데 분명하게 그 의미를 찾을 수 없는 부분에 대하여 상담자가 개연성 있는 이야기를 만들어서 내담자에게 들려주는 것이다. 다시 말하면 상담자가 지금 치유하고 있는 어떤 행동이나 사고나 감정, 생각 등을 다시 한번 내담자에게 그것이 어떤 의미를 지니고 있는지 제시해 주는 것을 해석이라고 할 수 있다. 따라서 해석이란 내담자 자신이 인식하고 있는 부분을 출발점으로 삼아서 아직은 내담자가 채 의식하지 못하고 있는 부분으로까지 내담자의 생각과 인지를 끌고 감으로써 그 해석에 대하여 내담자가 어떤 식으로 반응을 보이거나 반응을 보이지 않는지를 살펴보면서 상담자의 해석 적합성 여부를 스스로 판단할 수 있다. 이러한 해석을 통해 상담자는 내담자가 자신의 문제에 직면할 수 있도록 도와 줄 수 있다.

직면이란 상담자가 내담자에게 어떤 것을 지적해 주는 행위라고 할 수 있다. 상담자가 관찰하고 들었던 내담자의 말이나 비언어적인 행위에 대해서 내담자가 자각하거나 인정하기를 두려워하는 측면이 있을 수 있으므로 직면은 내담자가 자기 자신의 행동을 더 잘 알 수 있도록 자극하는 행동이다. 누구나 사람은 자신의 행동에 대해서 지적을 받으면 부끄러움과 불편한 감정을 느끼게 되는데 이러한 감정이 생겨나면 그 자리에서 벗어나고자 하는 것이 또한 인간의 마음이다. 자연스럽게 일어나는 변화에 대한 동기는 때때로 수치심을 통하여 드러나는 경우가 많은데 수치심을 자극하는 직면은 그 파급 효과나 영향력이 큰 것이므로 때때로 내담자에게 위협적인 것으로 받아들여질 수도 있다. 따라서 직면이 가능한 내담자는 내적인 자원을 가지고 있는 내담자다. 상담자는 내담자가 그것을 받아들일 수 있는 내적 자원이 있는지 그 여부를 살핀 다음에 그것을 토대로 진행하는 것이 중요하다.

6) 통제와 대행

내담자가 어떤 행동이나 결정을 해야 할지 모르고 불편한 상황에 놓여 있으면 상담자가 매우 적극적으로 내담자의 입장과 형편에 관여함으로써 내담자를 마치 부모와 같이 보호해 주는 역할을 하는 것을 통제와 대행이라고 한다. 여러 가지 상담의 기술 가운데 가장 적극적인 것으로서 위급 상황에 처한 내담자를 보호하기 위해서 상담사가 취할 수 있는 보호의 조치이다. 상담자는 때때로 내담자를 직접 통제하기도 하면서 내담자의 보호자로서의 임무를 수행해야만 한다. 일반적으로 이러한 개입 기술은 내담자의 생활에 깊이 관여하여 통제함을 목적으로 하고 있다.

7) 주의 집중 방해 요인 관리

상담자가 주의를 흐트러지게 하는 내적 요인(예 : 피로, 걱정, 불안)과 외적 방해 요인을 최소화하고, 이러한 생각이나 감정을 기록하여 인지적 부담을 줄이는 전략도 효과적이다. 적절한 휴식과 운동, 영양 관리도 집중력 유지에 중요한 역할을 한다.

8) 목표의 명확화와 과제 난이도 조절

적절한 수준의 도전 과제를 설정하여 상담자가 그 과제에 몰입하게 하면 집중력이 증진된다. 과제가 지나치게 쉽거나 어려우면 주의 집중이 떨어질 수 있으므로 균형 맞춤이 필요하다.

좋은 상담자가 되기 위한 스스로의 능력 향상은 내담자와의 신뢰감 형성, 개방적 자세 유지, 전인적 경청, 방해 요인 관리, 적절한 과제 조절, 그리고 지속적인 자기 훈련을 통해 이루어진다. 이 모든 요소는 상담 과정에서 내담자에게 최상의 도움을 제공하는 데 필수적이다.

7 상담자와 내담자의 상호 작용

상담자와 내담자의 상호 작용은 상담의 핵심이며, 신뢰와 존중을 바탕으로 한 협력적 관계 형성이 중요하다.

1) 신뢰 형성

상담자와 내담자는 낯선 사람으로 만나지만, 내담자가 자신의 사적 비밀을 나눌 수 있도록 상담자가 인간적 관심과 일관된 태도를 통해 신뢰를 쌓아야 한다. 신뢰 관계가 형성되면 내담자는 상담에 적극적으로 참여하고 자기 개방을 하게 된다.

2) 상호 협력

상담자는 전문 지식을 바탕으로 내담자가 상담 목표에 도달하도록 지원하며, 내담자는 자신의 문제를 주체적으로 탐색하고 해결하려는 노력을 한다. 이 과정에서 각자의 역할 충실도가 상담 목표 달성에 결정적 역할을 한다.

3) 주의 집중

상담 과정에서 상담자는 내담자의 발언과 비언어적 신호를 세심하게 경청하고 반영한다. 이를 통해 내담자는 자신의 생각과 감정을 명확히 인식하고, 상담자는 진단 및 개입에 필요한 정보를 수집할 수 있다.

4) 안전한 환경 조성

조용하고 안전한 환경은 내담자 존중을 기반으로 하며, 내담자가 심리적으로 편안함을 느껴 자기 탐색과 변화를 위한 시도를 할 수 있게 돕는다.

5) 지속적 점검

상담자와 내담자의 상호 작용은 지속적으로 조정되고 점검되어야 한다. 상담자는 내담자의 반응과 상담 과정에 나타나는 저항이나 어려움을 이해하고 대응하며, 상담의 효과성을 높인다. 또한 상담자는 자신의 상담 태도, 기술, 집중 상태를 주기적으로 점검하며, 전문적 훈련과 실습을 통해 집중 능력을 점진적으로 향상시켜야 한다.

8 상담자의 윤리적 문제

상담자를 위한 윤리적 지침은 상담 과정에서 내담자의 권리를 보호하고 전문적 책임을 준수하는 데 핵심이다.

1) 비밀 보장 원칙 이해와 준수

상담 초기부터 내담자에게 비밀 보장에 대해 명확하게 설명하고, 내담자의 동의를 받아야 한다. 정보 누설은 기본적으로 금지되며, 예외 상황에 대해서도 신중한 판단과 투명한 고지가 필요하다.

2) 이중관계 회피

상담자와 내담자 간의 사적이거나 부적절한 관계를 피하고, 상담 관계를 전문적으로 유지해야 한다. 특히 초보 상담자는 이러한 윤리적 경계에 더욱 주의해야 한다.

3) 내담자 존중과 차별 금지

성별, 나이, 인종, 종교, 성적 지향 등과 상관없이 모든 내담자를 공평하고 존중하는 태도로 대해야 하며, 내담자의 인권과 존엄성을 최우선으로 고려해야 한다.

4) 내담자의 복지 우선

상담자의 개인적 욕구와 이해관계보다 내담자의 복지를 최우선으로 생각하고 상담 전반에 책임감을 가져야 한다. 상담자에게 윤리적 지침은 단순한 규범이 아니라 상담 현장에서 내담자와의 신뢰를 쌓고, 전문적이고 안전한 상담 관계를 만드는 데 필수적인 원칙이다. 이를 준수할 때 상담의 질과 효과를 높이고, 상담자로서 성숙할 수 있다.

Red herring 1

훈제 청어의 유혹

'레드 헤링(Red herring)'이라는 영어 표현은 꽤 자주 사용됩니다. 사전적 의미는 훈제한 청어이지만, '사람의 주의를 딴 데로 돌리는 것'이라는 설명이 덧붙어 있습니다.

나는 이 말을 무라카미 하루키의 잡문집에서 처음 접했습니다. 말린 청어는 일본 사람들이 종종 먹는 술안주라고 합니다. 우리식으로 치면 과메기 정도일 것입니다. 이 표현의 의미는 원래 목적인 본론에서 화제를 돌리기 위해 일부러 꺼내는, 흥미는 있지만 실제로는 별 의미 없는 내용을 뜻합니다.

그렇다면 왜 이런 의미가 되었을까요? 영어 어원 사전을 보면 Red herring은 영국과 여우 사냥, 그리고 사냥개와 관련이 있습니다. 원래 영국은 여우 사냥을 중요하게 여기는 나라입니다. 매년 11월부터 이듬해 4월까지 여우 사냥이 널리 행해졌습니다. 말을 타고 다니며 사냥개가 몰아다 준 여우를 잡는 이 사냥은, 전에는 귀족 스포츠였으나 최근에는 일반 시민도 참여하는 지역 축제로 발전했습니다. 하지만 영국에서는 여우 사냥을 둘러싸고 정부, 농민 단체, 동물 보호 단체들 사이에 치열한 논쟁이 벌어지기도 했습니다. 동물 보호 단체들과 1997년 총선에서 여우 사냥 금지를 공약으로 내건 노동당 정부가 중심이 되어 금지 법안을 발의했습니다. 이에 농민들이 반발하여 런던에서 1834년 이후 최대 규모인 약 40만 명이 참가하는 반대 시위가 열리기도 했습니다.

현재 영국 국왕인 찰스 3세는 여우 사냥이 금지되면 차라리 이민을 가겠다고 반대 의사를 분명히 했을 정도로 유명한 사냥 애호가였습니다. 한때 사냥에 나섰다가 말이 갑자기 뛰어오르는 바람에 땅에 떨어져 어깨뼈가 부러진 적도 있습니다. 어머니인 엘리자베스 2세 여왕이 사랑한 견종이 웰시코기였다면, 찰스 3세가 사랑한 견종은 땅굴에 숨는 여우를 사냥하기 위해 품종 개량된 잭 셀테리어 종입니다.

영국인의 여우 사냥 전통은 이처럼 극진합니다. 그래서 여우잡이 사냥개를 훈련시키는 일도 아주 중요했답니다. 영국인들은 여우사냥개를 훈련시킬 때 여우 냄새가 밴 길목에 훈제 청어를 두고 속임수로 활용하여 개의 후각을 훈련시켰다고 합니다. 청어 냄새에 의존하여 쓸데없이 갈팡질팡하지 않고, 오직 한길로 여우만 쫓도록 엄격하게 길들인 셈입니다. 이 때문에 Red herring은 목적에서 일탈하게 만드는 매력적인 것이라는 의미를 갖게 된 듯합니다.

이처럼 몰라도 되는 흥미로운 이야기를 나는 매 장이 끝날 때마다 한 꼭지씩 넌져둘 생각입니다. 강의 교재의 지루함을 감춰볼까 하여 슬그머니 집어넣은 이야기지만 아마도 교재의 핵심 내용보다 이 Red herring을 따라가다가 다른 곳으로 빠지는 분들이 더 많을 것 같기는 합니다만…….

Group Counseling

PART II

집단상담 이해

Group Counseling

CHAPTER 02

집단상담의 개념

1 집단상담이란?

2 집단상담의 정의

3 집단상담의 역사

4 집단상담의 목표

5 집단상담의 특징

6 집단상담 유형

7 개인상담과 집단상담

8 집단상담의 장단점

1 집단상담이란 ?

집단상담이란 무엇일까? 집단상담은 말 그대로 여럿이 하는 것이다. 한 사람의 상담자가 동시에 몇 명의 내담자들을 상대로 각 내담자의 관심사, 대인 관계, 사고 및 행동 양식의 변화를 모색하는 것, 집단에 참여한 사람들의 현재적 문제와 그 해결책을 집단구성원들과 함께 대화하며 풀어가는 것이다.

대개 상담의 현장을 생각하면 상담자와 내담자, 이 둘 간에 일어나는 상호 작용이라 생각하기 쉽다. 그런데 이 집단상담은 여러 명을 모아두고 상담을 진행하는 것이다. 가장 중요한 것은 집단을 구성하는 사람들끼리 상호 작용, 이것을 역동이라고 한다. 그 역동적 관계를 바탕으로 내담자 개개인의 문제를 해결하거나 변화를 모색하는 집단적인 접근 방법이다.

따라서 집단상담은 심리적인 문제를 가지고 병리적 증상을 보이는 분들에게는 적합하지 않다. 다시 말하자면, 집단상담은 정상적인 사회생활을 유지하고 있지만 그럼에도 불구하고 나는 대인 관계를 잘 맺기가 어렵다든지, 남들에 비하면 내가 모든 걸 좀 예민하게 받아들인다든지, 아니면 예전엔 안 그랬는데 요즘 일상생활 가운데 매끄럽지 못한 일들이 자꾸 생겨나는데 이것이 내 문제인지 환경과 주변 사람의 문제인지 알기가 어렵다 등등 이런 다양한 인간관계, 직장 관계, 가정 문제 등에서 정서적으로 불편함을 많이 느끼는 상황을 개선하고 그 해결책을 찾고 싶어서 상담의 문을 두드리는 지극히 일상적이고 상식적인 사람들을 대상으로 하는 상담이다.

부연해서 강조하자면 집단상담은 우울증이나 심각한 정신병리적 문제를 겪지 않는 내담자들을 주요 대상으로 한다. 심리적 문제가 있는 개인이 집단에 참여할 경우, 그로 인해 집단 역동(Group Dynamics)이 손상될 수 있기 때문이다. 우울증, 기분장애 등 집단 참여가 어려울 정도의 개인 병력이 있다면 집단 역동에 부정적 영향을 미치므로, 적절한 내담자 선별이 집단 구성을 위한 가장 중요한 요소가 된다.

집단상담은 비교적 정상적인 생활 적응 수준에 속한 내담자들이 훈련받은 전문 상담자의 도움 아래 집단을 형성한다. 구성원들 간의 역동적인 상호 작용을 통해 자신의 행동, 사고, 감정을 변화시키고, 당면한 생활 문제 해결을 위한 잠재적 능력을 발견하도록 돕는 과정이다. 집단상담의 핵심적인 전제 조건은 따뜻함과 신뢰를 바탕으로 한 수용적인 분위기를 조성하는 것이다.

2 집단상담의 정의

앞서 기술한 대로 집단상담은 한 명 이상의 상담자 - 대개 집단상담은 한 명의 상담자가 이끌기보다 두세 사람의 상담 전문가가 함께 이끄는 경우가 많다 - 가 여러 내담자와 함께 상호 작용을 통해 개인적 성장과 문제 해결을 돕는 심리적 상담 형태를 말한다.

전문 상담자와 여러 명의 내담자가 신뢰와 수용적인 분위기 속에서 서로의 생각, 감정, 행동을 나누며 개인의 성장과 문제 해결을 도모하는 상담의 한 형태인 집단상담은 개인상담과 달리 '1 대 다수'의 구조를 가지고 있기 때문에 비교적 정상적인 범위의 사람들을 대상으로 한다.

전문적으로 훈련된 상담자의 지도 아래 집단구성원들이 상호 작용을 통해 자기 이해, 자기 수용, 타인 이해를 심화시키는 과정이다. 이 과정에서 개인은 타인과의 교류 속에서 자신의 감정, 태도, 행동 양식을 탐색하고 수정하며 성숙한 인간관계를 배우게 된다.

3 집단상담의 역사

집단상담의 역사는 20세기 초 서양 심리치료의 발전 속에서 시작되어, 이후 다양한 이론적 접근과 사회문화적 변화에 따라 발전해 왔다.

1) 서구 집단상담의 역사

(1) 초기 단계(1900~1930년대)

집단상담의 기원은 의학적·종교적 집단치료 형태에서 비롯되었다. 1905년 보스턴의 내과 의사 조셉 프랫(Joseph H. Pratt)은 결핵 환자들을 대상으로 최초로 집단치료를 실시하였다. 프랫은 결핵 환자들이 서로의 경험을 나누고 정기적으로 모임을 가지게 하여 심리적 지지와 동기 부여를 제공하는 집단교육 형태를 처음 도입했다. 구체적으로, 환자들은 매주 모임에서 자신의 일기를 발표하고, 체중 증가 등의 건강 지표를 공개적으로 기록하며 상호 격려와 응원을 받음으로써 응집력과 상호 지지가 형성되도록 했다. 이를 통해 환자들의 신체적 건강뿐 아니라 정신적 회복에도 긍정적인 효과를 얻을 수 있었다.

이 기법은 과학적인 집단치료의 기초로 평가받으며, 참가자들이 집단 내에서 서로의 경험과 생각을 공유하고, 지지를 주고받으면서 병증 극복에 도움을 받는 집단 상호 작용 모델로 발전되었다. 프랫의 집단기법은 이후 다양한 집단상담과 치료 이론 및 실제에 영향을 주었으며, 현대 집단상담의 기본적인 틀로 간주되고 있다.

(2) 1920년대 이후

정신분석 이론이 발전하면서 집단을 정신치료의 실험장으로 삼는 시도가 본격화되었다. 1921년 알프레드 아들러(Alfred Adler)는 오스트리아의 비엔나에 최초의 아동지도 클리닉을 설립하고, 아동상담을 위한 집단치료를 도입했다. 이 클리

닉에서는 아동뿐만 아니라 부모, 교사 등이 함께 상담에 참여하는 집단적 접근을 시도하였으며, 아동의 문제를 개인적 차원이 아니라 사회적 맥락에서 이해하고 해결하려는 특징이 있었다.

아들러의 아동상담 집단의 특징은 먼저, 아동, 부모, 교사 등 다양한 이해관계자가 함께 상담에 참여하는 다원적 집단 구성이었다. 이는 아동의 문제를 개인적 결함이 아니라 사회적 관계와 환경에서 비롯된 것으로 보고, 집단 내에서 사회적 관심과 상호 지지를 강조하기 위함이었다. 아들러는 특히 집단 내에서 아동의 열등감, 사회적 적응, 공동체 의식 등을 다루며, 아동이 자신의 문제를 집단원들과 공유하고 해결책을 모색하도록 유도하였다. 또한 아동의 행동과 감정을 이해하기 위해 집단 내 상호 작용을 관찰하고, 교육적·심리적 개입을 병행하였다.

아들러는 이러한 집단상담을 통하여 아동의 사회적 기술과 공동체 의식을 향상시키는 데 중점을 두었으며, 집단 내에서 아동이 자신의 문제를 타인과 공유하고, 서로의 경험을 통해 성장할 수 있도록 지원했다. 또한 부모와 교사의 참여를 통해 가정과 학교에서의 아동 지원을 강화하고, 아동의 전인적 발달을 도모하였다.

이러한 아들러의 집단상담 모델은 이후 아동상담, 교육상담, 가족상담 등 다양한 분야에 영향을 미치며, 현대 집단상담의 기초가 되었다.

(3) 1930년대 이후

모레노가 심리극을 도입하고 1931년에 '집단치료'라는 용어를 처음 사용하면서 관련 학문과 실천이 급격히 확산되었다. 제이콥 레비 모레노(Jacob Levy Moreno, 1889~1974)는 루마니아에서 태어나 오스트리아 비엔나에서 성장한 정신과 의사이자 심리치료 혁신가였다. 그는 1920년대부터 즉흥 연극의 원리를 치료에 접목하여 심리극(Psychodrama)의 개념과 기법을 발전시켰다. 심리극이란 개인이 자신의 삶에서 경험하는 갈등, 감정, 문제를 무대 위에서 즉흥적으로 연기하며 내면의 심리적 문제를 탐구하고 해결하는 집단치료법이다. 모레노는 심리극을 '진실의 극장'이라 불렀는데, 이는 개인의 내면 진실과 현실을 연극적 방법으로 탐구하는 과학적 심리치료의 한 형태라는 의미였다.

심리극의 기본 구성 요소는 주인공, 보조 자아, 감독(치료자), 관객으로 이루어진다. 주인공은 자신의 문제를 무대에서 직접 연기하며, 보조 자아는 주인공의 내면의 다양한 역할이나 중요한 인물을 연기해 주도적으로 치료를 돕고, 감독은 치료자로서 심리극 진행을 이끌며, 관객은 집단의 다른 구성원으로서 관찰과 공감을 통해 간접적 치유를 경험하게 된다.

모레노의 심리극은 자발성과 창의성을 핵심 가치로 삼아, 참여자가 즉흥적으로 자신의 감정을 표현하고, 새로운 행동 상황을 실험하면서 내면의 갈등을 창의적으로 해결할 수 있도록 돕는 기법이다. 또한 집단 내 상호 작용을 통해 사회적 유대감과 공동체 의식을 강화하는 데 중요한 역할을 한다.

주요 기법으로는 역할놀이(role playing), 거울기법(mirror technique), 이중기법(double technique) 등이 있으며, 이는 자아 인식과 감정 해소를 돕는 치료적 도구로 사용된다.

모레노는 심리극을 통해 개인 내면의 감정과 대인 관계 문제를 창의적이고 자발적인 연극적 표현으로 해소하는 혁신적인 치료법을 창안하여 현대 심리치료와 집단상담 분야에 지대한 영향을 미쳤다. 특히 집단 내 사회적 역할 탐색과 상호 작용을 통한 정서적 치유와 성장에 중점을 두었으며, 이러한 접근은 가족치료, 그룹치료, 연극치료 등 다양한 치료 방법의 기초가 되었다.

(4) 발전 단계(1940~1960년대)

미국에서 집단상담은 아동 지도, 직업 지도, 사회사업 집단 작업, 집단 역동, 인간 잠재력 운동 등과 같은 사회관계의 여러 인접 분야와 상호 연관된 가운데 직접적 혹은 간접적으로 발전해 왔다. 집단상담이 발전하기 시작한 초기에는 오늘날 통용되는 집단상담의 고유한 의미보다는 집단지도와 집단치료 등의 의미로 사용되었다.

제2차 세계대전 중 군인들의 심리적 재활치료를 위해 집단상담 기법이 활발히 활용되었다. 1946년에는 심리학자 쿠르트 레빈(Kurt Lewin)이 코네티컷주에서 인간관계 훈련 프로그램 연구를 시작하면서 'T-Group(감수성 훈련집단)' 개념을 정립하였다.

1940년대 말부터는 레빈을 중심으로 한 인간관계 훈련(T-그룹)이 시작되었다. T-그룹은 대략 10~15명의 참가자와 1~2명의 진행자(촉진자)로 구성되는 소집단에서, 참여자들이 자신의 감정과 행동을 '지금-여기'에서 직접 경험하고 탐색하는 집단 훈련 방식이다. 이 훈련의 주요 목표는 대인 관계 기술을 향상시키고, 자기 인식과 타인 이해를 증진시키는 것에 있었다.

T-그룹에서는 정해진 교육 프로그램이나 강의가 없고, 집단 내에서 벌어지는 상호 작용 자체가 학습의 주된 내용이다. 참여자들은 서로에게 솔직한 피드백을 주고받으며, 자신의 행동이 타인에게 미치는 영향을 체험적으로 배우게 된다. 이 과정에서 개인은 자신의 감정을 솔직하게 표현하고, 이를 수용하는 집단 분위기 안에서 성장할 수 있다. 감정과 인간관계에 초점을 맞추며, 과거나 미래보다는 현재 순간에 집중한다는 점이 특징이다.

미국 집단상담의 대표적인 사람은 인간중심주의를 주창했던 칼 로저스(Carl Rogers)를 들 수 있는데, 30년 넘게 주로 개인상담과 치료에 집중해왔던 로저스도 1935년을 기점으로 집단상담에 대한 관심을 키워가다가 1960년대 초반부터 집단에 대해 보다 집중적인 연구를 하게 되었다. 로저스는 집단상담을 금세기에 가장 급속하게 퍼져나가는 그리고 가장 강력한 영향력을 행사하는 사회적 발명품이라고 하였다.

로저스가 만든 참만남 집단(encounter group)이 등장하며, 집단상담은 개인 간 상호 작용을 통한 감수성 훈련과 자기 성장에 초점을 맞추게 되었다. 참만남 집단은 1960년대에 인간중심 심리학을 바탕으로 발전된 집단상담 형태로, 개인 간의 진실한 만남과 개방적이며 정직한 관계 경험에 중점을 둔 학습 집단이다. 이 집단은 '지금-여기'의 원리를 강조하며, 집단원들이 자신을 있는 그대로 이해하고 수용하며, 타인에게 솔직하게 개방하는 것을 목표로 한다. 참만남 집단은 대략 8~18명 규모로 구성되며, 정상적인 성인들이 참여하여 효과적인 의사소통과 인간관계 개선을 목적으로 하였다.

참만남 집단은 기존 레빈의 T-그룹에서 발전된 형태로, 실존주의와 인본주의 심리학적 사상을 기반으로 1960년대부터 전 세계적으로 보급되었다. 특히, 로저스는 참만남 집단에서 '진실성', '무조건적 긍정적 존중', '공감적 이해'라는 세 가지 기본 태도가 개인 변화에 결정적 역할을 한다고 보았다.

1950~60년대에는 정신분석, 행동치료, 인간중심 치료 등 다양한 이론이 집단상담에 응용되면서 그 범위와 깊이가 확대되었다.

(5) 현대적 확장(1970년대 이후)

1970년대 이후에는 행동치료, 인지치료, 게슈탈트, 상담심리학 등 다양한 이론이 융합되며 집단상담이 심리치료·교육·조직개발 분야 전반으로 확산되었다. 특히 얄롬 등의 연구는 집단상담의 치료적 요인을 체계화하고, 현대 집단상담의 이론적 토대를 제공하였다. 1970년대에 어빈 얄롬(Irvin D. Yalom)이 『집단 정신치료의 이론과 실제(*The Theory and Practice of Group Psychotherapy*)』(1970)를 출간하면서 집단 역동과 치료 요인에 대한 이론적 틀을 확립했다. 얄롬은 집단치료의 열한 가지 치료 요인을 제시하며 집단상담의 전문성을 높이는 데 결정적인 역할을 했다. 차차 인간중심상담, 게슈탈트 치료, 교류 분석 등 다양한 심리학 이론들이 집단 환경에 적용되면서 집단상담의 기법이 풍부해졌다.

(6) 현대의 경향

1980년대 이후부터는 한 가지 이론에만 얽매이지 않고 여러 이론의 장점을 통합하여 사용하는 통합적 접근이 강조되었다. 또한 무분별하게 확산되었던 T-그룹과 달리, 명확한 목표와 주제를 가지고 체계적인 활동으로 진행되는 구조화된 집단상담 프로그램이 주류를 이루게 되었다.

집단상담의 효과가 입증됨에 따라, 상담자의 자격과 윤리에 대한 기준이 엄격해지고, 전문적인 교육 과정의 중요성이 더욱 강조되고 있다.

2) 우리나라 집단상담의 역사

우리나라 집단상담의 역사는 서구보다 늦게 시작되었으나, 1960년대 이후부터 꾸준히 도입되고 발전해 왔다. 특히 감수성 훈련(T-그룹)과 학교 현장의 집단지도를 중심으로 확산된 것이 특징이다.

(1) 도입 및 초기 확산기(1960~1970년대)

1960년대 중반, 주로 미국의 유학파 심리학자들을 통해 서구의 집단 역동 이론과 기법들이 국내에 소개되기 시작했다.

이 시기 집단상담의 주된 형태는 감수성 훈련이었다. 이는 조직 내 인간관계 개선과 개인의 잠재력 개발을 목적으로 대학생이나 기업의 간부들을 대상으로 진행되었다. 이 경험적 집단 활동은 한국 사회에 큰 반향을 일으켰다.

(2) 학교 상담의 시작

1970년대에는 학교 현장에 집단적 접근이 도입되기 시작했다. 이는 주로 청소년의 생활 지도 및 교육의 일환으로 실시되었으며, 오늘날 집단지도의 형태로 발전하는 기반이 되었다.

(3) 성장 및 전문화 시기(1980~1990년대)

1980년대 이후 심리학과, 교육학과 대학원에서 상담 관련 전공이 확대되면서 집단상담이 정규 교과목으로 자리 잡았다. 이는 이론적 기반을 갖춘 전문 인력을 양성하는 데 기여했다. 칼 로저스의 인간중심 접근, 얄롬의 실존적 집단치료 등 다양한 서구의 집단상담 이론들이 번역되어 연구되고 적용되었다.

(4) 공식 학회의 설립

집단상담을 전문적으로 연구하고 보급하는 학회들이 설립되면서 학문적, 실무적 교류가 활발해졌다. 이는 집단상담의 전문성을 높이는 데 중요한 역할을 했다.

(5) 제도화 및 대중화 시기(2000년대 이후)

2000년대 이후 정부 차원에서 상담 및 복지 관련 정책이 강화되면서, 학교, 군대, 기업, 복지기관 등에서 집단상담이 공식 프로그램으로 제도화되었다. 다양한 민간 및 국가 상담 자격증 제도가 확립되면서 집단상담을 실시할 수 있는 상담자의 전문성 기준이 명확해졌다. 이는 비전문적인 집단 활동을 지양하고 윤리적인 집단 운영을 촉진했다.

알코올 중독, 가정 폭력, 학교 폭력 피해/가해 학생, 다문화 가정 등 특정 문제를 가진 사람들을 위한 구조화되고 전문화된 집단 프로그램이 크게 발전하고 있다.

전반적으로 우리나라 집단상담은 도입 초기에는 경험적 학습과 교육에 중점을 두었으나, 현재는 다양한 문제 해결과 심리치료를 위한 전문적인 접근 방식으로 확고히 자리매김했다.

3) 사회복지 현장에서 집단상담의 도입

사회복지 현장에서 집단상담의 도입은 1970년대 후반부터 본격화되었다. 초기에는 아동, 청소년, 여성, 가족, 중독 등 다양한 대상 집단을 중심으로 사회복지기관과 학교, 상담센터 등에서 프로그램이 시범 운영되었다. 특히, 지역사회복지관과 정신보건시설에서 집단상담의 교육과 지원 기능이 강조되었으며, 참여자 간의 상호 작용을 통해 정서적 지지와 문제 해결을 지원하는 핵심 방법으로 자리 잡기 시작했다.

집단상담은 개인상담에 비해 비용이 효율적이며, 다양한 사회적 상호 작용 경험을 제공함으로써 참여자의 대인 관계 능력과 자기이해를 증진시킨다. 현장 실무자들은 이를 통해 사례관리뿐만 아니라 예방적 개입 및 지역사회 역량 강화에도 중요한 역할을 수행할 수 있음을 인식하게 되었다. 이와 함께 집단상담의 실천력을 키우기 위한 전문 교육과 슈퍼비전이 확대되었고, 1990년대 후반 이후에는 사회복지사 자격증 취득 과정에 집단상담 교육이 포함되는 등 제도적 기반도 마련되었다. 현재는 정신건강복지센터, 청소년 상담복지센터, 노인복지시설 등을 포함한 다양한 현장에서 필수적인 실천 방법으로 활용되고 있다.

요약하면, 사회복지 현장에서 집단상담은 1970년대 후반부터 지역사회와 복지시설 중심으로 도입되어, 참여적 지지와 예방적 개입 수단으로 자리 잡았으며, 제도적 교육과 슈퍼비전을 통해 전문성이 강화되는 과정을 거쳐 오늘날 필수적인 상담 실천 방법으로 확립되었다고 할 수 있다.

4 집단상담의 목표

집단상담은 매우 매력적인 프로그램이다. 집단상담은 곧 역동적인 대응 관계 과정이라 할 수 있다. 이때 가장 중요한 것은 따뜻함과 신뢰를 갖춘 수용적인 분위기이다. 집단에 참여하는 이들은 타인의 행동을 섣불리 비난하거나 비판하기보다, 설령 충고가 필요한 상황이라도 대부분 다음과 같은 방식으로 지지를 제공한다. “당신만 그런 경험을 한 것이 아니다. 나도 비슷한 어려움을 겪었고, 그때 이렇게 이겨냈다.” 이러한 공감과 경험 공유가 내담자들 사이에서 지속적으로 이루어지기 때문에, 특히 자신의 문제를 꺼내놓은 이들은 다른 구성원들의 지지 가운데 있다는 강력한 감정을 느끼게 된다.

우리는 학교, 사회생활은 물론 가정에서도 지지를 받지 못할 때가 많다. 부모-자녀 간, 혹은 부부 간에 지지하는 분위기가 있는 가정은 행복하지만, 서로를 비난하거나 무시하고 상대방의 생각을 인정하지 않는 역기능 가정이 적지 않다. 가정은 마땅히 서로 사랑하고 지지하며 인정하는 공동체라 생각하기 쉽지만, 실제로는 그렇지 않은 경우가 많다. 역기능 가정의 구성원들은 자신이 인정받고 있다고 느끼지 못하며 살아간다.

그런데 가정 안에서도 지지와 인정받는 경험을 해 보지 못한 집단원이 막상 집단에 참여하여 인정과 지지를 느낀다면, 집단에 대해 긍정적인 생각을 갖게 된다. 아브라함 매슬로우(A. H. Maslow)의 욕구 단계 이론에 따르면, 인간의 욕구 충족은 생존의 욕구에서부터 단계적으로 상승하며, 가장 높은 단계 중 하나가 바로 사랑과 인정의 욕구이다. 즉, 인간은 결국 인정과 사랑을 받기 위해 산다는 것이다.

1) 집단상담의 기본 목표

집단상담의 목표는 내담자의 정신병리적 문제 해결보다는 현실 생활에서 경험하는 다양한 문제들을 해결하는 데 초점을 둔다.

- 개인의 자기이해 촉진
- 대인 관계 능력 향상
- 보다 건강하게 적응할 수 있도록 환경 조성

집단상담 연구자들은 집단상담이 집단구성원의 감정을 다루는 것에 최대의 관심을 기울일 때 가장 효과적이라고 보며, 다음 질문들에 대한 해답을 찾는 것을 목표로 한다.

- "나는 누구인가?"
- "나는 타인과의 소통에 문제가 없는가?"
- "타인과 더불어 무엇을 상의하거나 결정할 때 그들은 나에게 어떻게 반응하는가?"

집단상담을 통해 달성하고자 하는 목표는 다음과 같이 정리할 수 있다.

- 개방성 및 솔직함 증진 : 집단구성원들과 더불어 자기 노출을 통해 개방적이고 솔직하게 되는 것을 배운다. 이때 비밀 유지는 집단 활성화를 위한 가장 중요한 전제 조건이며, 구성원 간의 신뢰와 응집성이 집단 성공의 핵심이다.
- 친밀성을 저해하는 행동 감소 : 자신과 타인과의 관계에서 신뢰성을 쌓는 방법을 자연스럽게 습득하며, 상대방에게 진실되고 진지하게 다가가는 방법을 익힌다.
- 양극성 인식 및 수용 : 자신의 내면에 존재하는 다양한 측면(양극성)을 인식하고 수용하게 된다.

2) 사회적 적응 요구 충족을 위한 목표

집단상담은 구성원의 사회적 적응 요구 충족 및 효율적인 생활을 위해 다음과 같은 목표를 설정한다.

- 집단원의 중대한 사회적 적응 요구를 충족시킨다.
- 자신에 대한 이해와 보다 효율적인 생활과 행동의 기회를 제공한다.
- 자신의 감정, 태도, 그리고 자신과 세계에 대한 개념을 점검할 수 있는 기회를 제공한다.
- 자신의 지각으로 타인과 함께 이야기하는 방법을 익히고, 행동에 대한 책임을 받아들여 자신에 대해 사유하도록 한다.
- 단순한 표면적 관찰만으로는 만족하지 않는 태도를 배우게 한다.
- 다른 성원들의 견해가 자신과 일치하지 않아도 그들의 의견과 권리를 존중하도록 돕는다.

5 집단상담의 특징

집단상담의 주요 특징을 개략적으로 소개하면 다음과 같다.

- 집단 구조와 규모 : 한 명의 상담자와 6명에서 15명 내외의 내담자가 일정 기간 정기적으로 만나 상담을 진행하며, 참가자는 자발적으로 참여한다.

- 상호 작용과 집단 역동 : 집단원 간의 역동적이고 상호 작용적인 관계를 통해 각자의 느낌, 생각, 행동을 공유하며 서로에게 영향을 주고 변화가 이루어진다. 참여자는 타인의 피드백과 지지를 받으며 자신의 문제를 보다 넓게 다룰 수 있다.

- 신뢰와 수용의 분위기 조성 : 상담자는 신뢰와 수용적인 분위기를 형성하여 집단원들이 감정을 개방하고 솔직한 표현을 할 수 있도록 돕는다. 집단에서는 존중, 공감, 수용, 관심 등이 중요한 태도로 작용한다.

- 집단 응집력과 치료적 환경 : 집단 내 응집력(결속력)이 형성되면 치료적 분위기가 조성되어 내담자의 정서적 안정과 자기 성장이 촉진된다.

- 공동 목표 지향성 : 집단구성원 모두 특정 목표-예를 들어 자기 성장, 대인관계 개선, 문제 해결-를 위해 의욕적으로 참여하며 상호 지원한다.

- 집단 진행과 상담자의 역할 : 상담자는 집단원 간 상호 작용이 원활히 이루어지도록 조력자 역할을 하며, 집단 과정에서 신념과 태도의 모델링 역할을 수행한다.

- 효율성과 모형 경험 제공 : 집단상담은 여러 사람에게 동시에 도움을 줄 수 있는 효율적인 방법이며, 참여자는 상담자와 다른 집단원들의 대인 관계 기술을 관찰하고 실습하는 기회를 가진다.

- 단계적 집단 과정 : 상담 초기에 집단원들은 상담자와 집단에 의존하며 탐색적 태도를 보이고, 시간이 지남에 따라 자기 개방과 집단 응집력이 증가하며 적극적으로 참여하게 된다.

이러한 특징들을 토대로 집단상담은 개인이 타인과의 인간관계 속에서 자신의 성장과 변화를 경험하도록 돕는 집단적 심리상담 방법임을 알 수 있다.

6 집단상담 유형

집단의 유형을 결정할 때 집단상담자는 집단의 목적을 명확하게 설정해야 한다. 집단의 목적이 불분명하면 집단은 혼란을 거듭하다가 결국 실패로 끝날 수 있기 때문이다. 집단상담의 유형은 학자와 이론에 따라 다양하게 분류할 수 있지만 크게 상담집단, 치료집단, 교육집단, 성장집단, 자조집단, 과업집단 등 여섯 가지 유형으로 구분하여 설명하고자 한다.

1) 상담집단(Counseling Groups)

일상생활의 문제 해결, 자기이해 증진, 대인 관계 능력 개발을 목표로 하며, 성장 지향적인 특성을 가진 집단이다. 상담집단은 개인적, 교육적, 사회적, 직업적 문제에 초점을 맞추고 치료적인 목표 외에도 예방과 교육적인 목표를 설정하여 집단상담을 실천하는 형태이다.

상담집단의 목표를 어떻게 설정하느냐에 따라 집단상담자에게는 심리사회적인 문제에 관한 폭넓은 지식과 경험이 요구된다. 심리사회적인 문제라 하면 주로 성 문제, 이혼과 재혼, 직업, 학습, 종교, 인간관계, 일중독, 스트레스 등에 관한 일이다. 상담집단은 상호 간의 취지와 문제 해결을 통해 흔히 어렵게 여겨지는 일상생활의 문제를 해소하도록 집단구성원들을 돕기 위해서 구성된다.

상담집단의 또 다른 목적은 인간 상호 관계의 문제 해결 능력 개발을 도모하여 장차 유사한 문제를 보다 효과적으로 다룰 수 있도록 돕는 것이다. 상담집단은 대개 6명에서 12명 정도 집단구성원으로 구성되는 소집단 경험 중심으로 이루어지며 구성원의 사고와 감정 및 행동을 강조하는 대인 관계와 일상생활에서 직면하게 되는 문제를 해결하기 위한 전략을 강구하는 데 초점을 맞추는 경우가 많다. 또한 발달과업이나 스트레스 대처 방안을 탐색하는 데 관련된 문제가 많고 비교적 잘 기능하는 집단구성원에 의해 집단의 초점이 결정되는 특징이 있다.

상담집단은 개인의 내적 자원을 발견하고 발달을 방해하는 장애 요소를 건설적인 방향으로 변화시키면서 집단구성원들로 하여금 현재와 미래의 문제에 대해 보다 효과적으로 대처할 수 있도록 하는 데 초점을 둔다. 이러한 특징으로 상담집단은 주로 청소년을 대상으로 하는 각급 학교의 상담실이나 전국의 시도 상담실과 같은 지역사회 정신 건강 관련 기관 등에서 활용되는 집단이다.

상담집단에서는 주로 의식적인 내용과 비교적 짧은 기간 해결할 수 있는 문제를 다루기 때문에 실행 중심적으로 접근한다. 상담집단에서 상담자는 생산적이고 촉진적인 집단 분위기를 조성해야 한다. 상담집단상담자는 집단구성원 간의 상호작용을 촉진하면서 집단구성원들이 자신의 행동 양식에 대한 대안을 탐색하고 그들 스스로 통찰할 것을 구체적으로 실천하도록 격려하는 역할을 한다. 이를 위해 집단상담자는 집단구성원이 지금 여기에 초점을 맞추고 개인적인 목표를 설정할 수 있도록 도와주어야 한다.

한편, 상담집단에서 집단구성원은 일상적으로 행동하는 그대로의 자신을 경험할 수 있게 된다. 이러한 경험을 토대로 집단구성원은 각자의 목표를 구체화하고 그 목표를 달성하기 위해 집단 작업에 참여한다. 새로운 행동 방식을 연습하고 다른 집단구성원의 공감과 지지를 통해 각 개인의 독특함을 이해할 수 있으며 서로의 가치 차이를 존중하게 되면서 보다 깊은 수준에서 서로의 이질성보다는 동질성을 발견하게 된다.

2) 자조집단(Self-help Groups)

전문가 도움 없이 스스로 문제를 극복하려는 사람들로 구성된다. 예를 들어, 알코올 중독, 흡연, 도박 등 문제를 공유하며 지지와 정보 교환의 역할을 한다. 자조집단은 마약이나 암 또는 비만과 같은 공동 관심사나 공통 문제를 갖고 자발적으로 구성된 집단으로 공동 관심사나 문제에 대한 경험을 나누면서 관심사와 관련된 욕구를 충족시키거나 문제 상황에 대한 대처 능력을 향상시키도록 노력하는 상호 원조 집단이다.

이러한 집단은 대개 마약 중독, 공격적 행동, 정신질환 장애, 자녀의 죽음, 도박, 체중 조절, 성적 지향성의 문제, 에이즈 등과 같은 공유된 문제에 대한 상호 지지가 필요한 사람으로 구성된다. 공통의 문제를 서로 나누고 상호 노력을 통해 공통의 불편함이나 삶을 파괴하는 문제들을 해결하여 자신의 삶을 효과적으로 조절하기 위해 모인 사람들로 자발적인 연합체라고 할 수 있다. 자조집단의 지지는 대부분 구성원이 서로 유사한 처지에 있는 대상자로 구성되기 때문에 남에게 털어놓지 못할 고민을 함께 나눔으로써 안정성을 느끼고 신뢰감을 갖게 되므로 자기 노출의 장이 된다.

자조집단은 집단구성원의 주도 아래 이끌어 가고 상담자 역할은 적극적이지 않고 제한적이다. 상담자는 물질적인 제공이나 다른 체계와의 연결을 도모하거나 정보, 지식, 자원을 알려주는 자문 역할을 하고 자조집단이 스스로 활동할 수 있도록 도움을 주는 정도다. 따라서 전문가의 도움보다는 집단구성원의 경험에 기초하여 도움을 주고 받는다. 자조집단이 강조하는 것은 대인 간 지지 그리고 개개인이 다시 그들의 삶을 책임질 수 있는 환경을 만들어 주는 것이다. 구성원 간의 도움을 주고 받으면서 스스로에 대해 긍정적으로 느끼고 자신의 삶에 대해 적극적으로 대처하고 통제할 수 있게 된다.

따라서 자조집단을 통한 사회적 지지는 공통의 경험 사고 및 느낌을 가진 대상자들이 제 문제를 서로 나눔으로써 정보의 교환과 보편성, 소속감, 수용감 및 응집력이 형성되어 긍정적 결과를 가져오는 중재 방법이라고 할 수 있으며 타인의 문제 해결담을 경청함으로써 희망감과 낙관적 마음 그리고 나도 남을 도울 수 있다는 이타심과 상호 관계를 통한 대인 간 학습을 가능하게 하므로 결과적으로 건강에도 유용하다. 자조집단은 심리적인 스트레스를 경감시켜 주는 지원 체계를 통해 집단구성원들의 인생을 변화시키게 하는 동기를 제공하는 특성이 있다.

자조집단과 유사한 기능을 하는 지지집단도 있다. 지지집단은 집단원 간의 상호 원조를 통해서 과거의 트라우마나 잘못된 습관, 행동 등을 교정하고 장차 일어날 사건에 좀 더 효과적으로 대응하기 위한 대처 기술을 향상시키며 미래에 대한 희망을 고취시킴으로써 구성원이 삶의 위기에 대처할 수 있도록 돕는 집단을 말한다. 자조집단과 다른 점은 상담자가 중심이 되어 집단을 이끌게 된다는 점이다. 지지집단은 세월호 사건이나 이태원 참사의 유가족들처럼 사회적 어려움이나 비극에 관한 문제로 구성되는 경우가 많다. 집단원들은 자신의 경험을 같이 나눔으로써 각자의 경험을 객관화시킬 수 있다, 집단구성원들은 자신들에게 일어난 비극적 사건의 원인을 자신 탓으로 돌리거나 죄의식에서 벗어날 수 있는 계기를 마련한다. 성폭행 피해자 모임도 이러한 지지집단에서 다룰 수 있는 주제이다.

3) 교육집단(Educational Groups)

정신 건강 교육 및 정보 제공에 중점을 둔다. 스트레스 관리, 감정 조절 등 예방적 목표가 크며, 주로 관심 있는 사람들을 대상으로 한다. 교육집단은 구성원의 정보 또는 기술을 습득하는 데 목표를 둔다. 집단의 목적이 집단 성원들의 지식과 정보 및 기술 향상이기에 직접적인 학습 활동을 통해 기술을 가르치고 정보를 제공하며 지식을 습득할 수 있도록 돕는다.

집단을 이끄는 지도자가 정보를 제공하는 형태이기 때문에 자기 개방 정도는 비교적 낮다. 주로 자신이 되려는 무엇과 관련된 학습, 즉 청소년 성교육집단, 위탁 가정의 부모가 되려는 집단, 입양에 관심을 두고 입양 관련 지식을 획득하려는 집단, 특정 약물이나 질병에 대해 정보를 얻고자 하는 집단, 부모 역할 훈련 집단 등을 들 수 있겠다.

교육집단에 참여하는 사람들에게 치료적 측면보다는 인지적 및 정의적 측면의 정신 건강 교육의 기회와 이와 관련된 다양한 주제에 대한 정보를 제공하기 위해 구성되는 집단이다. 교육집단은 심리교육집단이라고 하기도 하고 학교 장면에서는 생활지도집단 또는 교실생활지도집단으로 불리기도 한다.

생활지도라는 용어가 부정적 인식을 준다는 점을 고려하여 최근에는 생활지도집단이라는 용어보다는 교육집단이라는 용어를 더 사용하고 있다고 한다. 교육집단에서 집단상담자는 집단구성원의 학습 효과를 높이기 위해 교육자 혹은 촉진자로서 그들에게 필요한 정보를 준비하고 그들 사이의 상호 작용을 촉진시키는 역할을 한다.

교육집단을 담당하는 집단상담자는 이러한 이중적인 역할을 잘 이해해야만 한다.

각각의 역할에 어느 정도 할애할 것인가에 대한 정해진 공식이 없으므로, 다루어야 할 주제 집단에 참여하는 구성원의 해당 주제에 관한 지식 정도, 할애된 시간 등에 따라 조정할 수 있는 융통성이 있어야 한다. 교육집단의 일차적인 절차는 먼저 집단상담자가 강의나 발표 형식으로 집단구성원에게 필요한 정보를 제공하고 그에 대해 질문을 받고 각자의 소감을 나누며 주제와 관련된 토의 형태로 이루어지는 것이 일반적이다.

4) 성장집단(Growth Groups)

자기 성찰과 내적 성장에 집중한다. 훈련집단, 참만남 집단, 마라톤 집단 등 세부 유형으로 나뉘며, 개인의 잠재력 개발과 인간관계 증진을 도모한다. 성장집단은 사회정서적인 건강 증진을 강조하는 집단을 말한다. 행동, 감정, 사고를 긍정적으로 변화시켜 나가는 기회를 구성원에게 제공하여 구성원의 능력과 자의식을 높이는 것이다. 일례로 부부 대상 참만남 집단, 청소년 대상 가치 명료화 집단들이 있다.

성장집단은 사회에서 효과적으로 기능하도록 사회기술과 사회적으로 용인되는 행동을 학습하는 데 목적이 있기 때문에 사회화 집단이라고 분류하는 학자도 있다(이장호, 2005). 퇴원한 정신질환자를 위한 사교 집단이라든가 비행 청소년을 대상으로 하는 비행 완화 활동 집단 등도 있다. 성장집단은 집단 토론 형식보다는 게임, 역할 연습과 같은 프로그램에 참여하면서 대인 관계 기술을 향상시키는 것을 강조한다.

성장집단은 집단 경험을 원하거나 자신에 대해 좀 더 알기를 원하는 집단구성원들로 구성되는 집단을 말한다. 성장집단의 기본 과정은 집단구성원이 안전한 분위기 속에서 집단의 치료적 요소를 경험하게 됨으로써 자신을 정직하게 평가하여 자신의 진정한 모습을 깨닫게 되고 사고, 감정, 행동의 변화를 통하여 인간적 성장을 실현할 수 있다.

성장집단에서 집단상담자는 집단구성원 간의 상호 작용을 촉진시킬 수 있는 프로그램을 활용하여 집중적인 경험을 제공하는 역할을 하며 집단구성원들이 삶에서 겪게 되는 개인적인 관심사와 문제 및 갈등을 다룬다. 성장집단은 집단구성원 모두에게 직접적인 경험의 기회를 제공하는 경험 중심 집단이기 때문에 집단상담자는 집단구성원이 필요로 하는 다양한 활동을 고안하고 적용해야 한다.

성장집단의 한 예인 훈련 집단은 주로 체험 과정을 통하여 인간의 성장과 효과적인 의사소통 그리고 인간관계의 발전과 증진을 강조한다. 이는 감수성 훈련 집단 혹은 실험 훈련 집단으로 불리기도 하는데 주로 조직 사회에서 성공적으로 기능하는 데 필요한 인간관계 기술을 강조하는 성격이 강한 집단이다. 감수성 훈련은 집단상담자도 없고 토의 주제도 없어 비구조적이며 집단상담자가 있기는 하지만 집단구성원들 사이에 토의가 정상적으로 이루어지고 원활한 피드 교육이 진행되도록 도움의 촉진자 역할을 담당한다. 대인 관계 안에서 생겨나는 만남의 과정과 토의의 과정에서 참가자들은 서로 다른 사람이나 집단에게 질문 또는 행동을 함으로써 자신의 행동에 대한 민감성을 길러 나가게 된다. 이를 통해 대인 관계에 도움을 줄 수 있는 행동이 무엇인가를 스스로 찾게 되는 살아있는 배움의 학습 과정 즉 배우는 방법을 배우는 학습 과정을 말한다. 이 훈련집단은 각종 조직체의 지도자들을 양성하는 새로운 교육훈련 방법으로써 점점 복잡해지고, 경직화되어 있는 현대 문명 사회 생활 속에서 인간관계를 통한 자기 경험을 쌓아나갈 필요성이 증대됨에 따라 과학적이고 실제적인 접근 방법으로 창안하게 되었다.

참만남 집단은 모든 장면에서 사람들의 인간적 성장 기회를 제공하기 위한 훈련의 형태에서 발전된 집단으로 사회적 기술보다는 주로 인간관계에 있어 진실성이나 일치성 등을 신장시키는 데 초점을 둔 집단이다. 성장집단이 주로 생활방식의 변화를 다루는 것처럼 훈련집단은 자신과 타인의 감정, 인식, 대인 관계, 의사소통 증진, 가치관 정화, 생산적인 태도 형성 등의 내용을 목표로 하는 경우가 많다.

5) 치료집단(Therapy Groups)

심각한 정서 및 행동 문제에 대해 입원이나 외래 치료 환경에서 전문적 치료를 목적으로 한다. 치료집단은 정신적, 개인적인 문제를 가진 구성원으로 하여금 사회 정서적 적응 욕구에 대한 만족을 증가시키려는 목적을 가지고 있다. 집단구성원은 치료의 목적을 달성하기 위해 높은 수준의 자기 노출이 요구되고 의사소통이 공개적으로 이루어진다.

상담자는 구성원들이 적극적으로 상호 작용할 수 있도록 격려한다. 구성원들의 역할은 상호 작용의 결과로서 결정될 수 있다. 구조화된 일정한 형식이 존재하면서도 상황에 따라 유연한 과정을 거치게 된다. 결국 치료집단은 구성원이 자신의 행동을 바꾸고 개인적인 문제를 완화하거나 그에 대처하고 사회적 또는 건강상의 외상 이후에 그들 스스로 원상으로 복귀시킬 수 있도록 돕는 집단이다.

이러한 집단을 이끌 상담자는 인간 행동에 대한 인지적 지식과 더불어 상담의 기초가 되는 여러 가지 이론들을 숙지하고 있어야 한다. 왜냐하면 치료집단에서 상담자의 역할은 집단의 리더일 뿐 아니라 집단원의 태도와 행동을 변화시키는 안내자의 역할을 하여야 하기 때문이다.

치료집단에 참여하는 대부분의 집단구성원은 자신의 문제를 해결하거나 다른 사람들을 도울 수 있는 능력이 상대적으로 부족한 경우가 많기 때문에 의도적이며 의식적으로 개입해야 하는 경우가 많다. 대체적으로 치료집단은 알코올을 상습적으로 오남용하는 사람, 심각한 정신장애 진단을 받는 사람, 교정기관에 수용된 사람, 비행청소년, 정서장애 또는 자살 우려가 있는 사람, 섭식장애를 지닌 사람들이 도움을 받기 때문에 집단상담자가 성장 지향적 관점보다는 치료 지향적 관점으로 접근하는 것이 필요하다.

치료집단에서는 무의식적 요소와 과거사 성격의 재구성 등에 초점을 맞추고 진행하다 보면 다른 집단상담의 유형보다 다소 치료 기간이 길다는 특징이 있다. 치료집단에서는 다양한 기법들이 사용되는데 초기 경험으로의 퇴행을 유도하는 기법, 무의식적 역동을 다루기 위한 기법, 감정 정화가 발생할 수 있는 집단 구성을 통해 외상적 상황을 재경험하도록 하는 기법 등을 사용한다.

6) 과업집단(Task Groups)

특정 과업 완수를 위해 조직된 집단으로 상담 목적보다는 문제 해결에 주안점을 둔다. 과업집단은 문제에 대한 해결책을 찾고 새로운 아이디어를 만들어 내며 결정을 내리기 위해 조직된다. 과업집단은 주로 내담자나 조직, 공동체의 욕구를 충족시키는 것을 목적으로 삼고 있다. 따라서 과업집단의 목표를 명확히 세우는 것이 중요하다. 집단구성원은 목표 달성에 관심이 있고 목표와 관련된 정보와 힘이 있어야 한다.

집단 안에서 의사소통은 특정 과업에 관한 논의에 집중되고 역할이 각 집단구성원에게 할당된다. 과업집단의 전체적인 과정에는 일정한 규칙이 존재한다. 자기 공개성이 낮고 진행 과정은 은밀할 수도 있지만 사안에 따라서는 대중 공개적일 수도 있다.

7) 집단상담과 집단치료의 차이

집단상담은 다양한 경험을 가진 사람들이 모여 자신들의 이야기를 하는 것이다. 그러면서 성장하고 성숙해 가는 것이다. 집단상담의 목적은 개개인의 실제적인 행동 변화를 이끌어 내는 것이다. 대상은 정상인들의 발달적 문제와 인격의 성숙을 도모하는 것이다.

이에 반해 집단치료는 집단상담에 비해 더 전문화된 것이다. 구성원들이 가지고 있는 임상적 어려움, 예를 들면 알코올 중독, 도박 중독, 마약 중독, 성관계 등에서 장애를 겪고 있는 분들, 즉 공통의 생활에 어려움을 겪고 있는 분들을 대상으로 한다. 그래서 집단치료는 '임상적으로 훈련된 전문가가 정신적, 성격적 장애를 일으킨 내담자들의 교정 치료를 위해 노력하는 방법의 절차'라고 규정할 수 있다. 심각한 성격, 정서장애를 가지고 있는 사람들이 모여 수정하고 치료하는 과정이다.

7 개인상담과 집단상담

1) 집단상담이 필요한 내담자

집단상담은 다음의 경우에 필요하다.

- 여러 사람들을 보다 잘 이해하고, 다른 사람이 자기를 어떻게 보는가를 알아야 할 필요가 있는 경우
- 다른 사람들에 대한 배려와 존경심을 습득해야 할 경우
- 사회적 기술(Social Skills)의 습득 및 유대감, 소속감, 협동심의 향상이 필요한 경우
- 자기 관심 문제에 대한 다른 사람의 반응과 조언이 필요한 경우
- 동료나 타인의 이해와 지지가 도움이 된다고 판단되는 경우
- 자기 노출에 관해 필요 이상의 위협을 느끼며 자기 문제에 대한 검토와 분석을 기피하는 내담자(독불장군처럼 살아가는 분들)

2) 개인상담이 필요한 내담자

개인상담은 다음의 경우에 적합하다.

- 자신의 문제가 위급하고 원인과 해결 방법이 복잡하다고 판단되는 경우
- 내담자 자신과 관련된 인물들의 신상을 보호할 필요가 있는, 훨씬 내밀하고 개인적인 문제인 경우
- 자아 개념, 내면 세계와 관련하여 심리 검사 결과를 해석해 주는 면담이 필요한 경우
- 집단에서 공개적으로 발언하는 것에 대한 심한 불안과 두려움이 있는 내담자

- 집단구성원들로부터 수용될 수 없을 정도로 대인 관계가 좋지 못한 내담자
- 자아 탐색, 통찰력이 극히 제한되어 있어 깊이 있는 접근이 필요한 내담자
- 상담자나 다른 사람들로부터의 주목과 인정을 강박적으로 요구하는 내담자
- 폭행이나 비정상적인 성적 행동을 취할 가능성이 있는 내담자

3) 개인상담과 집단상담의 유사점

집단상담과 개인상담은 형식상의 차이에도 불구하고 본질적인 면에서 유사점을 갖는다.

- 공통 목표: 모두 내담자로 하여금 자기이해를 촉진하며, 자기 관리, 인격의 조화로운 통합 상태, 생활 문제 해결 등을 달성하도록 돕는다.

- 분위기 및 책임: 내담자들의 자기 공개 및 자기 수용을 촉진하기 위해 이해적이고 허용적인 상담 분위기의 조성과 유지를 강조하며, 내담자 스스로 선택한 일에 책임을 인정하는 면도 비슷하다.

- 비밀 유지: 모두 내담자의 신뢰 확보를 위해 비밀을 잘 지켜야 한다.

4) 개인상담과 집단상담의 차이점

- 개인상담과 달리 집단상담은 타인을 대하는 바람직한 태도나 행동 반응을 즉각적으로 시도하고 확인할 수 있다. 집단에는 더불어 함께하는 사람들이 존재하며, 이들은 기본적으로 "당신이 무슨 이야기를 하든 우리는 다 받아주겠다."는 수용적인 마음을 가지고 참여한다. 따라서 내담자는 타인과의 친밀감에 관한 경험을 가질 수 있지만, 혼자 진행하는 개인상담에서는 이러한 경험이 불가능하다.

- 집단상담에서는 참여자들이 다른 사람들로부터 도움을 받을 수 있을 뿐만 아니라, 참여자 자신이 다른 사람을 도와주는 경험을 가질 수 있다. 이것이 매우 중요한데, 집단상담을 하다 보면 내담자가 스스로 상담자가 된 것 같은 경험을 무의식적으로 하게 된다. 이는 마치 장기를 둘 때 훈수를 두는 사람이 실제로 두는 사람보다 실력이 높아 보이는 것과 같다. 훈수자는 주관성에서 벗어나 객관화할 수 있기 때문에 문제 상황을 더 잘 보는 것이다. 너무 밀착되어 있으면 상황을 제대로 볼 수 없으나, 한 발 떨어져 보면 훨씬 잘 보인다. 따라서 집단상담을 통해 스스로 지혜로운 조언을 해주는 '작은 상담자'가 되는 경험을 하는 것은 개인에게 매우 긍정적인 경험이 된다.

- 집단상담의 상담자는 개인상담자에 비해 역할이 매우 복잡하고 어렵다. 상담자는 집단원의 감정을 이해하고 스스로 자신을 지각하도록 유도해야 할 뿐만 아니라, 한 집단원의 발언이 다른 집단원과 상담집단 전체에 어떤 영향을 미치는지를 유심히 관찰해야 한다. 따라서 집단상담을 인도하는 이는 매우 숙련된 상담자여야 한다. 숙련되지 않으면 집단의 역동을 올바로 이끌어 갈 수 없다.

  수다와 상담의 차이는 무엇인가? 다른 사람의 이야기를 잘 들어주고 해결책을 제시하는 이는 분명 인간에 대한 관심이 많은 사람이다. 이것이 놀라운 예지력 때문이 아니라, 타인의 상황을 빨리 포착하는 능력 때문이다. 이 능력은 마치 '천재 말' 이야기가 시사하는 바와 같다. 한 똑똑한 말이 곱셈까지 하는 것처럼 보였으나, 동물 심리학자들이 밝혀낸 비밀은 말이 덧셈 뺄셈을 아는 것이 아니라 주인의 얼굴에 나타나는 미세한 표정 변화를 읽어낼 줄 아는 능력 때문이었다. 사람은 정답을 알고 있기에 말이 정답을 짚었을 때 무의식적으로 멈추라는 표정이 드러나는데, 말은 그 표정을 읽는 것이다.

  우리 중에도 타인의 감정이나 생각, 변화를 쉽게 읽어내는 사람들이 있다. 이는 어떤 지혜가 높아서가 아니라, 표정이나 태도, 습성 같은 비언어적 단서를 많이 경험하고 통계적 특징을 잡아내는 능력이 뛰어나기 때문이다. 심리학을 오래 공부하면 사람에 대한 관심이 깊어지고, 그 결과 사람의 표정, 말하는 습성 등에 대한 특징을 잡아내는 능력을 얻게 된다. 이것은 타고난 것이 아니라, 상담을 오래 하다 보면 얻게 되는 능력이다. 집단상담의 상담자는 이러한 능력을 바탕으로 모든 집단구성원의 감정의 흐름을 파악해야 한다. 또한 특출나고자 하거나, 주목받고자 하거나, 자기 이야기를 과장하거나, 매사에 끼어드는 이들의 행동을 적절히 자제시키고 통제해야 한다.

결론적으로, 집단상담의 인도자는 집단 역동을 관리하고 조절할 수 있는 풍부한 경험과 숙련된 능력을 갖추어야 한다.

8 집단상담의 장단점

1) 집단상담의 장점

개인상담에 비해 집단상담이 분명히 유익한 부분이 있다. 집단상담은 타인을 대하는 바람직한 태도나 행동 반응을 즉각적으로 시도하고 확인할 수 있다. 또한 타인과의 친밀감에 대한 경험을 가질 수 있다. 집단상담은 개인상담에 비하면 훨씬 소프트하고 부드럽다. 정서적으로 큰 문제를 갖고 있는 사람(개인상담으로 가야 할 사람)은 집단상담에 참여할 수 없다. 집단상담의 목적은 결국 우리가 다른 사람과 더불어 살아가는 사회 속에서 나의 태도(Attitude)는 어때야 하는가, 그리고 타인의 행동이나 말, 생활 습관에 대해 나는 어떻게 반응해야 할 것인가에 도움을 주는 것이다. 이러한 것들이 나를 사회나 공동체 속에서 매력적인 사람으로 만들어 가는 데 도움을 준다. 현재 갈등 속에 있는 사람들의 문제나 직장, 가정에서 겪는 어려움들을 상대방이 이야기할 때 객관화되면서 해결책을 모색할 수 있게 된다. 그래서 집단상담이 주는 유익이 굉장히 크다.

- 경제성 : 다양한 이야기가 오가고 짧은 시간 내에 더 많은 구성원에게 상담 서비스를 제공할 수 있으므로, 노력과 시간에 있어서 매우 경제적이다.

- 인간적 성장 및 탐색 : 구성원들 간의 상호 작용이 일어나면서 서로의 사고, 행동, 생활 양식 등을 자유롭게 탐색하게 된다. 자신의 문제를 내놓음으로써 인간적 성장의 기틀을 마련할 수 있다.

- 소속감 및 안정감 : 집단은 가족 같은 분위기를 통해 친밀감, 심리적 안정감, 수용성, 격려하는 분위기를 형성한다. 이로 인해 스스로 자신의 행동에 대해 내어놓을 수 있는 소속감과 독려 의식이 생긴다.

- 타인 이해와 수용 : 나만 문제를 가지고 있는 것이 아니라는 보편성을 알게 되면서, 나 자신뿐만 아니라 타인을 더 잘 이해하고 수용하려는 마음을 갖게 된다.

- 변화 촉진 요인 : 집단상담은 실질적인 변화를 촉진하는 다양한 요인들을 제공한다. 정보 교환이 활발하게 일어난다.

- 희망주의 : 희망주의를 발견한다. 이야기를 나누다 보면 소망을 발견하기 때문이다.

- 이타주의 : 누군가를 내가 좀 도와주고 싶다는 마음이 당연히 일어난다.

- 사회화 기법 학습 : 집단 자체가 미시 사회(Microsociety)이므로, 이 사회에 적응하고 사회적으로 인정받을 수 있는 기법들을 학습할 수 있다.

- 모방 행동 : 집단원들 사이에서 좋은 의견이나 바람직한 행동이 보이면, 우

리는 그것을 당연히 모방하게 된다. 그러면서 나도 모르게 타인의 장점을 취하는 모방 행동이 일어난다.

- 대인 관계 학습 : 혼자라면 말하지 않을 것도 더불어 있으면서 말하게 되고, 타인의 이야기에 끼어들어 내 문제처럼 이야기 나누게 된다. 집단 안에서 주고받는 피드백을 통해 대인 관계를 학습하고 인간관계가 좋아진다.

- 집단의 응집성 : 집단구성원들이 '내가 무슨 이야기를 해도 이 집단은 받아준다'라는 생각을 하게 되면 응집력이 아주 강력하게 형성된다. 그러면 집단은 회기 이후에도 모임을 이어가거나, 상담자 없이 자기들끼리 활발한 공동체를 형성하기도 한다.

- 감정의 정화(카타르시스) : 임금님 귀는 당나귀 귀라는 옛이야기처럼, 사람은 마음속에 어떤 이야기를 담고는 살 수 없다. 갈등, 상처, 내면의 고통을 토해내는 순간 벌써 치료가 시작된다. 눈물이 정화인 것처럼, 비워내면 그 빈자리가 싹이 나고 꽃이 피는 자리가 된다. 꽃이 져야 그 자리에 열매가 맺는 법이다. 비워내는 것은 굉장히 중요하며, 집단상담에서 이러한 감정의 정화(카타르시스) 경험은 긍정적인 변화를 많이 가져다 준다.

2) 집단상담의 단점

집단상담은 많은 장점이 있지만, 단점이나 한계점 또한 분명히 존재한다. 집단상담의 주요 단점은 다음과 같다.

- 개인에 대한 관심 부족 우려 : 집단에는 여러 명의 구성원이 참여하므로, 개개인의 깊은 내면 문제나 복잡한 상황에 대해 개인상담만큼 집중적인 관심을 기울이기 어렵다. 상담 시간이 분산될 수밖에 없다.

- 부적절한 구성원 배제의 어려움 : 만약 개인적인 문제가 너무 심각하거나, 심리적으로 불안정한 구성원이 집단에 포함될 경우, 집단 전체의 안정성이 깨지거나 다른 구성원들에게 부정적인 영향을 미칠 수 있다. 이러한 부적절한 구성원을 사전에 걸러내거나, 혹은 참여 도중에 배제하는 것이 어렵다.

- 깊은 문제 다루기의 한계 : 집단상담은 주로 정상인의 발달적 문제나 대인관계 문제를 다루는 데 초점을 맞춘다. 심각한 정신병리나 성격장애 등 깊은 임상적 문제를 다루기에는 부적합하며, 이런 경우는 반드시 개인상담이나 집단치료(Group Psychotherapy)가 필요하다.

- 비밀 보장의 어려움 : 집단상담에서는 구성원 간에 솔직한 자기 노출이 일어나는데, 집단 외부로 이야기가 유출될 가능성이 개인상담보다 높다. 모든 구성원이 비밀 보장을 철저히 지켜야 하지만, 현실적으로 완벽한 비밀 유지를 기대하기 어렵다.

- 집단 역동의 위험성 : 집단이 잘못된 방향으로 흐르거나, 일부 구성원이 부정적인 행동(지배적 행동, 무책임한 발언, 비난 등)을 할 경우, 집단 전체의 분위기가 경직되거나 위험한 역동이 형성될 수 있다. 특히 숙련되지 않은 상담자가 집단을 이끌 경우 이러한 위험이 커진다.

- 시간적 비효율성 문제 : 때때로 집단원 중 소수가 시간을 독점하거나, 한 구성원의 문제가 집단에서 필요 이상으로 시간을 소비할 경우, 다른 구성원들에게는 시간적으로 비효율적일 수 있다.

이러한 단점에도 불구하고, 숙련된 상담자가 이끌고 적절한 구성원을 선별한다면 집단상담은 강력한 치료적 효과를 가져온다.

Red herring 2

장자의 '짧은 두레박줄'

내가 심리학 공부를 시작한 계기에 대해 알려드릴까요? 나는 원래 다른 학문을 공부하다가, 20대 중반 상담심리에 입문하게 되었습니다. 나를 심리학의 세계로 이끈 계기는 바로 중국의 철학자 장자(莊子)의 말 한마디였습니다.

장자는 "두레박줄이 짧은 줄은 모르고 우물더러 말랐다고 한다(綆短者不可以汲深)."라고 말했습니다. 이는 마치 여름 매미가 겨울을 모르듯이, 우리는 경험하지 못한 것에 대해서는 전혀 알지 못하면서도, 오히려 내가 다 알고 있는 것처럼 여긴다는 것 아니겠습니까? 우물은 물이 찰랑찰랑하고 있는데, 내 두레박줄이 짧아서 물을 긷지 못하면서 애꿎은 우물더러 말랐다고 하는 어리석음을 얼마나 많이 범하고 살았을까요? 장자의 말이 제 뒤통수를 '쿵' 치는 것 같았습니다.

체코 출생의 유대인 소설가 프란츠 카프카가 "책이 우리들의 얼어붙은 마음을 깨는 도끼가 아니라면 우리가 왜 책을 읽겠습니까?"라고 했던 것처럼, 장자의 말은 제 마음의 얼음을 깨는 도끼같은 놀라운 말이었습니다.

사람의 마음이란 "열 길 물속은 알아도 한 길 사람 속은 모른다."는 속담처럼 복잡하고 다양한데, 우리는 그냥 어설프게 "내가 사람 마음을 알지." "내가 너를 잘 아는데" 하며 살고 있지 않습니까. 인간이 얼마나 심층적인 존재입니까? 심지어 내 자식, 내 아내, 내 남편, 내 형제, 내 부모라고 하면서 타인에 대해 얼마나 많이 아는 척을 하며 살아왔을까요? 실제로는 우리들의 두레박줄이 얼마나 짧은지도 모르면서 말입니다.

사회복지를 전공하면서 배우는 여러 과목 중 상담은 결국 자아를 성장시키고 누군가를 도와주는 일입니다. 마음의 갈등이나 고통을 겪는 사람들은 사실 이야기를 들어주기만 해도 대부분 치료가 되며, 이야기를 하게 하기만 해도 치료가 됩니다.

요즘 심리상담 치료 기법 중 '이야기 치료'가 굉장히 부각되는데, 이는 일단 상대방의 이야기를 듣는 것입니다. 예를 들어, 어떤 사람이 "비 오는 날은 모두에게 좋은 날입니다."라고 이야기한다면, "아니에요, 싫어하는 사람도 있지요."라고 반박하는 대신, "왜 비 오는 날이 모든 사람에게 좋은 날이라고 생각하세요? 당신이 그렇게 생각하게 된 계기나 원인이 있습니까?"라고 하면서 이야기를 들어 주는 것입니다.

인간중심주의 상담을 주창했던 칼 로저스가 상담자는 내담자에게 무조건적인 공감을 해주라고 하지 않았습니까? 누군가 타인을 돕기 위해서는 그 사람의 이야기를 그대로 받아들여 주는 전제 조건이 필요합니다. "당신이 말하세요. 그러면 나는 당신의 틀린 점을 지적해 주겠습니다."라는 태도는 상담자의 것이 아닙니다. "당신이 생각하는 것은 무조건 옳습니다. 그 이야기를 들려주세요."라고 시작하는 것이 상담의 출발점입니다.

가령 "비 오는 건 모든 사람에게 유익한 일입니다."라고 생각하는 사람이 있다면, 그는 객관적이지 못하고 자기 주관에 꽉 붙들려 있는 사람입니다. 상담자는 그가 자기 주관에 붙들려 있다는 것을 알게 해야 합니다. 그러려면 먼저 그 주장에 대해 공박하거나 교정해 주려고 애쓰는 것이 아니라, 일단 왜 그런 생각을 하게 되었는가 하는 것을 들어주는 것입니다.

집단상담도 마찬가지입니다. 집단의 구성원들 사이에서 여러 가지 이야기들이 나올 때, 우리는 본능적으로 누가 틀린 이야기를 하거나 내 생각에 맞지 않는 이야기라 하면 얼른 끼어들고 싶어 하는 조급증이 있습니다.

옛적 고대 로마에서는 부부가 이혼하게 되면 어떤 사당을 찾아가게 했는데, 이혼 전인 부부가 그곳에서는 상대방이 말을 꺼내면 절대로 끼어들지 못하게 하는 법칙이 있었다고 합니다. 상대방이 하고 싶은 말을 다 할 때까지 참고 참아내는 것입니다.

일상 생활 속 우리들의 대화가 때론 매끄럽지 못한 것은 내 생각과 다르면 바로 끼어들려고 하기 때문입니다. 자녀 관계, 부부 관계도 마찬가지입니다. 상대가 무슨 이야기를 하면 들어주기보다 "얼른 교정해 줘야 돼, 틀린 건 틀렸다고 지적해 줘야 돼."라는 끼어들고 싶은 욕구가 자꾸 일어난다면, 그 관계 회복은 쉽지 않을 것입니다.

혹 충탐해판(忠探解判)하지 말라는 말을 들은 적이 있으십니까?

- 충(忠) : 충고입니다. "야, 내가 너니까 하는 말인데." "나 아니면 누가 이런 말을 해 주겠냐." 하면서 우리가 충고를 많이 하는데, 충고하지 말라는 것입니다.
- 탐(探) : 탐색입니다. 타인의 행동이나 말에 대해서 '무엇이 잘못일까?' 하는 태도로 탐색하지 말라는 것입니다.
- 해(解) : 해석입니다. "너의 행동은 이래서 그렇다."라고 해석해 주지 말라는 것입니다. "과거의 기억들이 지금 너로 하여금 이런 행동을 하게 만드는 것 아니냐?" 하면서 행동의 원인을 해석해 주려 하지 말라는 것입니다.
- 판(判) : 판단입니다. "당신이 잘못했습니다." "그러니까 당신은 이렇게 하면 됩니다." 하면서 판단을 내리고 말하지 말라는 것입니다.

여기 놀라운 이야기가 숨어 있습니다. 우리는 상담이 사람의 잘못된 것을 고쳐 줘야 하고, 잘못 생각하는 것을 바로 교정해 줘야 한다고 생각하기 쉽지만, 실제로 먼저 어떤 사람에게 다가가기 위해서는 충탐해판하지 않고 상대방의 이야기에 귀를 기울여 주는 훈련이 필요합니다.

물론 상담자가 내담자에게 아무 이야기도 하지 않고 무조건 "당신 말이 옳습니다." 한다면 그게 무슨 상담이겠습니까? 다만, 내담자와 상담자 사이의 라포(Rapport, 친밀감)가 형성되었다고 느껴졌을 때, 즉 내담자가 상담자를 믿고 상담자가 하는 말에 대해 어느 정도 받아들이려는 마음가짐이 생겼을 때, 충탐해판은 그제서야 하는 것입니다. 먼저는 다 받아들여 주고 무조건적인 공감을 해 주는 것입니다.

소크라테스는 "너 자신을 알라."라고 말했습니다. 그 말은 원래 델포이 신전에 적혀있는 문구입니다. 옛적부터 그리스 사람들은 신전에 그 글귀를 새기고 스스로를 돌아보는 훈련을 한 것입니다. 상담이라는 것도 나를 아는 것입니다. '적을 알고 나를 알면 불패'라고 합니다. 설령 이기지 못할 수는 있어도 지지는 않는다는 뜻입니다. 나를 안다는 것이 어려운 것인데, 상담을 공부하다 보면 내가 누구인지를 알게 됩니다. 상담 공부의 매력이 여기에 있습니다. 내 두레박줄이 짧을 수도 있다는 장자의 말을 기억하시길 바랍니다.

Group Counseling

CHAPTER 03

집단상담자

1 집단상담자의 핵심 역할

2 집단상담자의 인간적 자질

3 집단상담자의 전문가적 자질

4 집단상담자의 윤리적 자질

5 집단상담자를 위한 훈련 과정

6 집단상담자가 흔히 범하기 쉬운 문제행동

모든 상담자는 인간의 마음을 다루는 전문가이므로, 전문적인 이론과 상담 과정에 적용할 수 있는 기법 등을 모두 알고 있어야 한다. 집단원이 스스로를 이해하거나 의사결정을 하고 문제 해결을 잘 할 수 있도록 조력하는 역할을 하려면 이러한 스킬들을 갖추고 있어야 한다. 앞 장에서 학습한 상담자의 기본 품성과 자세를 기억하면서 집단상담자로서 마땅히 익혀야 할 상담의 역할과 기술에 대해 알아보기로 하자.

1 집단상담자의 핵심 역할

1) 정서적 자극

집단상담자는 흔히 집단지도자(Group Leader) 또는 집단치료자(Group Therapist)라고 불린다. 집단상담자는 집단상담에 대한 전문적인 교육과 훈련을 성공적으로 이수하고 수련감독자의 감독 아래 실습을 마친 전문가여야 한다.

집단상담자의 집단 운영 방식이나 역할은 집단의 목적에 따라 약간의 차이가 있을 수 있지만, 집단상담자는 기본적으로 집단상담 과정에서 집단구성원들을 위해 정서적 자극 역할을 수행해야 한다.

- 감정, 태도, 의견 표현 : 상담자는 자신의 감정, 태도, 그리고 의견을 적절하게 표현하고 집단구성원들을 격려해야 한다. 또한 집단의 관심을 자신에게 집중시킬 수 있는 능력을 가지고 있어야 한다.

- 모델 참여자 역할 : 집단상담자는 모델 참여자로서 미리 모범을 보여야 한다. 집단구성원들이 집단에서 무엇을, 어떻게 해야 하는지에 관한 것을 시범적으로 보여줄 수 있어야 한다. 이러한 시범을 통해 집단원들의 자연스러운 자기 제시 욕구와 행동에 대한 소망을 충족시킬 수 있게 된다.

2) 개인적 가치 평가

집단상담자는 집단구성원들에게 개인적 가치 평가를 표현해야 한다. 집단상담자는 집단구성원들에게 애정 어린 감정을 표현해야 하며, 그들의 행동에 대해 인정, 지지, 수용, 그리고 격려를 표현해 주어야 한다. 집단상담자의 기본적인 행동은 인간적인 따뜻함, 집단구성원을 있는 그대로 수용하는 것, 인간에 대한 진지한 관심이라고 할 수 있다. 이러한 인간적 가치를 표현하는 상담자는 집단구성원들에게 선하고, 이해심 깊고, 동정적이며, 따뜻하고, 열려있고, 친절하다는 인상을 준다.

3) 이해를 돕는 설명자 역할

집단상담자는 집단원들에게 중요한 지식이나 배경을 쉽게 설명해 줄 수 있어야 한다.

- 배움의 기회 제공 : 상담자가 어떤 개념이나 원리를 설명해 주면, 집단원들은 자기 자신의 행동이나 현재 집단에서 일어나고 있는 일을 더 잘 이해하게 된다.

- 지식의 틀 제시 : 상담자는 인간의 성격이 어떻게 발달하는지, 학습은 어떻게 일어나는지, 그리고 집단이 어떤 단계로 발전하는지 등에 대한 정확한 기본 틀을 제시해야 한다.

- 균형 잡힌 접근 : 어떤 상담자는 자신의 해석을 너무 강하게 집단 전체에 적용하려고 하기도 한다. 그러나 개인의 태도와 집단의 분위기를 모두 잘 연결시켜 조화를 이루는 상담자가 가장 효과적이다.

- 부모/교사 역할 : 때로는 상담자가 부모나 교사처럼 행동하여 지침을 주어야 할 때도 있다. 유능한 상담자는 집단원들이 자신을 방어하지 않도록 주의하면서도, 스스로 자신의 중요한 점과 가능성에 대해 계속 생각하도록 유도해야 한다. 하지만 상담자가 설명을 너무 많이 하거나 지나치게 지적인 내용만 다루면, 집단원들 간의 자유로운 대화와 자발성이 사라져 학문적인 세미나처럼 변질될 수 있으니 조심해야 한다.

4) 안정적인 틀을 제공하는 구조화 역할

집단상담자는 집단의 목표가 잘 실행되도록 규칙과 틀을 정하는 역할을 해야 한다.

- 규범 설정 : 집단의 목표를 이루기 위해 규칙을 정하고, 집단의 규범과 활동 순서, 그리고 작업 방식을 설정해야 한다.

- 진행 조절 : 구조화 작업을 통해 집단이 어떻게 나아갈지, 언제 어떤 활동을 하고 언제 끝낼지 등을 조절한다. 예를 들어, 어떤 활동이나 실험을 언제 제시할지 등의 과제가 여기에 포함된다.

- 제안 : 집단을 구조화하는 상담자는 스스로 시범을 보이는 것보다는 더 많은 제안을 통해 방향을 제시하는 경우가 많다.

가장 이상적이고 효과적인 집단상담이 되기 위해서는 상담자가 이 네 가지 역할을 균형 있게 수행해야 한다. 즉 집단원들에게 정서적 자극을 적절하게 제공하고, 개인적인 가치 평가를 자주 표현하며, 설명을 충분히 제공하는 동시에, 구조화 기능은 너무 엄격하지 않게 절제해야 한다.

2 집단상담자의 인간적 자질

1) 인성

상담자에게 요구되는 첫 번째 자질은 인성에 관한 것이다. 우리나라는 문화 특성상 '난 사람 보다는 된 사람'을 선호한다. 유교적 가치관이 잘 드러나는 말이기는 하지만 이러한 문화적 특성을 고려한다면 상담자의 인성에 관한 덕목은 아무리 강조해도 지나치지 않다.

다시 한번 힘주어 말하거니와 상담자는 인간에 대한 기본적인 신뢰를 가져야 한다. 내담자를 환자로 대하거나, '이 사람 참 문제가 많아 보여.', '저렇게 살 바에야 왜 사나.'와 같은 마음을 가지고 접근하면 상담에 좋은 효과를 낼 수 없다. 상담자는 인간에 대한 무조건적인 긍정과 수용이 필요하다. 인간에 대한 신뢰가 없으면 항상 비판적인 자세가 되기 때문이다.

칼 로저스와 같은 인간중심주의 심리학의 대가는 상담자에게 내담자를 무조건적으로 공감해 주고, 지지해 주고, 이해해 주고, 수용해 주라고 말한다. 예를 들어, 오토바이를 사주지 않는 부모에 대해 원망을 갖고 있는 청소년을 상담할 때, '그건 잘못된 일이야.'라고 말하고 싶은 욕구가 끓어오르더라도, 상담자는 '내가 내담자보다 낫다.', '나는 내담자를 가르쳐야 하고 올바른 길로 인도해야 한다.'는 식으로 흘러가면 안 된다. 상담자는 내담자를 나와 동등한 인간으로 존중해 주어야 한다. '이 사람이 왜 이런 이야기를 할까?', '저 아이는 왜 저토록 오토바이를 갖고 싶어 할까?'와 같은 쪽으로 먼저 이해하는 측면으로 가야 한다. 내담자를 환자로 보는 것이 아니라 나와 동등한 인간으로 보는 것이 상담자의 첫 번째 자질, 즉 인성이다.

상담자의 마음이 '나를 찾아온 내담자는 환자야, 나는 치료하는 의사야.' 혹은 '나를 찾아오는 사람들은 다 나보다 열등해.'라는 관점으로 접근하면 좋은 효과를 낼 수 없다. 상담자의 인성이란 '내 것을 당신에게 아낌없이 주마, 또 당신이 가진

게 내게 필요하다면 나도 받겠다.'라는 마음이어야 한다. 그런 기본적인 인성 속에서 비로소 상담에 새로움이 나타난다.

상담자는 인간에 대한 무조건적인 긍정과 수용이 필요하다. 인간에 대한 기본적인 신뢰가 밑바탕이 되어야 비판적인 자세가 되지 않는다. 집단원이 말도 안 되는 주제를 꺼냈을 때도 일단은 받아들여 주고 존중하고 수용해 주어야 한다. 집단상담은 상담자 개인의 이익이나 목적을 위해서 진행하는 것이 아니라, 집단원이 고통을 겪는 문제에서 벗어날 수 있도록 돕는 역할(조력자)을 해야 하기 때문이다.

집단상담자는 내담자를 진심으로 존중하고 진실된 자세로 대하여야 한다. 집단상담은 계속해서 회기를 반복하기 때문에, 집단원들은 상담자가 자신을 표면적으로만 대하는지, 아니면 진심으로 대하는지 모두 느낀다. 인간에 대한 기본적인 신뢰를 가지고 그것을 집단에게 비추어 주는 것이, 상담자가 내담자들과 라포(Rapport)를 형성할 수 있는 가장 중요한 지름길이다. 집단상담의 성공은 상담자가 인간에 대한 기본적인 신뢰를 내담자들에게 얼마나 보여주느냐에 달려 있다.

2) 자기이해와 자기 신뢰

집단상담자는 먼저 자기 자신에 대한 깊은 이해와 신뢰를 바탕으로 집단을 이끌어야 한다. 자신이 누구인지, 추구하는 삶의 목표가 무엇인지 명확할 때 타인을 향한 진정한 이해와 사랑의 역량을 키울 수 있다.

한 예를 들자. 어느 날, 나는 결혼식장에서 돌아오는 택시에 탔다. 60대쯤 되어 보이는 기사님은 차에 타자마자 "어서 오십시오!"라고 우렁찬 목소리로 환영해 주셨다. 마치 고급 호텔에 들어선 듯한 기분이었다. 내가 길음동(吉音洞)으로 간다고 하자, 기사님은 "아, 그 좋은 소식만 들리는 동네에 사시는군요! 그 동네 참 좋은 동네 같아요."라고 말씀하셨다. 평소 그렇게 생각해 보지 못했던 나도 고개를 끄덕일 수밖에 없었다. 길이 막히는 퇴계로를 지날 때도, 내가 "차가 많이 밀리네요."라고 투덜거리자 기사님은 이렇게 말씀하셨다. "좋은 일입니다. 이렇게 많은 사람들이 다 갈 데가 있어서 어디론가 가고 있으니, 그거 다 좋은 일 아닙니까?" 심지어 "운전 오래 하시는데, 차 밀리면 짜증나지 않으세요?"라는 질문에도 "아니요, 저는 전혀 짜증이 안 납니다. 손님도 행복한 결혼식장에 오셨다가 편안한 집으로 가는 길인데, 이까짓 길이 좀 막히는 게 대수입니까?"라고 답하셨다.

집단상담자는 바로 이 택시 기사처럼 세상을 긍정적이고 밝게 바라보는 시각과 태도를 갖추어야 한다. 자신을 신뢰하고 세상을 낙관할 때, 그 에너지가 집단원들에게 그대로 전달된다. 상담자는 재산의 유무를 떠나, 내담자에게 줄 수 있는 것이 많다는 것을 알아야 한다.

불가의 가르침에는 무재칠시(無財七施)라는 말이 있다. 부처님은 재물이 없어도 베풀 수 있는 일곱 가지 보시를 가르쳤다. 부드러운 얼굴, 칭찬의 말, 따뜻한 마음, 호의적인 눈빛 등은 상담자가 집단원들에게 항상 나누어 줄 수 있는 귀한 자원이다. 또 성경에는 황금률이라는 가르침이 있다. 예수님은 "네가 대접받고 싶은 대로 남을 대접하라."라고 가르치셨고 공자님은 "나 하기 싫은 일 남 시키지 말라."는 서(恕)의 정신을 갈파하셨다. 상담자가 기본적으로 갖추어야 할 마음가짐이다.

3) 개방적이고 허용적인 태도

집단에는 다양한 경험과 환경을 가진 사람들이 모인다. 상담자는 이들이 가진 서로 다른 가치관, 갈등, 그리고 감정의 폭을 모두 포용할 수 있는 개방적이고 허용적인 자세를 취해야 한다. 삶의 고난은 누구에게나 있으며, 상담자는 그 어려움을 긍정적인 시선으로 품어 안을 수 있어야 한다.

옛날 할머니들은 만삭의 새댁에게 "얼마나 힘들어, 아기만 낳으면 곧 날아갈 듯 가벼워질 테니까 조금만 참어."라고 위로했다. 그러나 아기를 낳으면 육아로 더 힘들어진다. 그럴 때 할머니는 "이제 백일만 지나면 한밤중에는 세상 모르고 자니까 괜찮아."라고 기운을 북돋아 준다. 백일이 지나면 아기는 밤에 자는 대신 낮에 안 자려 한다. 그러면 할머니는 또 "돌만 돼서 걷기 시작하면 손이 덜 갈 거야. 된장국에 밥 말아줘도 되니까 괜찮아."라고 격려한다. 돌이 지나 온 집안을 헤집고 다닐 때쯤이면 "애가 좀 더 커서 말 시작하면 사람 구실도 하니까 괜찮아."라고 다독인다. 결국 새댁이 "할머니, 맨날 쉬워진다고 하더니 더 어려운 문제가 생겨나잖아요!"라고 항변하면, 할머니는 이렇게 결론을 내린다. "고생을 낙으로 안고 살아야지. 열심히 살다 보면 다 좋은 일도 생기고, 아무튼 살아있는 물고기는 물에 안 떠내려가니까 염려 말고 살어."

삶은 공자님이 말한 것처럼 '난(難)' 어렵거나, 부처님이 말한대로 '고해(苦海)' 고통의 바다일 수 있다. 그러나 상담자는 이 고난 속에서 희망의 시선을 찾을 수 있도록 인도해야 한다. 할머니들의 위로처럼, 집단원들에게 "괜찮아, 괜찮아질 거야."라는 믿음을 전달하여, 절망의 크기를 더해주는 것이 아니라 시선을 바꿀 수 있도록 도와주어야 한다.

4) 경청과 공감

상담의 기본은 경청과 공감이다. 임금님 귀는 당나귀 귀라는 옛이야기처럼, 사람은 마음속에 담긴 이야기를 풀어내야만 견딜 수 있다. 에리히 프롬은 "만약 어떤 여인이 나는 꽃을 사랑한다고 하면서도 그 꽃에 물 주기를 잊고 있다면, 나는 그 여자가 정말로 꽃을 사랑하는가 의심한다."라고 말했다. 우리가 경청과 공감의 중요성을 말로만 강조할 것이 아니라, 실제로 집단원들의 감정을 같이 경험하고 나누려는 노력을 끊임없이 실천해야 한다. 진정한 공감은 집단원들이 간접적으로 치유를 경험하게 하는 힘을 가진다.

5) 유머 감각

유머 감각은 집단 분위기를 편안하게 하고 경직된 상황에 유연하게 대처하게 한다. 유머란 단순히 크게 웃기는 것이 아니라, 발상의 전환을 통해 마음을 편안하게 만드는 기술이다.

한 예를 들어보자. 한 남자가 수영장 탈의실에서 남녀 탈의실 사이에 난 구멍을 발견하고 망설였다. 사람들이 그가 여자를 훔쳐볼까 말까 망설인다고 생각할 때, 그는 이렇게 말했다. "에라 할 수 없다, 볼 테면 봐라." 하고 옷을 벗었다. 예상을 깨는 발상의 전환이었다.

또 한 예를 들어보자. 미국의 부호였던 철강왕 록펠러가 뉴욕 호텔에서 가장 싼 방을 예약하자, 지배인이 록펠러의 아들은 제일 비싼 방에 머문다고 반문했다. 그러자 록펠러는 "아, 그놈이야 돈 많은 애비가 있어 그러지만, 나는 그런 아버지가 없으니 이런 방에 있어야지!"라고 답하며 상황을 유머러스하게 반전시켰다고 한다.

상담자는 이러한 융통성과 유머 감각을 통해 집단원들이 상황을 가볍게, 그리고 다르게 바라볼 수 있도록 도와야 한다. 특히 집단상담에서 대다수의 집단구성원은 자신의 관심사와 문제에 몰입하다 보면 새로운 각도에서 자신의 문제를 조망할 여유가 없게 된다. 집단상담이 아무리 진지한 작업 과정이라고 해도 집단상담자의 유머 감각은 함께 웃음으로써 집단구성원의 문제를 새로운 각도에서 조망해 보는 기회를 제공한다. 적절한 유머의 사용은 집단구성원들이 심리적인 중압감에서 잠시 벗어나게 하면서 큰 저항 없이 자기 통제를 촉진하는 효과가 있다.

3 집단상담자의 전문가적 자질

집단상담자가 집단을 성공적으로 이끌고 치료적 목표를 달성하기 위해서는 인간적인 자질 외에도 전문적인 훈련과 기술이 필수적이다. 다음은 집단상담자가 갖추어야 할 주요 전문가적 자질이다.

1) 지식 및 이론적 기반

- 집단 역동에 대한 이해 : 집단 내에서 발생하는 상호 작용, 응집성, 갈등, 저항 등 복잡한 역동(Dynamics)을 정확히 파악하고 적절하게 개입할 수 있는 지식이 필요하다.

- 다양한 상담 이론 지식 : 정신 역동, 인지행동, 인간중심, 합리적 정서적 행동치료, 실존주의 등 여러 상담 이론의 집단 적용 방식을 이해하고, 집단의 특성과 목표에 맞게 이론적 접근을 통합할 수 있어야 한다.

- 발달 심리 및 병리 지식 : 집단원들의 발달 단계별 특성을 이해하고, 집단상담이 적합하지 않은 심각한 심리적 병리나 장애를 구분할 수 있는 전문 지식이 필요하다.

2) 기술 및 운영 능력

- 효과적인 의사소통 기술 : 집단원들의 이야기를 경청하고, 감정을 정확히 반영하며, 명료하게 요약하거나 정보를 제공하는 등 효과적인 의사소통 기술을 구사해야 한다.

- 개입 및 촉진 기술 : 집단원들의 자기 노출과 상호 작용을 촉진하고, 침묵하거나 위축된 구성원을 보호하며, 갈등 상황에서 직면과 해석을 적절한 타이밍에 활용할 수 있어야 한다.

- 집단 설계 및 구조화 : 집단의 목표를 명확히 설정하고, 이에 맞춰 적절한 집단 규모와 기간을 결정하며, 매 회기의 활동을 흥미롭게 구조화할 수 있는 능력이 필요하다.

- 평가 및 피드백 제공 : 집단원들에게 건설적인 피드백을 제공하고, 집단 활동의 과정을 객관적으로 평가하여 다음 회기에 반영할 수 있어야 한다.

3) 경험 및 훈련

- 풍부한 집단 경험 : 상담자로서 집단을 인도하는 경험뿐만 아니라, 스스로 집단원의 역할과 보조 상담자 역할을 경험하여 집단의 역동을 다각적으로 이해하는 훈련이 필수적이다.

- 지속적인 훈련과 교육 : 상담 기법은 계속 발전하므로, 워크숍, 연수, 대학원 교육 등을 통해 최신 지식과 기법을 습득하고 전문성을 유지해야 한다.

- 슈퍼비전 : 숙련된 전문가로부터 정기적인 지도(슈퍼비전)를 받아 자신의 집단 인도 방식, 개입의 효과, 윤리적 문제 등을 점검하고 개선해 나가야 한다.

결론적으로, 집단상담자는 지적인 전문성, 기술적인 능숙함, 그리고 지속적인 자기 훈련을 통해 집단원들에게 신뢰를 주고, 안전하면서도 치료적인 환경을 조성할 수 있어야 한다.

4 집단상담자의 윤리적 자질

집단상담자는 집단원들의 심리적 안전과 권리를 최우선으로 보호하기 위해, 전문적 자질만큼이나 엄격한 윤리적 자질을 갖추고 이를 실천해야 한다. 윤리적 자질은 상담 관계의 근본적인 신뢰를 구축하고 유지하는 데 필수적이다.

1) 비밀 유지의 철저한 실천

- 최우선 의무 : 집단상담에서 가장 중요한 윤리적 자질은 비밀 유지이다. 집단원들이 안심하고 자신의 취약한 감정이나 경험을 개방할 수 있도록, 상담자는 물론 모든 집단원에게 비밀 유지의 중요성을 명확히 설명하고 윤리적 약속을 하도록 유도해야 한다.

- 예외 상황 고지 : 비밀을 유지해야 하지만, 생명에 위협이 되는 상황(자해/타해 위험), 아동 학대 등 법적으로 보고해야 하는 예외적인 상황에 대해서는 사전에 집단원들에게 고지해야 한다.

2) 적절한 역할 경계 설정

- 이중 관계 금지 : 상담 관계 외에 집단원들과 사적이거나 금전적인 관계(예: 친구, 사업 파트너, 고용주 등)를 맺는 이중 관계를 엄격히 금지해야 한다. 이는 상담자의 객관성을 유지하고 집단원의 착취를 방지하기 위함이다.

- 성적 관계 금지 : 상담자는 집단원과 성적인 관계를 맺거나 부적절한 언행을 해서는 절대 안 된다. 이는 가장 기본적인 윤리 강령이며, 심각한 윤리 위반 행위이다.

3) 역량 범위 내에서의 활동

- 전문성 유지 : 자신의 전문적인 역량 범위 내에서만 집단상담을 진행해야 한다. 자신이 훈련받지 않은 문제나 집단 유형에 대해서는 상담을 시도해서는 안 되며, 필요한 경우 적절한 기관이나 전문가에게 의뢰해야 한다.

- 자기 인식 및 관리 : 상담자는 자신의 개인적인 편견, 가치관, 미해결된 문제 등이 집단 역동에 부정적인 영향을 미치지 않도록 지속적인 자기 성찰과 개인상담 및 슈퍼비전을 받아야 한다.

4) 집단원 권리 보호 및 고지

- 사전 동의 : 집단에 참여하기 전에 집단의 목표, 규칙, 기법, 비밀 유지의 한계 등을 포함하여 집단상담에 대한 모든 정보를 충분히 설명하고 사전 동의를 받아야 한다.

- 자발적 참여 및 탈퇴 : 집단원들의 자발적인 참여를 존중하고, 언제든지 집단을 떠날 권리가 있음을 알려야 한다.

5) 집단원의 안전 보장

집단구성원들 사이에 정서적, 심리적 피해가 발생하지 않도록 부적절한 공격이나 비난으로부터 집단원을 보호해야 한다. 집단상담자의 윤리적 자질은 집단원들에게 안전한 실험실과 같은 환경을 제공하여, 진정한 치유와 성장이 이루어질 수 있도록 하는 근본적인 버팀목이다.

집단상담자는 이 모든 인간적, 전문적, 윤리적 자질을 통해 집단원들에게 엄부자모(嚴父慈母)와 같은 존재가 되어야 한다. 따뜻한 관심으로 존중하고 이해하며 수용하는 어머니의 역할과, 때로는 올바른 길로 이끌기 위해 엄격하게 지적할 수 있는 아버지의 역할을 균형 있게 수행할 때, 비로소 집단은 치유와 성장의 장이 될 수 있다.

5 집단상담자를 위한 훈련 과정

집단상담자가 되면 다양한 성향과 가치관을 가진 집단원을 만나게 된다. 따라서 집단상담자는 서로 다른 문화와 의식 구조를 고려하여 진행할 수 있도록 꾸준히 프로그램을 연구하고 개발하며 훈련해야 한다. 전문 지식 위주의 공부도 중요하지만, 실제로 경험한 상담 과정이나 슈퍼비전(Supervision)을 통해 얻은 지식 등 상담자 스스로의 노력이 중요한 부분을 차지한다. 상담자들은 자신이 유능한 상담자로서 활동할 수 있도록 전문 교육을 받고, 실습을 통해 자신을 점검해야 한다. 한 분야에서 프로가 된다는 것은 전문가의 수준에 도달하는 것이며, 이는 여러 단계의 훈련을 거쳐야만 가능하다. 숙련된 집단상담 전문가가 되기 위해 필요한 주요 훈련 과정은 다음과 같다.

1) 집단상담의 관찰과 토론

실습 과정 중에 상담자는 숙련된 집단상담자의 상담 장면을 관찰하는 과정을 통해 배울 수 있어야 한다.

- 관찰 기간 : 관찰은 최소 3~4개월 정도 계속되어야 한다. 이 기간은 일반적인 집단의 발달, 상호 작용 양식, 개인적 성장 등의 변화가 일어나기에 필요한 시간이기 때문이다.

- 토론의 중요성 : 집단상담이 끝난 후, 상담자와 관찰자들이 갖는 토론은 훈련에 필수적이다. 이 시간에는 관찰 내용을 종합하고, 상담자가 특정 개입을

했던 이유에 관한 질문에 대답하는 등 집단상담의 기본 논리를 토론하고 학습한다.

2) 슈퍼비전(Supervision)

슈퍼비전은 집단상담자 교육에 필수적이다. 상담 과정 중에는 무수히 많은 상황이 발생하며, 그 상황들은 각각 상상력이 풍부한 접근법을 필요로 한다.

- 초심자의 안내자 : 집단을 처음 이끄는 것은 초심 상담자에게 매우 위협적인 경험이다. 숙련된 임상가의 안내(슈퍼비전)가 없으면, 초심자는 너무 구조화된 임상적 접근법에만 매달리게 되고 그 이상으로 나아갈 수 없게 된다.

- 시간 관리 : 슈퍼비전 시간은 집단상담이 끝난 후 가능한 한 빠른 시간 내에 갖는 것이 좋다. 시간이 허락한다면, 집단상담의 마지막 30분을 관찰하고 직후에 슈퍼비전 시간을 갖는 것이 효과적이다.

- 기록의 필요성 : 시간이 경과한 후에 슈퍼비전을 갖는 경우에는 집단상담 중에 있었던 사건들에 대한 기억이 흐려지지 않도록 기록을 해두는 것이 좋다.

3) 충분한 집단 경험

집단상담 전문가가 되기 위해서는 집단 경험을 충분히 하는 것이 필요하다. 집단 훈련 경험은 상담자를 위한 훈련 과정에서 필수적인 부분이며, 많은 유형의 학습을 제공한다.

- 정서적 학습 : 이전에는 지식 수준으로만 알았던 것을 정서적인 수준에서 학습할 수 있으며, 집단의 힘을 경험할 수 있다.

- 자기 인식 : 집단에 의해 수용된다는 것의 중요성, 자기 공개가 얼마나 어려운지, 자신의 비밀 세계, 취약한 감정 등을 드러내기가 얼마나 어려운가를 배울 수 있다.

- 역할 자각 : 자신의 약점과 강점을 인식할 수 있게 되며, 집단 내에서 자신이 선호하는 역할을 배우고, 상담자의 실력에 대한 자신의 비현실적인 평가를 자각함으로써 상담자의 역할이 어떤 것인가를 현장에서 경험할 수 있다.

- 훈련 집단 모델 : 최근 대부분의 집단상담 훈련 과정은 훈련생을 위한 개인적인 집단 경험을 제공한다. 흔한 집단 모형으로는 몇 명의 훈련생들로 구성되는 T-그룹이나 지지 집단 등이 있다. 이 집단은 약 12회기로 단기적으로 이루어지거나 한 번에 집중적인 주말 집단으로 이루어질 수도 있다.

4) 폭넓은 자기 탐색(개인상담 및 피드백)

훈련 집단만으로는 실습 상담자가 필요로 하는 모든 교육적 훈련을 다 하기에는 충분치 않다. 집단상담자의 성숙을 위해서는 폭넓은 자기 탐색의 노력이 필요하며, 이런 노력 중 하나가 개인상담을 받는 것이다.

개인상담을 통해 상담자가 되고자 하는 동기에 대해 탐색하고 내담자로서 상담의 효과를 몸소 체험해 보는 기회가 된다. 이런 과정을 통해 예비 집단상담자는 집단구성원에 대한 이해에 장애가 되거나 왜곡된 인식을 초래하는 선입관이나 미해결 문제, 집단구성원에게 잘못 주입시킬 수 있는 삶의 철학이나 인생관, 확인되지 않은 잠재적 욕구, 집단 과정을 촉진하거나 방해할 수 있는 다른 욕구와 갈등, 용기, 노력, 성실, 보살핌 등과 같은 특성들이 다른 사람에게 미치는 영향 등을 스스로 관찰하고 깨달을 수 있다.

또한 상담자로서 다양한 내담자들과 만난 개인상담의 경험은 집단구성원과 효과적인 의사소통 기술을 연마할 수 있는 기회일 뿐만 아니라 상담자와 내담자 사이의 역동성을 이해하는 데 촉매 역할을 한다.

집단상담자가 되기 위해서 집단구성원으로서 집단 경험을 해보는 것이 필요하다. 자기 탐색 집단이나 자아 성장 집단은 예비 집단상담자로서 자신에게 탐색할 수 있는 기회가 된다. 그리고 교육지도 실습 집단은 수련감독자의 지도와 집단상담자 역할을 연습해 볼 수 있으므로 집단상담자 수련을 위한 필수적인 과정이다.

6 집단상담자가 흔히 범하기 쉬운 문제행동

집단 운영에서 집단상담자가 흔히 범하기 쉬운 문제행동들이 있다. 이는 크게 지나친 개입, 방어적·폐쇄적 태도, 과도한 자기 개방, 계획 수립 시 실수 등의 영역으로 나눌 수 있다.

1) 개입 및 태도 관련 문제행동

(1) 지나친 개입

집단을 이끄는 과정에서 상담자가 유의해야 할 점은 지나친 개입이다. 상담자가 집단구성원 개개인과 지속적으로 대화를 주고받아야 한다고 생각하여 지나치게 개입하는 경우가 있다.

집단의 역동은 구성원 간의 상호 작용에 달려 있다. 아무리 참여가 소극적이라 하더라도, 상담자는 개개인이 말할 때마다 반응을 보이려는 유혹을 극복해야 한다. 우리 모두는 사랑과 인정을 받으려는 욕구를 가지고 살아간다. '칭찬은 고래도 춤추게 한다.'는 말처럼, 사랑과 인정의 욕구는 누구에게나 있다. 하지만, 이 사랑과 인정의 욕구가 지나치면 문제가 된다. 다른 사람에게 인정받고 싶어 하거나 사랑받고자 하는 욕구가 유난히 강한 집단상담자는 집단원을 제대로 돕기가 어렵다. 표면적으로는 남을 돕기 위한 행동, 집단원을 조력하려는 행동으로 보일

지라도, 내면적으로는 상담자 본인이 다른 사람들로부터 인정받거나 관심을 받고 싶어서 행동하는 경우가 많기 때문이다. 이 욕구가 지나치면 독이 된다.

흥미로운 처용 이야기를 들어본 적이 있을 것이다. 신라 헌강왕 때, 동해 용왕의 아들 처용이 경주로 와서 벼슬을 얻고 절세미인 아내를 얻었다. 어느 날 처용이 밤늦도록 놀다 들어와 보니, 아내와 외간 남자가 함께 자고 있어 다리가 넷인 것을 보았다. 처용은 "신라 서울 밝은 달밤에 밤늦도록 노닐다가 들어와 자리에 보니 다리가 넷이 있다. 둘은 내 것이고, 둘은 누구 것이냐. 본디 내 것이었지만 빼겼으니 어쩌랴." 하며 춤을 추고 나갔다는 처용가(處容歌)가 유명하다.

이 이야기와 관련하여 재미있는 심리학적 해석 유머가 있다. 처용이 외간 남자를 발견했을 때 혈액형별로 어떻게 대처하는가 하는 것이다.

- A형 처용 : "내가 밤늦도록 놀다 와서 그런 거야."라고 자책하며 돌아서서 운다(피학적 성격).
- B형 처용 : 휴대전화를 꺼내 들고 빨리 경찰에 신고한다(회피).
- O형 처용 : 도끼를 집어들고 뛰어 들어간다(분열 및 투사).
- AB형 처용 : 방문에 구멍을 뚫고 몰래 훔쳐본다(반동 형성).

물론 혈액형과 성격 간의 관계는 심리학적이나 과학적인 근거가 전혀 없는 것이므로, 재미로만 들어야 한다. 심리학을 배우는 학생으로서 이러한 엉터리 이론에 동조해서는 안 된다. 단지 유머일 뿐이다. 이 유머를 심리학적으로 해석해 보면, 우리가 살아가는 방식의 방어 기제를 대변한다. O형 처용처럼 도끼를 들고 뛰어 들어가는 것은, 자신은 전적으로 선하고 모든 잘못은 상대방에게 있다고 생각하는 태도, 즉 분열과 투사(投射) 방어 기제를 보인다. A형 처용처럼 돌아서서 우는 것은 피학적인 성격을 나타낸다. 타인이 자기를 비난하기 전에 먼저 자신을 비난하여 동정으로 바꾸려는 방어법이다.

반면 B형 처용처럼 경찰에 신고하는 것은 회피이다. 문제 인식은 했으나 타인에게 도움을 요청하고 자신은 빠져나간다. AB형 처용처럼 몰래 쳐다보는 것은 반동 형성의 일종으로, 고통스러운 상황을 쾌락으로 바꾸는 기이한 행동이다.

그러나 진짜 처용은 내면의 분노와 상실감을 춤과 노래(처용가)라는 문화적이고 의미 있는 행위로 표출하는 승화(昇華) 방어 기제를 사용한 것이다.

인기를 얻으려고 하는 상담자는 마치 O형 처용처럼 행동할 수 있다. 자신이 모든 것을 조절하고 판단할 수 있다고 생각하며 끼어든다. 인정과 사랑의 욕구가 강한 상담자는 내 이야기를 모두가 들어야 한다고 여기며, 이때 자신이 권위를 갖는다고 생각한다. "나는 남을 돕기 위해 간섭했다."고 이야기하지만, 내면적으로는 자신의 권위를 인정받고, 상담자로서의 역할을 잘하고 있다는 뛰어남을 인정받으려는 욕구를 드러내는 것이다.

이는 집단구성원들의 성장이나 개선을 도모하는 것이 아니라, 자신이 두드러지려고 하는 욕구이다. 따라서 상담자는 자신이 과도하게 모든 것을 조절하려 하고 간섭하려는 태도를 경계해야 한다. 이러한 태도는 집단상담에 도움이 되지 않으므로, 상담자는 자기 자신을 잘 볼 줄 알아야 한다.

(2) 폐쇄적 태도

집단상담자가 흔히 범하는 문제행동 중 하나는 폐쇄적인 태도이다. 폐쇄적 태도란 집단 과정에서 자기 자신의 사적인 내용 노출을 최소화하려고 애쓰는 태도를 말한다. 이러한 태도는 집단구성원의 자기 개방에 장애물 역할을 할 수 있다. 상담자의 자기 개방은 곧 집단구성원의 자기 개방 수준과 밀접한 관계가 있기 때문이다. 집단상담자가 자신에 대한 탐색과 이해 과정을 충분하게 경험하지 못하면 이러한 폐쇄적인 태도로 집단을 진행하게 된다. 상담자는 자신의 미해결된 문제, 단점, 낮은 자존감 등이 집단원에게 노출되면 전문 상담자로서 이미지가 손상되지 않을까 우려하기 때문에 자신을 닫아버리는 것이다.

집단상담을 공부하며 인상 깊게 기억했던 사례 하나가 있다. 이는 상담자의 미해결된 문제가 어떻게 집단에 영향을 미치는지 보여주는 좋은 사례이다.

한 초보 상담교사가 슈퍼바이저인 상담자를 찾아와 최근의 이야기를 털어놓았다. 얼마 전 초등학교 4학년 여자아이를 상담했는데, 아이의 처지 때문에 자신이 너무 마음이 울적하다고 털어놓았다. 그 아이는 1년 전 엄마가 자살하고, 아버지는 집을 나가서 현재 할머니와 함께 살고 있었다. 교우 관계 어려움으로 상담실을 찾은, 정서적으로 의존할 곳이 없어 불안한 아이였다. 그런데 문제는 상담자의 마음이 울적했다는 이유이다. “과거의 상처라는 게 쉽게 없어지는 것이 아닌가 봐요. 제가 오늘 그 아이 이야기를 듣는데 예전에 제 얼굴, 제 모습이 떠올라서 가슴이 너무 먹먹해져서 하루 종일 힘들었어요.”

이 초보 상담자는 자신의 미해결된 문제 때문에 지나치게 감정 이입을 한 것이다. 슈퍼바이저가 도대체 무슨 일이 있었는지 물었더니, 상담자는 자신이 어릴 적 유복한 집안의 딸이었는데, 아버지가 사업에 실패하면서 갑자기 가세가 기울었다고 한다. 아버지는 집을 나갔고, 빚 독촉에 단칸방으로 이사를 했다. 당시 어머니마저 아빠처럼 집을 나갈까 봐 불평 한마디 못하고 숨죽이며 지냈다고 했다. 어느 날 좋아하던 반 아이가 집 전화번호를 달라고 했을 때, 자기 집에 전화가 없어서 느꼈던 수치심의 기억을 갖고 있었다. 자신이 어려서 겪었던 그 아픔이 4학년짜리 여자아이에게 그대로 투영되니, 자신이 그토록 마음이 힘들었던 것이다.

그러자 슈퍼바이저가 이렇게 개입을 시작했다. “아니, 지금 무슨 소리를 하는 거냐. 4학년 어린아이 이야기 듣고 옛 생각이 떠올라 마음이 먹먹해지고 울려고 하느냐.”고 직면을 주었다. 그리고 대뜸 “요즘 뭔가 불편한 일이 있냐?”고 물었다. 그러자 초보 상담자가 자신의 상황을 이야기했다. 그때가 추석을 앞둔 날이었는데, 명절이 다가오니 왠지 울적해졌다는 것이다. 이 초보 상담자는 상담교사가 되기 전에는 월급을 많이 받는 회사를 다녔는데, 그때는 고생하신 어머니에게 용돈도 드리고 선물도 사곤 했다. 그런데 지금은 상담교사로 일하면서 박봉에 시달리니 그런 걸 엄두도 못 내는 처지였고, 여행을 가거나 먹고 싶은 것도 제대로 못하고 있었다. 즉, 현재의 처지가 답답한 것이었다. 명절이 다가오니 더 답답하게 느껴졌고, 이 답답함이 과거 상처를 떠올리게 하는 사연을 가진 아이를 만나자 폭발했던 것이다. 옛 상처가 떠올랐다고 했지만, 실은 이 선생님의 문제는 현재의 답답함이었다.

집단상담자가 폐쇄적인 태도를 갖기 쉬운 것은 미해결된 문제로 인해 자신의 전문적 이미지가 손상될까 우려하기 때문이다. 따라서 상담자는 상담을 인도하려면 내 자신의 미해결된 문제들을 먼저 풀어야 한다. 과거의 상처가 현재에 영향을 미치는 것은 사실이다. 상담자의 미해결 과제는 오히려 상담자의 폐쇄적인 태도를 초래하기 쉽다.

정신분석은 과거의 경험과 트라우마가 현재를 결정한다고 주장한다(결정론적 관점). 그러나 집단상담에서는 항상 지금 여기를 강조한다. 너무 과거에 집착하지 않는 것이다. 과거는 기억일 뿐이다. 초등학교 때 전화번호를 못 준 상처는 과거의 기억일 뿐이다.

현재의 박봉에 시달리는 현실의 답답함을 과거에 책임 지우지 말아야 한다. 초등학교 4학년 아이에게 감정 이입하여 슬퍼진 것은, 내가 기대했던 현실과 맞지 않아 우울하고 답답한 차에 과거 기억을 떠올리게 하는 사연을 가진 아이를 만나 감정이 폭발한 것이다. 우리가 과거의 상처에서만 원인을 찾으려고 한다면 너무 많은 시간이 든다. 집단상담은 항상 지금 현재에 초점을 맞추는 것이다. 결국 문제는 현재이다. 현재의 생활이 만족스럽다면 과거의 아픈 기억들은 다 무뎌지기 마련이다. 내담자가 과거의 상처에 대해 반복적으로 넋두리하더라도, 우리가 과거의 상처에만 매달려 있으면 아무런 해결책이 없다. 과거는 과거일 뿐, 흘러간 과거는 흘러간 과거로 내버려 둬야 한다.

『100년 뒤 우리는 이 세상에 없어요』(1997)라는 책이 문득 생각난다. 원제는 *Don't Sweat the Small Stuff*이다. 작고 사소한 일에 땀을 흘리지 말라는 뜻이다. 이 책의 저자인 리차드 칼슨(Richard Carlson)은 "사소한 것에 집착하지 마세요."라고 이야기한다. "그 사소한 게 뭔가요?"라는 질문에 그는 "세상의 모든 일은 다 사소한 겁니다."라고 명토 박듯 말해버렸다. 왜냐하면 100년 뒤 우리는 이 세상에 없을 거니까! 기가 막힌 통찰이 아닌가. 100년 뒤를 생각하면 지금 내가 위중하다고 생각하는 일이 정말 중요할까? 그렇지 않을 것이다. 그러니 현실에 충실하게 살아야 한다. 우리가 과거의 아픔에 매달려 있기에는 우리의 삶이 너무나 짧고 귀하다.

상담자가 자기 자신이 가지고 있는 과거의 상처나 미해결된 문제에 묶여있는 것을 치유하지 못하면, 집단에 적극적으로 개입할 수도 없고 상담자로서의 역할을 잘 감당하지 못한다. 그래서 집단상담자는 슈퍼비전을 받고, 상담을 전공하는 분들은 반드시 교육 분석(교류 분석)을 받게 되어 있다. 나도 누군가의 이야기를 들어주고 치료에 개입하려면, 내 스스로가 먼저 정신분석을 받아 내 안에 있는 상처들을 알아야만 집단에 개입할 수 있고 조언을 던져줄 수가 있다. 여러분도 기회가 된다면 꼭 교육 분석을 받아보기를 바란다.

(3) 과도한 자기 개방

폐쇄적 태도와 정반대로, 자기 개방을 너무 많이 하는 것도 문제이다. 상담자의 시의적절한 자기 경험 노출은 집단 역동을 촉진시키지만, 지나침은 문제가 된다. 일부 상담자는 노출할수록 바람직하다는 신념으로 지나치게 자신의 사적인 내용을 노출하는 실수를 범한다.

집단상담자의 자기 개방은 보통 집단원들의 자기 개방을 촉진하고, 상담자와 집단원 간의 관계를 친밀하게 하며 유대감을 형성하는 긍정적인 효과를 가져온다. 하지만, 주제와 관련 없는 개인의 사건이나 문제를 과도하게 개방하는 것은 오히려 집단의 분위기를 저해하는 요소가 된다. 스스로 말이 많다고 느끼거나, 행동보다 말이 앞서고, 타인의 이야기보다 자신의 이야기를 먼저 꺼내 주제를 끌어가려는 사람이 분명히 있을 것이다. 누군가 자신의 문제를 이야기하자마자 끼어들어 "아, 나는 무슨 일이 있었는데……." 하며 자기 이야기를 하는 경우를 주변에서 흔히 본다.

집단상담의 초기 단계에서는 대부분 집단원들이 말을 아낀다. 이때 집단상담자는 '뭔가 화제를 끌어내야 하지 않을까?' 하는 생각에 성급하게 끼어들어 자기 개방을 한다. "저는요, 어린 시절에 이런 일이 있었는데요."라며 마음속으로는 집단을 활발하게 이끌겠다는 의도를 가지지만, 이것이 지나치면 독이 된다. 흔히 과유불급(過猶不及)이라고 하듯, 무엇이든 지나쳐서 좋을 것은 없다. 집단을 활발하게 이끌려는 의도로 이러한 오류를 범하는 경우가 종종 있다.

상담자는 자신이 '선생님 역할을 해야 한다.'는 마음에 너무 자주 빈번하게 개입하려 한다. 물론 빈번하게 개입하지 않고 방관적인 태도로 가는 것 역시 문제다. 집단상담자는 집단의 선생님이자 아버지와 같은 역할을 해야 하며, 주도권을 쥐고 이끌어 가야 한다. 따라서 지나치게 '알아서들 하세요.'라고 방관하는 것도 안 되고, '나는 유순해서 싫은 말 못 해요.'라고 하는 것도 안 된다. 잘못된 것에 대해서는 따끔하게 이야기해 주고, 집단원 가운데 너무 자기 개방이 심한 사람이 있으면 제재할 줄도 알아야 한다. 마찬가지로 상담자 자신의 과도한 자기 개방 역시 제어해야 한다. 따라서 스스로 말이 많다고 생각하는 상담자는 자신을 스스로 제어할 필요가 있다.

(4) 한 가지 접근 방법만을 고집하는 경우

집단상담자는 집단원의 발달 단계, 문화적 차이, 관심사, 사회적 배경 등을 고려하여 다양한 접근 방법을 적용할 수 있어야 한다.

논어에 나오는 일화이다. 제자 A가 와서 어떤 일을 해도 되느냐고 물었을 때 공자는 "바로 가서 해야지."라고 했고, 제자 B가 똑같은 일을 물었을 때는 "어른들께 여쭙고 해라."라고 대답했다. 옆에서 이를 들은 제자가 이유를 묻자, 공자는 이렇게 말했다. "A는 항상 주저주저하고 소심한 제자라 바로 하라고 이야기해 준 것이고, B는 항상 적극적으로 나서서 하려는 급한 아이라 그걸 누르라고 이야기한 것이다."

이것이 공자의 교육관이다. 일관된 정답은 없다. 자녀를 기를 때도 아이들마다 기르는 방식이 다르듯이, 첫째 아이에게 맞는 방식, 둘째 아이에게 맞는 방식이 따로 있다. 모두가 다 똑같이 공유하는 정답은 없으며, 각 아이에게 맞는 해답이 있을 뿐이다.

인간의 삶이 그러하듯이, 집단상담에도 마찬가지로 모두에게 적용되는 정답은 없다. 집단원의 발달 단계, 문화적 차이, 관심사 등이 각각 다르기 때문에 그 각각에게 적용되어지는 해답이 있을 뿐이다.

상담자는 넉넉하게 집단원을 잘 헤아리고 살펴야 하며, 공감하고 경청하며 주의 깊게 관심을 기울이되, 그에게 적절하게 필요한 것이 무엇인가, 그 사람 성격에 맞는 것이 무엇인가를 고려해서 조언을 들려주어야 한다. 이것이 우리가 훈련을 받는 이유이기도 하다. 따라서 한 가지 접근 방법만을 고집하는 경우는 집단상담을 바람직하지 않은 방향으로 이끌 수 있다.

상담의 현장에서 널리 쓰이는 도도새 이야기를 덧붙이려고 한다. 혹시 도도새를 아시는지? 도도새는 인도양의 작은 섬에 살던 날지 못하는 새이다. 포르투갈 선원들이 이 섬에 처음 발을 내딛었을 때 도망가지 않고 멍하니 쳐다만 보고 있었다고 한다. 그래서 포르투갈 선원들이 바보 멍청이라는 뜻으로 그 이름을 도도라고 붙였다고. 이 새는 사람들의 왕래가 늘어나자 결국 멸종되고 말았다.

루이스 캐롤(Lewis Carroll)의 책 『이상한 나라의 앨리스(*Alice's Adventures in Wonderland*)』(1865)에 이 도도라고 하는 새 이야기가 나온다. 달리기 경주가 열렸다. 도도새는 이 경기의 심판을 맡게 되었다. 참가자들을 모아 경주를 시킨 다음에 누가 1등을 했느냐고 묻자 도도새는 한 사람을 우승자로 정하면 다른 이들의 마음이 상할까 걱정하여 모두가 1등이라고 발표하고 만다. 모두를 우승자로 정한 것이다.

단순히 우화일 수도 있겠지만, 1936년에 한 심리학자가 도도새 평결이라는 말을 사용한 적이 있다. 누구나 자기 이론이 독특하고 또 그렇기 때문에 우수하다고 주장하지만 실상은 별 차이가 없고 다만 도토리 키재기일 뿐이라는 의미다.

그로부터 약 40년이 지난 1975년, 정신의학자인 레스토 루보르스키는 도도새 가설이라는 말을 만들어냈다. 정신질환을 치료하기 위해 도입된 다양한 기법들, 말하자면 프로이드식 정신분석 또는 융의 분석 심리, 혹은 아들러의 개인심리학, 그밖에 지지치료, 인지치료, 행동치료 그리고 인본주의 치료 등은 사실상 효과 면에서 아무런 차이도 존재하지 않는다고 주장한 것이다.

심리학자나 정신과 의사들은 자신들이 사용하는 기법이나 이론이 최고라고 그 정당성을 주장할 수도 있지만 실제로 정신치료가 효과를 거두는 비결은 어떤 이론이 탁월해서가 아니라 치료자가 환자에게 보이는 인간적 관심과 열정 그리고 신뢰감 등과 같은 요인들, 즉 상담자가 내담자를 혹은 치료자가 환자를 어떤 태도로 대하느냐에 따라서 매우 달라진다는 것이다.

우리가 흔히 플라시보 효과라고 부르는 것처럼 약물치료 역시 마찬가지다. 약물치료도 약물 자체의 우수성도 있겠지만 그 약물을 매개로 끈끈하게 이어지는 의사와 환자 간의 인간관계에서 그 치료 효과가 배가되는 경우가 많다. 그래서 심리학계에서는 도도새 가설을 공통인자 이론 이라고 부르기도 한다.

심리학은 과학이지만 흔히 심리치료는 예술이라고 말한다. 치료는 환자에게 나타나는 이해하기 힘든 증상을 개선하기 위해서 시작되었지만 다양한 범주의 사람들이 겪는 고통을 치유하기 위한 상담자의 노력은 단순히 하나의 이론 혹은 약물에 의존하는 것이 아니라 다양한 사람들의 성격과 시대와 환경, 그리고 가족의 특수성 등을 전체적으로 고려해 주는 상담자의 노력이 수반되어야 하는 것이기에 감히 예술이라 말할 수 있는 것이다.

따라서 도도새 현상이라고 부르는 것, 즉 효과적인 상담치료에서는 상담자의 이론적 입장과 상관없이 상담자와 환자 사이에서 인간적 교감이 일어나야 한다는 이 말은 특정한 정신장애를 치료하는 효과적인 방법은 존재하지 않는다는 뜻이기도 하다. 중요한 것은 사람이다. 상담자가 내담자와 상호 신뢰 관계를 형성할 때 각종 심리상담 기법들은 제 역할을 하게 될 것이다. 상담자가 선호하는 상담치료 이론이 있다 할지라도 상담자는 그것만을 고집해서는 안된다는 의미이다.

2) 계획 수립 시 상담자가 흔히 범하는 실수

집단상담자가 집단 회기(Session) 계획을 세울 때 전형적으로 저지르는 실수는 다음과 같다.

(1) 무계획

집단상담에서 가장 큰 실수는 계획을 세우지 않는 것이다. 집단에서는 초기의 계획과 준비가 매우 중요하다. 좋은 계획은 세션이 집단구성원에게 가치 있고 효율적인 시간이 되도록 돕는다.

(2) 너무 많은 계획

계획하지 않는 것과 반대되는 실수로, 세션에 너무 많은 활동을 계획하는 것이다. 이 경우 몇 가지 중요한 주제를 피상적으로 다루는 결과를 낳는다. 몇 가지를 대충 지나가는 것보다 적은 주제라도 깊이 있게 다루는 편이 더 낫다. 초보 상담자는 집단구성원이 말을 하지 않을까 염려하여 허락된 시간에 너무 많은 계획을 세우는 실수를 흔히 한다.

(3) 부적절하거나 의미 없는 내용

집단구성원에게 흥미 없는 활동, 실습 또는 주제를 너무 많이, 너무 자주 선택하는 것은 어리석은 일이다. 상담자는 부적절한 활동을 사용하여 적절한 분위기를 만들지 못하고, 집단구성원의 관심과 관계없는 활동을 실행하기도 한다.

(4) 부적절한 주제 선정

집단구성원이 준비되지 않은 주제를 다루는 경우이다. 첫 회기나 두 번째 세션에서 성적인 관심과 같은 깊고 민감한 주제를 다루게 되면, 집단구성원이 일반적으로 마음을 열지 못하고 친밀감도 형성되어 있지 않기 때문에 집단 운영에 어려움을 겪게 된다.

(5) 활동 시간 배정의 실수

초보 상담자는 시간 배정에서 실수를 많이 하게 되는데, 일반적인 실수는 도입 활동에 너무 긴 시간을 배정하는 것이다. 도입 활동이 중요하긴 하지만, 세션의 중간 부분에 도움이 되고 생산적인 활동을 해야 하므로 도입부의 시간을 적절히 조절해야 한다.

(6) 흥미로운 도입의 실패

집단의 성격에 따라 집단구성원이 집단에 대해 부정적인 경향이 강한 경우가 있다. 특히 비자발적인 구성원으로 형성된 집단의 경우 더욱 그러하다. 이럴 때일수록 집단상담자는 집단원의 참여를 유도할 수 있는 흥미롭고 재미있는 활동을 계획해야 한다.

(7) 융통성의 결핍

어떤 상담자는 계획된 주제나 활동보다 더 의미 있고 적절한 주제가 집단구성원에 의해 제시될 때도, 이미 세운 계획만을 완고하게 따르는 경우가 있다. 계획된 활동이 집단구성원에게 이익이 되지 않거나 더 효과적인 활동이 있다면, 계획을 융통성 있게 바꿀 필요가 있다.

Red herring 3

마음의 약은 마음

편집증(Paranoia)이란 스스로가 쌓아 올린 체계화되고 조직화된 망상을 굳게 고집하는 정신질환입니다. 망상의 '이유'가 너무나 질서정연하게 자리 잡고 있기에, 논리적 설득이나 토론을 시도하는 것은 오히려 그 망상을 더 강력하게 만드는 결과를 낳을 뿐입니다. 이것이 편집증이 무서운 이유입니다. 편집증이 가장 나타나기 쉬운 관계는 부부 관계입니다. 의처증, 의부증의 다른 이름은 바로 편집증입니다.

이처럼 견고한 마음의 성벽을 허물기 위해, 상담은 '지금, 여기(Here and Now)'에 집중합니다. 현재를 인식한다는 것은 '내 생각의 주인이 되는 것'을 의미합니다. 현재에 집중하지 못하고 과거에 집착하거나 미래를 걱정하는 순간, 마음속에는 우울과 불안이 자라납니다. 시간에 쫓기며 사는 것은 불행한 삶입니다.

현재에 집중하는 일이 어렵다면, 가장 단순하고 본능적인 곳에 시선을 돌리세요. 자신의 숨에 주목하고, 걸음에 주목하는 것입니다. 정신분석 역시 분석받는 사람이 지금 이 공간에서 하는 이야기에 초점을 맞추는데, 현재가 이야기되면 과거는 저절로 연결되기 때문입니다. 억지로 과거를 캐내려 애쓰는 것은 현재의 낭비이자 직무유기입니다.

프로이트는 신경증이란 '애매한 것을 견딜 수 있는 능력이 없는 것'이라고 정의했습니다. 삶의 불확실하고 모호한 측면을 있는 그대로 받아들이지 못하고, 고통스럽게 통제하려 들 때 신경증이 발생합니다.

말을 잘하는 것과 '잘 말하는 것'은 완전히 다릅니다. 말을 잘하는 것은 말솜씨가 좋은 것이지만, 잘 말하는 것은 상대에게 솔직하게 내 마음을 전하는 것을 의미합니다. 이는 가장 어려운 일인데, 우리는 이미 말을 꺼내기 전에 마음속에서 하고자 하는 말을 편집하기 때문입니다. 솔직하게 말하려면 감정이 솔직해야 합니다.

말다툼은 말과 말이 부딪치는 것이지만, 감정의 불길은 항상 거세집니다. 대부분의 다툼은 했던 이야기가 또 나오고 엉뚱한 곳으로 불길이 번지는 순환형으로 흐릅니다.

상대가 당신을 열받게 하려고 의도적으로 하는 말은 무시해 버려야 합니다. 또한, 상대가 내 의견에 쉽게 동의할 것이라는 환상도 버려야 합니다. 우리는 모두 너무 다르기 때문입니다. 다툼을 빨리 멈추는 것만이 가장 좋은 해결책일 수 있습니다. 세상에서 남에게 비판받는 것을 좋아할 사람은 없습니다. 우리가 섭섭함, 분노, 짜증, 원망에 사로잡혀서는 비판을 성장의 동력으로 전환시킬 수 없습니다.

불기자심(不欺自心), 스스로 자신을 속이지 말라는 말처럼, 자기 자신에게 하는 거짓말은 아무 소용이 없습니다. 노르웨이 문학가 입센은 "사람은 누구나 인정받아야 살 수 있는 존재다."라고 했지만, 많은 사람이 남들이 원하는 나를 내가 원하는 나로 착각하며 스스로를 속이며 살아갑니다.

가장 무서운 관계는 그가 나를 애정 없이 통제만 하려고 하는 관계입니다. 우리의 마음속에는 나를 사랑하는 부모와 나를 미워하는 부모의 이미지가 통합되어야 하는데, 이것이 뿔뿔이 흩어져 마음속에 따로 새겨지면 문제가 됩니다. 아이는 자라서 부모와 맺었던 그 관계 패턴을 자신도 모르게 다른 사람과의 관계에서 되풀이합니다. 사랑의 관계 문제가 되풀이되면 결국 우울증에 빠지고, 모든 것을 내 탓으로 돌립니다.

마음속에 각인된 나쁜 부모는 늘 우리에게 속삭입니다. "우리를 봐라. 너를 아끼고 도움이 되었는데, 네가 문제라면 그건 너 때문이야." 커서 만나는 나쁜 사람들도 나를 이용하며 같은 소리를 합니다. 늘 나를 비판하고 자신의 가치관을 강요했던 아버지 밑에서 자랐다면, 그 목소리가 내 마음에 저장되어 지금도 나에게 똑같이 속삭입니다.

2001년 칸 영화제 황금종려상 수상작인 이탈리아 영화 〈아들의 방〉은 이 모든 상실과 고통의 서사를 담고 있습니다. 주인공인 정신분석가 지오반니는 행복한 가정을 꾸렸지만, 어느 일요일 아침, 환자의 왕진 요청을 미루지 못하고 나간 사이 아들이 바다에서 사고로 죽습니다.

절망에 빠진 그는 자신의 선택을 비난하고, 환자를 돕는 당연한 행위도 힘들어집니다. 그는 환자를 밀어내고, 그렇게 사랑하던 아내와도 멀어집니다. 아들의 죽음에 대해 자신을 용서하지 못하고 자책감에 빠져들며, 비탄과 분노의 감정에서 헤어나지 못합니다. 정신분석가로서의 위치를 지키지 못하고 철저하게 무너집니다.

모든 것이 파괴될 것 같던 어느 날, 아들의 죽음을 모르던 아들의 여자 친구가 등장하면서 영화는 새로운 국면을 맞습니다. 죽음, 상실, 후회, 비탄, 죄책감, 애도의 과정을 거쳐, 결국 지오반니는 자신을 용서하고 세상을 다시 새롭게 봅니다. 용서는 남에게 구할 수 있는 것이 아니라, 자기 스스로 하는 것입니다.

프로이트는 "꿈은 종종 정말 미친 것처럼 보일 때 가장 의미가 깊다."고 말했습니다. 꿈과 환상은 우리의 숨겨진 욕망을 나타내기 때문입니다. 정신분석에서 꿈을 해석하는 과정은 꿈이 만들어지는 과정을 거꾸로 거슬러 올라가는 것입니다. 꿈은 압축 파일처럼 편집되어 나타나기 때문에, 이를 풀어내기 위해 꿈 이야기 전후의 자유 연상 내용과 꿈에 대한 정서적 반응까지 살펴야 합니다.

지난 20세기 화두가 몸이었다면, 21세기 화두는 단연 마음입니다. 마음의 흐름이 몸에도 영향을 주고, 의학의 발달로 몸의 고민은 비교적 쉽게 해결할 수 있으나, 마음속 응어리는 아직 풀기 어렵습니다.

마음의 약은 마음입니다. 돌에 걸려 넘어지면 무릎에서 피가 나듯, 때로는 마음도 피를 흘립니다. 마음이 흘리는 피는 좌절, 우울, 분노, 공포이며, 셰익스피어가 녹색을 질투의 색깔이라고 말했듯, 우리의 감정에는 특정한 색깔이 있습니다.

지나친 수줍음, 너무 튀는 행동, 스스로 힘들게 사는 인생, 일 중독, 지나친 양보심, 취약한 감정, 괴팍함, 늘 무미건조하게 느껴지는 관계 등……. 이러한 문제가 당신을 괴롭힌다면, 어쩌면 마음의 응어리를 풀기 위해 스스로의 마음을 돌아보는 여정을 시작해야 할 때일지도 모릅니다.

CHAPTER 04

집단구성원

1 집단구성원의 역할과 기능

집단상담은 상담자와 더불어 집단에 참여하는 집단원(내담자)이 있어야 성립한다. 이들의 역할과 기능은 상담 과정의 핵심이며, 그들이 일상생활에서 맺는 역할과도 긴밀하게 연결된다.

집단상담의 구성원(Group Members)은 전문적인 훈련을 받은 상담자의 지도 아래에 모여, 상호 작용과 역동적인 경험을 통하여 개인의 문제 해결 및 심리적 성장을 추구하는 참가자들을 일컫는다. 참가 인원 및 형태를 보면 보통 6명에서 12명 내외의 소수 인원으로 이루어지며, 정해진 시간에 정기적으로 만나 자신의 감정, 생각, 경험 등을 개방적으로 나눈다. 집단구성원들은 일상생활의 어려움 극복, 대인 관계 개선, 자기이해의 증진 등 공동의 목표를 가지고 집단에 참여한다.

집단원들은 단순한 수동적 참여자가 아니라, 다른 구성원들에게 솔직하고 건설적인 피드백을 제공하고, 타인의 경험에 공감하며 서로에게 지지와 도움을 주는 중요한 역할을 수행한다. 집단원들은 구성원 간의 밀접한 상호 교류를 통해 자신의 대인 관계 방식을 깨닫고, 보다 효과적인 사회적 행동을 시도하며 변화를 경험하는 기회를 얻는다.

따라서 집단상담에서 구성원은 자신의 문제 해결과 성장을 위해 상담자의 조력하에 집단상담에 능동적으로 참여하는 가장 핵심적인 주체이다.

2 집단구성원 경험

1) 낯설음과 의문의 첫 단계

집단에 처음 참여하는 집단원들은 대개 두려움, 낯설음, 불편함, 그리고 긴장을 느낀다. 이 단계는 '습성화된 행동 유형의 와해'가 시작되는 도입 부분이다.

- 호기심과 불확실성 : 대부분의 집단원은 "이 집단상담이 무슨 의미가 있을까?", "내가 개인적인 이야기를 털어놓는다고 해서 정말 극적으로 좋아질까?" 하는 의문과 불확실감을 가지고 있다.

- 안정으로의 이행 : 그러나 임시적으로라도 집단에 정서적으로 참여하기 시작하면 안정감을 갖게 되고, 남의 이야기를 들으려는 태도를 보이며, 지나친 자기 의식에서 점차 해방되는 경험을 한다.

2) 치유의 역동 : 별칭과 객관화의 힘

처음에는 경직된 분위기를 풀기 위해 상담자가 가치관 경매, 생애 곡선 그리기 등의 과제를 통해 '예열'을 시킨다. 이 예열이 지나면 집단원들은 놀랍도록 빠른 시간 내에 친밀감을 느끼며 여기저기서 이야기가 터져 나온다.

- 별칭을 통한 자기 해방 : 집단에 참여할 때 자신의 본명이 아닌 별칭을 새로 짓게 되면, 집단원들은 기존의 '습성화된 옷'을 벗고 새로운 옷을 입은 듯한 자유로움을 느낀다. 이 별칭에는 대개 자신의 소망이나 현재의 상황이 담긴다. 예를 들면, 나는 집단상담을 할 때 내 별칭을 '숫돌'이라고 지은 적이 있었다. 조선의 고승이었던 서산대사의 가르침에서 따왔는데 서산대사의 말씀

은 “무릇 수도자는 마치 숫돌과 같아서 그를 만나러 오는 중생이 가져오는 무딘 칼을 날카롭게 벼려주지만 자신은 닳아 없어지는 존재와 같다.”인데, 상담자도 수도자와 같이 내담자의 문제 때문에 같이 고민하고 상처받으며 닳아 없어지는, 멀쩡할 수 없는 존재이기 때문이다.

집단원들은 ‘앉아서 마늘 까면 눈물 나’처럼 부엌에서 일만 하던 여성의 고통이 담기기도 하고, ‘조약돌’처럼 내면이 딴딴한 사람이 되고 싶다는 소망이 담기기도 한다. 이 별칭을 통해 집단원들은 지나친 자기 의식에서 해방되어 자유로워지며, 자기 이야기를 자유롭게 털어놓게 된다.

- 객관화 : 집단 경험의 놀라운 효과 중 하나는 객관화이다. 자신의 문제를 직접 이야기할 때는 방어하고 저항하지만, 나와 유사한 문제를 가진 남의 이야기가 나오면 집단원들은 굉장히 냉철하고 객관적으로 변한다. 마치 장기를 둘 때 당사자보다 훈수 두는 사람이 더 많은 것을 볼 수 있듯이, 현장에서 벗어나 있으므로 많은 것이 보이게 된다. 집단원들은 남의 문제에 대해 아주 공정하고 냉철하게 “저럴 때는 이렇게 해야 된다.”라고 조언하며 스스로 통찰을 얻는다. 반면, 내 문제가 되면 감정에 휘둘려 걸림이 많아 잘 안 되는 것을 깨닫게 된다.

자신의 문제를 직접 다루지 않아도 치유가 일어나는 집단의 힘을 보여주는 사례가 있다. 한 남편이 사업 실패를 극복하는 과정에서 집단상담의 도움을 받았고, 이제는 아내가 가진 학력 콤플렉스를 해결해 주고자 집단 참여를 권유했다. 남편은 아내가 고학력자들과 어울리는 것을 힘들어한다고 생각했다. 아내가 참여한 집단에는 매우 심각한 문제들을 가진 집단원들이 있었다. 아버지 빰을 때린 노처녀, 시어머니 때문에 별거 중인 여성, 남편 출장 중 외도를 저지른 여성 등이 자신의 문제를 털어놓았다. 그러나 이들은 다른 집단원들이 아무리 해결책을 제시해도 “왜 나만 갖고 그러냐.”며 자기 생각만 고집하고 남의 말을 듣지 않았다. 이 심각한 갈등 속에서, 학력 콤플렉스 여성은 자신의 문제를 이야기할 틈을 전혀 찾지 못했다. 그렇게 집단이 끝날 무렵, 상담자가 그녀에게 "당신은 왜 당신의 문제를 털어놓지 않느냐."고 묻자 그녀는 놀랍게도 "저는 문제 다 해결했어요. 얻어가는 것이 너무 많습니다."라고 대답했다.

그녀는 처음에는 집단원들이 다 고학력에 교양 있는 사람들일 것이라 지레 짐작하고 긴장했지만, 그들의 이야기를 들어보니 아버지 뺨을 때리고, 가정이 깨질 지경이 되고, 외도를 하는 등 학력과 인격은 아무 상관이 없다는 것을 깨달았다는 것이다. 그녀는 전에는 남편이 화를 내면 자신이 못 배웠다고 무시해서 소리친다고 생각했지만, 이제는 그냥 버럭버럭 화내는 것이 남편의 성격일 뿐, 졸업장과는 무관하다는 것을 알게 되었다. 이 여성은 자기 문제를 직접 다루지 않았으나, 다른 집단원들의 문제를 관찰하고 비교하는 과정을 통해 평생을 따라다녔던 학력에 대한 열등감이라는 감옥에서 해방되는 놀라운 치유 효과를 얻고 만족하며 돌아갔다.

3) 집단원의 성숙한 자세 : 인내와 의사소통 학습

집단원들은 경험이 쌓이면서 다음과 같은 성숙한 태도를 갖게 된다.

- 갈등에 대한 인내력 : 집단원들은 모호함과 불확실성에 익숙해지고, 자기 말을 듣지 않는 집단원을 보며 느끼는 분통이나 시간 낭비라는 감정마저도 나를 객관적으로 바라보는 데 도움이 된다는 것을 알면서 갈등에 대한 인내력이 생긴다.

- 의사소통 기술 학습 : 상대방이 자신만의 의견이 옳았음을 주장하고 마치 고집불통인 것처럼 보여질 때, '내 모습이 저렇다면 참 불편하겠구나!'라고 스

스로 깨달으면서 의사소통 기술의 중요성을 인식하고 이를 학습하려 노력하게 된다.

이처럼 집단상담은 단순히 문제를 해결하는 것을 넘어, 타인의 경험을 통한 자기 통찰과 성숙을 이루어 내는 강력한 과정이다.

3 집단구성원의 자기 관찰

본질적으로 상담은 우리 안에 내재된 화(Anger), 즉 분노를 다루는 일이다. 대개의 경우 유복하고 따뜻한 환경에서 자란 사람은 성품이 둥글둥글해지기 마련이다. 그러나 어려운 어린 시절이나 역기능 가정에서 악전고투하며 자란 사람에게는 생존 본능으로서 독(毒), 즉 모남이나 고집이 생기기 쉽다. 발달 심리학에서 중요하게 다루는 애착 관계가 불안정하게 형성되면, 아이는 불안과 불만을 느낀다. 이 불안과 불만은 성인이 되어 화로 나타난다.

적개심과 파괴적인 결과로 화는 그때그때 해소하는 것이 정신 건강에 좋으나, 불이익을 받거나 들어주는 사람이 없어 억압하게 되면 이것이 누적되어 분노의 덩어리, 즉 적개심이 된다.

다음은 집단상담에서 다루어졌던 사례이다. 30대 중반의 남자 교사는 거절을 못하는 성품을 가졌다. 연세 있는 동료의 컴퓨터 사용을 돕고, 새내기 교사의 학생 지도를 도와주는 등 10년 동안 끊임없이 타인의 부탁을 들어주었다. 그는 늘 칭찬과 인정은 받았지만, 일이 늘어나 과부하에 걸렸다. 결국 문득 회의감이 들고 지쳐서 학교를 휴직하겠다고 상담을 받으러 왔다. 이 교사의 문제는 휴직이 아니라 거절하는 연습이 필요하다는 것이다. 그는 거절을 못하는 성품 때문에 과부하에 걸렸음에도, 그 분노를 동료들에게 터뜨리는 대신 자기 손해로 돌아오는 휴직을 선택한 것이다. 이는 사회에서 '착한 사람'으로 보이고 싶어 남의 일을 돕다가,

결국 자기 삶의 에너지를 소진한 결과이다. 이처럼 엉뚱한 곳으로 튀는 분노와 적개심은 속성상 파괴적이며 수시로 분출되려 한다. 사람들은 이것을 폭발하지 않으려 에너지를 많이 쏟는데, 이 때문에 정작 중요한 현실에 쏟아야 할 에너지를 놓쳐버린다. 한계 상황이 오면 내재되어 있던 분노가 걷잡을 수 없이 증폭되고, 이것을 방어하기 위해 엉뚱한 증상이 나타난다.

- 신체 전환 장애(Somatic Disorder) : 여자들의 경우 가정생활에 지쳐 우울증, 편두통 같은 신체 전환 장애가 오기도 한다. 병원에 가도 원인을 알 수 없지만, 이는 심리적인 데 기인한다. 누르고 있던 분노 에너지가 엉뚱한 곳으로 튀어나와 어깨가 무너질 것 같다거나 하는 증상으로 나타나는 것이다. 정신건강의 지름길은 작은 불만이라도 억압하지 않고 말로 풀거나(예: 혼자 차 안에서 소리를 지르는 등) 에너지를 해소할 방법을 찾아내야 한다. 억압하고 누르고 있는 것은 결코 좋은 해결책이 될 수 없다. 집단상담에서는 오가는 이야기를 듣고 자기 이야기를 함으로써 내재된 분노가 표출되고, 그 해결책을 찾게 된다. 타인의 유사한 경험을 지켜보며 해결책을 찾는 일종의 간접경험이 가능하다.

집단상담의 가장 큰 유익은 자기 관찰(Self-Monitoring)을 통해 스스로를 개선하고 발전시킬 수 있다는 점이다. 자기 관찰이란 사회적 상황에서 타인과 상호 작용하는 동안 자신의 언어, 비언어적 행동, 감정을 통제하고 관리하는 것을 의미한다.

앞서 다룬 학력 콤플렉스 여성의 사례처럼, 타인들이 쓰는 언어, 용어, 생각을 관찰하면서 '나와 별반 다를 바가 없다.'라고 깨닫고 콤플렉스에서 해방될 수 있다.

집단 내에서 주고받는 내용을 통해 스스로를 관찰하고, 타인의 행동이나 말투를 보면서 자신을 비추는 일종의 교정 틀을 만들어갈 수 있다는 것이 집단상담의 장점 중의 하나이다.

4 높은 자기 관찰자와 낮은 자기 관찰자

집단원의 태도 가운데 두드러진 두 가지 특성이 있다.

- 높은 자기 관찰자: 주변 상황을 잘 파악하고, 자신의 말이나 행동이 상대방에게 어떤 의미를 줄지 세밀하게 고려하며, 스스로를 발전시킨다. 상황에 적합한 자기표현을 사용하며, 타인의 의견에 민감하게 반응하고 수용한다.

- 낮은 자기 관찰자: 자신의 태도나 감정 상태를 행동의 기준으로 삼아, 느끼고 있는 그대로를 표현한다. 남의 말을 듣지 않고 자기주장만 고집하며, 집단의 진행을 방해할 수 있다.

사례 하나를 들자. 한국전쟁 직후 남편을 잃고 아이 다섯을 키워야 했던 한 산모가 있었다. 이웃집 아주머니가 기운 차리라고 미역국 한 솥을 끓여다 주었는데, 아이들이 배고픔에 미역국을 다 먹어버렸다. 이를 안 이웃 아주머니가 가련히 여겨 다시 미역국을 끓여다 주자, 산모는 그것을 받아 벽장에 넣고 자물통으로 잠가버렸다. 아이들과 이웃 아주머니가 그 모습을 보고 황당해하자, 산모는 아이들에게 "이놈들아, 내가 먹고 기운 내야 너희들이 그나마 흩어지지 않고 덜 고생하고 살지! 당장 죽는 거 아니니까 저리들 가!" 하고 호통쳤다. 이 아주머니는 남편 잃고 다섯 어린 아이들을 키워내야 할 자신의 형편을 슬퍼할 겨를도 없이 '내가 살아야 아이들도 살릴 수 있다'는 판단 아래, 미역국을 먹고 몸을 회복시킨 후 열심히 일해 다섯 아이를 모두 키워냈다. 이 산모는 배우지 못하고 가난했지만, '내가 무엇을 해야 하는지'를 분명히 알고 있었던 높은 자기 관찰자였다. 자신의 감정과 배고픈 아이들보다 장기적인 생존과 책임을 우선시하는 지혜를 발휘한 것이다.

집단상담을 통해 우리는 이처럼 높은 자기 관찰자와 낮은 자기 관찰자를 만나게 되면서, 자신의 행동을 수정할 수 있는 교정 틀을 만들어갈 수 있다.

집단상담은 서로 다른 특성과 경험을 가진 사람들이 모여 미시 사회를 형성한다. 이 환경은 대인 관계적, 개인 내적인 상황을 직면하게 하며, 자신의 내적 세계를 경험하고 타인과의 경험을 공유하면서 변화하고 성장할 수 있는 환경을 제공한다.

5 효과적인 집단구성원의 참여 태도

효과적인 집단상담이 되려면, 집단원들의 태도가 무엇보다 중요하다. 효과적인 집단원이 되기 위한 마음가짐을 소개한다.

- 시간과 비용의 효율 추구 : "나는 이 집단상담에 많은 돈과 시간을 투자하고 있다. 손해 보는 상담을 만들지 말고 가장 많은 것을 얻어가야 한다."
- 성장의 장 : "여기만큼 나에게 가장 좋은 성장의 장은 없다. 내 인생에 반드시 도움이 될 것이다."
- 자발적인 동기 : 목마른 자가 우물을 파듯, 자기가 원해서 필요로 찾아온 사람들이 확실히 적극적이며 많은 것을 얻어간다. 억지로 끌려온 말에게 물을 먹일 수 없듯이, 집단 참여 동기가 확실할 때 집단은 활력이 넘치고 본인도 많은 것을 얻어갈 수 있다.
- 긍정적인 기대와 적극적인 참여 : 비자발적인 집단원도 있을 수 있지만, 집단원은 상담을 통해 도움을 얻을 수 있다는 긍정적인 기대를 갖고, 적극적으로 참여해야 한다. 대부분의 집단원들은 집단상담 후 90% 이상이 더 하고 싶다거나 아쉽다는 피드백을 주는데, 이는 그들이 도움을 받았다는 증거이다.

- 진솔함의 유익 : 집단의 현장에서는 '내가 우스워지는 것 아닌가' 하는 고민을 내려놓아야 한다. 이해 안 되는 일, 화가 나는 일, 지금 처해 있는 환경 등을 진솔하게 다 털어놓는 것이 유익하다. 그러다 보면 내가 몰랐던 삶의 비밀과 인간관계의 해답을 깨닫게 되는 경우가 많다.

6 집단구성원의 문제행동

집단을 운영하다 보면 종종 다른 집단구성원이나 집단상담자에게 어려움을 주는 문제행동을 보이는 집단구성원이 나타난다. 우리는 경우에 따라서는 집단상담자가 될 수도 있고 집단원으로 잡단상담에 참여할 수도 있다. 집단구성원의 문제행동에 대해 다루는 이 부분은 집단상담자나 집단원 모두에게 여러모로 도움이 될 것이다.

집단구성원이 보이는 문제행동으로는 대화 독점, 소극적 참여, 습관적 불평, 일시적 구원, 사실적 이야기 늘어놓기, 질문 공세, 충고나 조언 일삼기, 적대적 태도, 의존적 자세, 우월한 태도, 소집단 형성, 지성화, 감정화 등이 있다.

1) 대화 독점

집단을 이끌다 보면 집단구성원 중에는 집단에서 활동과 대화를 독점하는 고도의 이기심을 나타내는 사람들이 있다. 이런 집단구성원은 끊임없이 다른 집단구성원과 동일시하는 경향이 있어서 다른 집단구성원과 관련된 상황과 연결시켜 자신의 일상생활에 대한 이야기를 장황하게 늘어놓는 특징이 있다. 집단에서 대화를 한두 집단이 독점하면 다른 집단구성원들과 집단 시간을 공유하는 데 방해가 될 뿐 아니라 다른 집단구성원에게 말을 많이 하는 사람이 바람직한 집단구성원이라는 잘못된 생각을 갖게 할 수 있다. 이런 집단구성원을 돕기 위해서는 그가 그와 같은 행동을 통해 얻고자 하는 점과 관련된 역동성을 탐색해 볼 기회를 제공하는 방법이 있다.

2) 소극적 태도

집단 내에서 침묵으로 일관하거나 집단 활동에 적극적으로 참여하지 않는 집단구성원의 태도를 말한다. 집단 시간 내내 침묵으로 일관하거나 집단 활동에 매우 소극적으로 참여하는 것은 언뜻 집단 과정에 그리 큰 영향을 미치지 않는 것처럼 보인다.

그러나 다른 집단구성원들이 소극적으로 참여하는 집단구성원으로 의식하게 되면서 집단의 응집력과 생산성을 떨어뜨릴 수 있다. 집단구성원 모두가 집단에 적극적으로 참여하여 학습 효과를 얻을 수 있도록 분위기를 조성하는 것은 집단상담자의 중요한 업무이다. 그러므로, 집단상담자는 다른 집단구성원이 소극적인 집단원에 대해 비난하거나 공격적인 모습을 보이지 않도록 시의적절하게 개입해야 한다.

3) 습관적 불평

습관적으로 불평을 일삼는 집단구성원이란 거의 매 회기마다 집단에 대해 불평불만을 늘어놓거나 이로 인해 다른 집단구성원과 자주 논쟁을 벌이는 사람을 말한다. 습관적으로 불평불만을 늘어놓는 집단구성원의 태도와 행동 역시 집단의 분위기를 해치고 집단 과정의 흐름을 저해한다. 불평은 흔히 또 다른 불평의 불씨와 같아서 한 집단구성원의 불평은 다른 집단구성원의 불평으로 번져가게 되면서 집단의 응집력 형성에 부정적 영향을 미친다. 습관적으로 불평하는 집단구성원을 다룰 때 집단상담자가 저지르는 실수는 다른 집단구성원이 있는 상황에서 불평에 대해 정면으로 지적하는 것이다. 이는 집단상담자와 불평하는 집단구성원들 사이에 논쟁을 불러일으킬 수 있고 다른 집단구성원에게 분노를 일으킬 수 있다. 만약 집단상담자가 자신이 이런 상황에 빠져있다는 것을 인식한다면, 초점을 다른 집단구성원이나 다른 주제로 돌리고 집단이 끝난 다음 불평을 한 집단구성원과 일대일로 면담 기회를 갖는 것이 바람직하다.

4) 일시적 구원

일시적 구원이란 충고나 조언과 관련된 것으로 다른 집단구성원의 상처를 달래고 고통을 줄여 사람들을 즐겁게 하고 자신도 안정을 취하려는 욕구의 표현이라고 볼 수 있다. 일시적 구원은 언뜻 다른 집단구성원에 대해 관심을 보이고 보살피는 행동처럼 보이지만 실제로는 자신의 고통을 피하기 위한 방편의 하나로 가식적 도움의 형태라고 볼 수 있다. 일시적 구원을 반복하는 집단구성원을 돕기 위한 방안으로는 다른 집단구성원이 고통스러운 경험을 노출할 때 그의 느낌과 생각을 탐색해 볼 수 있는 기회를 제공하는 것이다. 질문 공세나 충고나 조언을 하는 집단구성원과 마찬가지로 일시적 구원을 일삼는 집단구성원은 자기 탐색을 통해 자신에 대해 보다 심도 있게 이해할 수 있게 될 것이다.

5) 사실 중심 환원

집단구성원의 또 다른 문제행동으로는 집단구성원 자신의 느낌이나 생각에 대해 말하기보다 과거에 있었던 사실 중심의 이야기를 늘어놓는 것이다. 집단 경험이 없는 집단구성원은 상담을 단지 집단상담자에게 과거에 대한 사실적 이야기를 조목조목 털어놓음으로써 문제를 해결하는 수단으로 여길 수 있다.

그러나 사실적 내용만으로 엮어진 이야기나 다른 사람 또는 자신의 생활 환경에 관해 두서없이 늘어놓는 행동은 집단구성원 자신의 진솔한 느낌이나 생각의 노출을 꺼리는 방어 수단으로 볼 수도 있다. 이러한 문제행동이 나타나는 경우에는 공감적 이해를 통해 해당 집단구성원이 지금, 여기에 초점을 맞추고 과거의 경험에서 야기된 감정을 적절하게 표출할 수 있도록 돕는다.

6) 질문 공세

다른 집단구성원에게 일련의 질문을 퍼붓는 것이다. 이러한 집단구성원은 적절치 않은 시기에 끼어들어서 다른 집단구성원의 답변을 하기도 전에 연속해서 질문을 던지는 특징이 있다. 질문은 상대방에 대한 정보와 자료를 수집하기 위한 수단일 뿐만 아니라 생각이나 감정에 대해 탐색하기 위해 사용되는 상담의 중요한 도구이다. 그러나 집단 과정에서 이루어지는 질문은 자칫 다른 집단구성원에 대한 호기심 충족을 위한 수단으로 잘못 사용될 수도 있다. 질문에 대한 대답을 기다리지 않고 퍼붓는 연속적인 질문은 집단구성원의 말을 가로막을 뿐만 아니라 답변을 해야 하는 부담감을 줄 수 있다. 질문에 대한 답변을 경청하지 않고 연속적으로 질문을 던지는 집단구성원의 행동은 자신에 관하여 노출하지 않아도 될 것이라는 무의식적 욕구의 표현으로써 자신을 은폐하려는 수단으로 사용될 수도 있다. 이럴 때는, 질문 공세를 하는 집단구성원에게 질문 속에 포함된 핵심 내용을 자신을 주어로 해서 직접적인 방식으로 표현해 보도록 하면 도움이 된다.

7) 충고나 조언을 일삼기

이것은 다른 집단구성원에게 인지적 상황, 즉 해야 할 것과 하지 말아야 할 것을 말하는 것을 의미한다. 충고나 조언은 미묘하게도 다른 집단구성원에게 도움이 되고자 하는 의도와 동기로 이루어진다. 그러나 충고와 조언은 이를 제공하는 집단구성원의 의도와 달리 집단에는 부정적인 영향을 주게 된다. 집단구성원이 충고나 조언을 일삼는 경우 집단상담자는 충고의 대상이 되는 집단구성원이 자신의 문제와 갈등을 시간적 여유를 가지고 탐색하게 함으로써 합리적인 결정을 내릴 수 있도록 도와야 된다. 또한 충분한 조언을 하는 집단구성원에게는 그러한 행동을 하려는 동기를 탐색할 기회를 제공하는 것도 좋다.

8) 적대적 태도

적대적 태도를 보인다는 것은 집단구성원 자신의 내면에 누적된 부정적인 감정을 직간접적인 방식으로 다른 집단구성원에게 표출하는 것을 말한다. 집단에서 적대적 태도를 보이는 집단구성원은 주로 간접적인 활동, 즉 비판적인 표현, 농담, 빈정거림 등으로 치고 빠지는 식의 행동을 보인다. 이러한 집단구성원은 집단 행위에 빠지거나 늦게 출석하고 심지어 중도의 집단을 그만두기도 한다. 적대적 태도를 보이는 집단구성원의 행동이 집단에 미치는 영향은 다른 집단구성원에게 또 다른 적대적 태도와 감정을 불러일으킬 수 있다는 점이다.

적대적 태도를 보이는 집단구성원의 행동에 대처하기란 쉽지 않다. 집단구성원의 적대적 행동에 대처하는 방법 중 하나는 다른 집단구성원이 그 집단구성원에게서 받는 영향, 느낌, 원하는 행동에 대해 경청하게 하는 것이다. 그런 다음 적대적 태도를 보이는 집단구성원이 집단에서 원하는 것이 무엇인지를 탐색하고 다른 집단구성원들 앞에서 직접 확인한다.

9) 의존적 자세

의존적 자세를 보이는 집단구성원은 집단상담자나 다른 집단구성원이 자신을 보살피고 자신에 대한 사안을 대신 결정해 줄 것으로 기대하는 경향이 있다. 의존적인 자세는 집단에서 다양한 형태로 나타난다. 의존적 자세를 보이는 구성원의 대표적인 특징은 집단구성원 간의 상호 작용에서 긍정적인 대답을 반복하는 것이다. 다른 집단구성원들은 그가 미처 생각하지 못했을 거라고 간주하여 그를 돕기 위해 열심히 정보나 조언 또는 피드백을 제공한다. 그러나 의존적 자세를 보이는 집단구성원은 피드백을 고려하기보다는 마치 게임을 하듯 교묘하게 집단구성원의 제안을 회피하거나 무시하는 경향이 있다.

의존적 자세를 보이는 집단구성원을 돕기 위한 방안으로는 자신의 문제를 올바르게 인식하게 하는 것이 중요하다. 의존적인 사람을 돕기 위한 출발점은 타인에게 의존함으로써 얻을 수 있었던 욕구 충족의 고리를 끊는 것이다. 이는 집단구성원이 의존적인 자세를 보임으로써 다른 집단구성원의 주의를 집중시키거나 자신에 대한 책임을 회피할 수 있었던 강화 요인들을 원천적으로 봉쇄하는 것을 의미한다.

10) 우월적 태도

집단구성원에 따라서는 자신이 다른 집단구성원보다 우월하다는 태도를 보이며 다른 집단구성원들을 위해 군림하려는 자세를 나타내기도 한다. 이러한 집단구성원은 자신의 능력이 탁월하거나 도덕적인 사람처럼 행동하면서 다른 집단구성원의 행동에 대해 판단하거나 비평하며 비판적인 태도로 일관한다. 우월한 태도를 보이는 집단구성원은 일상생활에서도 이러한 태도로 인해 인간관계에서 문제를 경험하게 되지만 자신의 문제행동을 잘 깨닫지 못하는 경향이 있다. 이와 같은 집단구성원의 태도와 행동은 다른 집단구성원들에게 불필요한 적대감을 불러일으킴으로써 집단의 역동에 부정적인 영향을 미치게 된다.

우월한 태도를 보이는 집단구성원에 대한 대처 방안은 그의 느낌이나 집단을 통해 얻고자 하는 점을 탐색함으로써 그 자신은 문제가 없다는 입장을 방어적이지 않는 상태에서 스스로 점검하도록 기회를 제공하는 것이다. 그런 집단구성원의 부적절한 태도와 행동에 대해 비난하거나 조롱하는 반응을 보이는 것은 집단구성원의 불필요한 논쟁을 야기하게 되므로 삼가는 것이 좋다.

11) 소집단 형성

이것은 비생산적인 사회화의 일종으로 집단 내 파벌을 형성하는 것을 말한다. 즉 일반 집단구성원이 집단 내 집단을 만들어 그들 나름의 세력을 형성한다. 이러한 소집단 형성은 다른 집단구성원의 행동과 집단의 역동에 부정적인 영향을 미친다. 특히 일부 집단구성원이 집단 밖의 모임을 계속 한다면, 다른 집단구성원과의 친밀감에 층이 지게 되고 공유된 정보의 차이로 괴리감을 조장하여 결국 집단의 응집력을 해칠 수 있다. 이처럼 집단 밖의 사회화를 통해 집단 내에 소집단이 형성되는 것은 집단 발전의 저해 요인이 되므로 집단에서 직접적이고 개방적으로 다룰 필요가 있다.

12) 지성화(Intellectualization)

집단구성원 중에는 집단 과정에서 감정적으로 부담이 되는 내용을 다루게 될 때, 감정을 드러내기 꺼리고 지적인 부분만 언급하기도 하는데, 이를 지성화라고 한다.

다시 말해 지성화란 집단구성원이 개인의 불안, 자아에 대한 위협, 그리고 불편한 감정과 충동 따위를 억누르기 위해서 사용하는 적응 기제로 이와 관련된 감정을 직접 경험하는 대신에, 궤변이나 분석적 사고와 같은 인지적 과정을 통해 해소하려고 노력하는 것이다. 예를 들면 슬픈 감정을 느끼는 대신, 슬픔의 원인을 사회학적 또는 철학적으로 분석하는 것에 몰두하는 것과 같다. 지성화를 일삼는 집단구성원은 감정 표현을 억제하고 이성적으로 대화하는 특성이 강하기 때문에, 자신의 감정을 노출하기를 꺼려함으로써 다른 집단구성원에게도 영향을 주어 집단구성원 간의 신뢰감 형성을 저해하거나 집단구성원 간의 자기 개방을 가로막는 역할을 한다. 이로 인하여 집단의 분위기를 경직시키게 된다.

지성화를 일삼는 집단구성원을 돕기 위한 방안은 그에게 자신이 말하는 내용과 관련된 감정을 인식하고 직접 경험하고 정리하여 표현할 수 있는 기회를 제공하는 것이다. 역할놀이(Role-playing)를 한다거나 집단상담자가 감정 표현 방법을 직접 시범 보이는 방법 등이 있다.

13) 감정화(Emotionalization)

감정화는 앞서 설명한 지성화와 상대되는 개념이다. 이는 인지적이고 이성적인 면은 철저히 외면하면서 감정에만 초점을 맞추고 모든 일을 감정적으로 처리하여 집단의 흐름을 방해하는 경향을 말한다.

집단상담에서는 감정 탐색과 표현의 중요성을 강조하지만, 감정화를 일삼는 집단구성원의 문제는 슬픈 감정 그 자체보다는, 다른 집단구성원에게 관심을 얻지 못하고 있다고 여기면서 자신의 감정을 과도하게 표현하는 것이다. 이런 구성원은 자신의 문제 해결을 위한 노력을 기울이지 않으면서, 단지 감정화를 반복한다.

감정화를 반복하여 다른 집단구성원의 동정심을 유발시키지 않도록, 집단상담자는 다른 집단구성원의 위로나 동정 또는 껴안아 주는 등의 신체적 및 언어적 표현을 차단시킬 필요가 있다. 이는 감정적인 행동을 통해 관심이나 보상을 얻는 강화 고리를 끊어내고, 구성원이 감정을 표현하는 것과 문제 해결 노력을 연결하도록 돕기 위함이다.

이상 언급한 태도는 상담의 현장에서 자주 경험하는 현상들이다. 상담자를 꿈꾸는 사람들 역시 이러한 태도를 갖게 되는 경우가 많다. 타산지석으로 삼길 바란다.

Red herring 4

내 안의 호랑이

어떤 이는 "자기애(Narcissism)가 입은 상처가 흘리는 피, 그것이 바로 분노다."라고 말했습니다. 분노는 우리의 자존심이 훼손되었을 때 터져 나오는 원초적 방어 기제인 셈입니다. 프로이트가 "인류 문명이 최초로 시작된 것은 화난 사람이 돌 대신에 단어를 던지면서부터다."라고 말했을 만큼, 분노는 인간의 생존과 깊이 연관되어 있습니다.

분노는 우리 마음속의 호랑이와 같습니다. 언제 내면의 빗장을 부수고 튀어나와 주변을 아수라장으로 만들지 예측하기 어렵습니다. 화(怒)를 낼 수 있는 능력은 생존에 매우 중요합니다. 일상생활에서 화를 내거나 내는 '척' 해야만 비로소 남들이 내 말에 귀를 기울이고 따르기도 합니다.

분노는 얼굴에 즉각 나타나는 강력한 신호입니다. 그러나 분노는 참 묘한 성질을 가지고 있습니다. 너무 참아도, 너무 표출해도 둘 다 좋지 않습니다. 너무 참으면 낮에는 몸의 증상으로, 밤에는 나쁜 꿈으로 나타나 결국 울화병이라는 마음의 병을 만듭니다. 참지 않으면 고삐 풀린 말처럼 날뛰어 모든 관계와 상황을 파괴합니다. 화낼 이유가 있을 때 화내는 것은 정상이지만, 화나는 '감정'을 반드시 '행동'으로 연결할 필요는 없습니다.

작가 서머싯 몸은 인간의 분노를 '면도칼'에 비유했습니다. 분노는 칼이자 면도날처럼 날카로운 힘을 가지고 있기 때문입니다. 중요한 것은 '왜 분노하느냐'가 아니라, '어떻게 분노하고 있는가'에 주목하는 것입니다.

누구나 분노할 수 있습니다. 만약 화가 나는데 그 이유를 찾을 수 없다면 난처해집니다. 그럴 때 사람들은 가장 쉬운 길인 외부에서 그 이유를 찾으려 합니다. 하지만 진정한 분노 조절은 내 마음에 숨어있는 진짜 이유를 찾아내는 데서 시작됩니다. 분노를 표현하는 방법이 꼭 폭발적이어야 하는 것은 아닙니다.

"분노하며 원한을 품는 것은 내가 독을 마시고 남이 죽기를 기다리는 것과 같다."는 말처럼, 분노는 스스로를 파괴합니다. 어떤 이들은 분노를 직접 표현하지 않고 수동적인 방식으로 표출합니다. 갈등 상황 자체를 피하며 분노를 덮어버립니다. 이를 회피라고 합니다.

강박적 완벽주의도 있습니다. 자신의 주변 환경을 완벽하게 통제하려 함으로써 분노를 간접적으로 표현하기도 합니다. 옷을 완벽하게 깔끔하게 차려입고, 구두를 반짝이게 닦으며, 책상 위 먼지 하나 없애려 애쓰는 행동도 통제 욕구의 발현일 수 있습니다.

그러나 분노가 파괴적으로 표현될 때 가장 심각한 것은 인간관계의 파괴입니다. 한 번 깨진 신뢰는 쉽게 회복되지 않습니다. 우리 무의식 속에 숨어 있는 분노의 호랑이를 다스리는 가장 기본적인 방법은 무엇일까요?

호랑이가 빗장을 부수고 뛰쳐나오기 직전, 우리는 잠시 시간을 버는 행위가 필요합니다. 가장 단순하고 강력한 첫걸음은 바로 심호흡입니다. 깊고 느린 심호흡은 격앙된 감정의 파도를 잠시 멈추게 하고, 폭발적인 행동이 나오기 전에 이성(理性)이 개입할 수 있는 아주 짧은 틈을 만들어 줍니다. 그 찰나의 순간, 우리는 분노라는 칼날을 휘두를지, 아니면 잠시 칼집에 넣을지 선택할 수 있게 됩니다. 심호흡을 통해 분노의 호랑이를 잠시 진정시켰다면 그 다음은 얼른 그 자리를 벗어나는 일입니다. 그 자리에서 떠나세요. 떠나는 순간 분노의 호랑이도 덩달아 떠나갑니다.

Group Counseling

PART Ⅲ

집단상담 기초 이론

Group Counseling

CHAPTER 05

정신분석

1 정신분석 이론적 토대

2 정신분석 주요 개념

3 정신분석 치료 기법

4 집단상담과 정신분석

1 정신분석 이론적 토대

1) 정신분석이란?

여러분은 잠을 자는 동안 꿈을 꾸는가? 혹 그 꿈을 기억하는지? 1996년 정신분석을 공부하던 대학원의 한 강의실에서 꿈일기를 써 보라는 과제를 부여받았다. 평소 꿈을 잘 꾸지 않는 나는 꿈일기를 쓰라는 과제 앞에서 다소 당황스러웠다. 누구나 매일 꿈을 꾼다고 하니 나도 매일 꿈을 꾸는 것이 사실일 텐데 도무지 기억나는 꿈이 없고, 꿈이 기억나지 않는데 꿈일기를 어떻게 쓴단 말인가? 문득 어린 시절 방학일기를 제출하라던 숙제 앞에서 매일매일 놀기만 하다가 한 달 분량을 몰아 지어냈던 때가 생각이 나면서 막막한 기분에 사로잡혔다. 하지만 꿈을 기억하기로 마음먹으면 기억이 난다던 교수님의 말씀에 의지하여 머리맡에 메모 노트를 두고 잠든 지 사흘 만에 거짓말처럼 꿈이 생각나기 시작했다. 그 후로 2주 동안 부지런히 꿈을 기록했고 그 꿈을 이야기하며 정신분석의 세계로 입문했던 시절이 기억난다.

전문 심리상담자로 일하고 있는 중년의 여인이 꾼 인상적인 꿈 한 토막을 인용한다.

여름날인데, 나는 친구와 함께 바닷가 근처 작은 집으로 갔다. 내가 살았던 집이었는지는 확실치 않았다. "그 아기는 어떻게 했어?" 하고 같이 갔던 친구가 뜬금없이 질문을 한다. "아기, 아기라고?" 까맣게 잊고 있었던 기억이 떠오른다. "맞다. 맞다. 내가 이곳에 살 때 아기를 낳았었지. 그런데 그 아기는 지금 어디에 있지? 아이구, 내가 미쳤구나, 진짜 미쳤구나. 어떻게 하지?" 종이상자에 아기를 넣어 옷가지로 덮어 상자에 넣고 닫아버린 것을 기억했다. 내 방은 꼭대기 다락방이다. 떨리는 몸으로 단숨에 계단을 뛰어올라 황급히 상자를 열었다. 이 더위에 그 옥탑방에서 죽었겠지. 살 수가 없지. 위에 올려져 있는 옷가지들을 급하게 치우고 아기를 안아 올렸다. 아기가 숨을 쉰다, 가늘게……. 안 죽었다 살아있다. 젖을 줘야 하는데, 그래도 물려보자. 나는 이미 젖이 다 말라서 안 나올 텐데. 제발 한 방울이라도……. 아기가 약하게 젖을 빤다. 다행이다. "미안해, 내가 너를 잊어서, 너무 늦게 와서 미안해."

이건 꿈이다. 상담자는 잠에서 깨어 한참 동안 온몸이 덜덜 떨려서 멍하니 앉아 있었다고 한다. 정말 어린아이를 바닷가 집에 두고 온 걸까? 실제로 상담자는 바닷가에 살았던 적도, 아이를 낳은 적도 없다. 그렇다면 왜 이런 꿈을 꾼 걸까? 상담자는 어렸을 때부터 애어른, 애늙은이 이야기를 많이 들었다고 한다. 생활 기록부에 언제나 책임감, 봉사 같은 항목이 들어 있었다. 그녀는 어려서부터 자연스럽게 자신의 감정을 표현하지 못하는 삶을 살았다. 어린아이의 모습은 감춰두고, 어리광도 부리며 살아야 했는데, 그렇게 살지 못했다. 분열시켜 무의식으로 억압해버린 유아기적 갈망들. 바닷가 외딴집 옥탑방 상자 안에 깊숙이 버려져 있었다. 이 아기를 찾아 젖을 물리는 꿈이 자신을 새롭게 인식하고 자신의 내면을 들여다보는 열쇠가 된다.

상담의 현장에는 이런 내담자들이 많다. 가족여행을 다녀와 보니 젖먹이 아기를 두고 갔다는 사실을 기억해 내고 미안해하면서 젖을 물리는 꿈을 꾼 사람도 있고 자신에게 다 큰 딸이 하나 더 있다는 사실을 발견하고 딸아이가 엄마의 돌봄 없이 혼자 자랐다는 것에 대한 죄책감으로 몸부림치면서 깼다는 사람도 있다. 또 어떤 사람은 오랫동안 먹지 못해 죽어가는 어린 아들이 찾아오기도 하고 인적이 끊긴 빈집에 두고 온 강아지를 발견하기도 한다. 이런 것들이 바로 잃어버린 자신에 대한 꿈이다.

정신분석의 창시자인 프로이트의 가장 큰 공적은 그의 이론이 지닌 문화적 지배력에 있다. 프로이트 이전까지 인간의 마음은 철학이나 종교의 대상이었지만, 프로이트 이후 인간의 마음을 과학적으로 이해하는 틀이 마련되었다. 그는 보이지 않는 마음을 들여다보기 위해 기계가 아닌 생각과 의식을 도구로 사용하여, 모든 것의 출발점인 무의식을 탐구했다.

프로이트가 창조한 정신분석 이론은 심리학뿐만 아니라 철학, 문화, 미술, 영화 등 모든 예술 분야에 총망라되어 영향을 미치고 있다. 오늘날 자아, 무의식, 구강기, 남근기와 같은 용어와 오이디푸스 콤플렉스처럼 그리스 신화가 재해석된 개념들이 우리 일상 대화의 일부로 자연스럽게 등장한다. 이러한 정신분석적 개념들은 자녀 양육 현장에 분명한 영향을 미치고 있으며, 성인이 된 우리 역시 삶의 불안에 처할 때 수많은 책, 강의, 혹은 상담 현장에서 프로이트의 이름과 만나게 된다.

앞으로 우리는 프로이트로부터 시작하여 상담심리 역사에 큰 족적을 남긴 여러 이론들을 살펴볼 것이다. 이 이론들은 마치 목수의 연장통에 가지런히 자리한 망치, 드라이버, 못처럼, 여러분이 상담 현장에서 내담자를 이해하고 성숙의 길로 도약하는 데 도움을 주는 빼어난 도구가 되어 줄 것이다. 이제 그 첫 시작인 정신분석에 대해 알아보기로 하자.

2) 프로이트

"모든 심리치료는 창시자의 자기 고백이다."라는 말이 있을 정도로 심리치료의 역사는 맨 처음 그 치료를 주창한 사람의 성장 배경과 경험에서 자유로울 수 없다. 그래서 심리치료를 이해하기 위해서는 창시자의 개인적 생애와 그가 살았던 시대적 배경을 이해하는 것이 중요하다.

지그문트 프로이트(Sigmund Freud, 1856~1939)는 1856년 5월 6일 오스트리아-헝가리 제국(현재 체코) 모라비아 지방 프라이베르크 유대인 가정에서 태어났다. 아버지 야콥은 모직물 상인이었는데 집안은 그렇게 부유하지는 않았다고 한다. 첫 번째 부인과의 사이에 아들 둘을 낳고 두 번째 부인을 맞아 여덟 자녀를 낳았는데 그 첫 번째 아들이 프로이트였다. 프로이트의 부모는 나이 차가 스무 살 이상 차이가 났다.

어린 시절 가족은 경제적 어려움으로 인해 빈으로 이주하였으며, 빈에서 성장하며 교육을 받았다. 프로이트의 자서전에 보면 자신이 젊은 엄마에게는 아주 강력한 정서적인 애착을 가지고 있었지만 아버지는 마치 할아버지처럼 느껴졌다고 고백하기도 한다. 그래서 어린 프로이트는 자신의 아버지보다 오히려 그 형들이 어머니의 남편감으로 어울린다고 생각하기도 했고 '형들이 아버지를 내쫓고 어머니를 통해 아이들을 낳으면 어떡하지.'라는 걱정을 하기도 했다고 고백한다. 프로이트를 돌보아 준 유모는 체코 출신의 여자였는데 프로이트가 3살 무렵 유모가 절도죄로 집을 떠나게 되었을 때 굉장한 상실감을 경험했다고 하기도 하고 자신의 동생에 대한 질투 이야기도 흥미롭다. 동생이 생후 7개월 때 사망하였는데 프로이트는 이 동생의 죽음을 자신이 죽기를 바랬던 탓이 아닌가 하고 오랫동안 죄책감에 시달리기도 한다.

프로이트는 어린시절 교육기관인 김나지움에서 수학하였는데 거의 매번 1등을 했었고 부모님의 지대한 기대와 관심 속에 성장하였다. 총명한 프로이트가 성공할 것을 믿어 의심치 아니한 부모님의 후원 속에 프로이트는 그리 넉넉지 않은 환경 속에서도 자신만의 공부방을 가질 수 있었고 공부에 방해된다고 하여 여동생의 피아노 레슨을 중지시킬 정도였다고 한다.

프로이트는 문학과 고전 언어에 관심이 많았다. 언어와 과학에 뛰어난 재능을 보인 그는 1873년 빈 대학 의과대학에 입학하여 신경학을 전공하였다. 프로이트가 대학에 다닐 때에 찰스 다윈(Charles R. Darwin)의 『종의 기원(*On the Origin of Species*)』(1859)을 읽고 다윈의 이론에 경도되었다. 진화론에 심취한 프로이트는 인간 행동의 동기에는 생물학적 본능이 중요하다고 생각했고 생물학적 본능에 행동의 근거를 두기 때문에 인간의 행동이 항상 합리적이지는 않다고 생각하게 되었다.

1881년 의학 박사학위를 취득한 후 신경과 전문의로서 활동을 시작했다. 빈의 한 종합병원 수련의가 됐고 여기서 정신장애 원인을 신경학적으로 규명하는 연구를 하기 시작했다. 29살이 되던 1885년 파리로 유학을 떠나는데 그때 당시 파리는 정신 신경질환 치료의 메카였다. 파리에서 프로이트는 이미 명성을 떨치고 있었던 장 마르탱 샤르코 교수 밑에서 4개월 동안 연수를 하게 되는데 그때 환자들에게 최면을 걸어 손발의 마비를 풀기도 하고 마비를 일으키기도 하는 최면치료를 경험하게 된다. 이러한 경험을 통해 프로이트는 신경학자에서 정신병리학자로 전환하게 된다.

프로이트는 빈으로 돌아온 후 1886년에 마르타 베르나이스(Martha Bernays, 1861~1951)와 결혼하여 6남매를 두는데 첫 아들 이름을 샤르코 교수의 이름을 따서 장 마르탱이라고 지을 정도로 존경하였다고 한다.

1900년에는 그의 대표작 『꿈의 해석(*Die Traumdeutung*)』(1900)을 출간하여 무의식 연구를 본격화했고, 이후 무의식, 억압, 성격 구조(이드, 자아, 초자아), 심리성적 발달 단계, 방어 기제 등 정신분석학의 주요 개념들을 정립했다.

프로이트는 꾸준히 연구와 저술 활동을 이어갔으나, 1923년에 구강암 진단을 받고 그 후 16년 동안 투병 생활을 했다. 말년에는 말이 어눌해져서 환자에게 진료 내용을 제대로 설명하지 못했다. 그래서 딸인 안나가 대신 환자에게 설명하는 역할을 했다. 한동안 프로이트는 애완견인 차우차우 종 '조피'와 함께했는데 치료실에 조피가 있을 때 환자들이 더 편안해 했다고 회고하기도 하였다. 그러나 구강암이 심해지자 조피도 프로이트에게 가까이 오지 않아 큰 절망감을 느끼기도 하였고 고통이 얼마나 극심했든지 "인간에 대한 신의 계획 속에서는 행복은 없다."라는 말을 남기기도 했다.

1938년 나치가 오스트리아를 병합하면서 반유대주의가 심해졌고, 프로이트는 가족들과 함께 영국 런던으로 망명했다. 1939년 9월 21일, 주치의에게 자신의 안락사를 부탁하여 9월 21일과 22일에 모르핀을 각각 투여받은 후, 9월 23일 83세의 나이로 세상을 떠났다. 프로이트의 죽음은 고통을 줄이기 위한 자발적인 선택이었다.

프로이트는 생애 말기까지 정신분석학 연구를 멈추지 않았고, 1930년에는 독일어권 문학과 심리학에 기여한 공로로 괴테상을 받기도 했다. 이렇게 그는 자신의 학문적 열정을 끝까지 지키면서 세상을 떠났다. 그의 유해는 영국 골더스 그린 공동묘지에 매장되었다.

2 정신분석 주요 개념

"마음은 빙산과 같다. 커다란 얼음덩어리의 일부만이 물 위로 노출된 채 떠다닌다."

우리는 대개 자기 마음을 편안하고 쉽게 다스릴 수 있다고 생각하지만 내 마음은 나도 모르게 흘러간다. 그 이유는 마음속 깊이 자리 잡은 무의식이 내 의식을 지배하기 때문이다. 어떻게 내 마음을 들여다볼 수 있을까? 마음속 깊은 곳을 들여다 볼 수 있는 방법을 찾고자 했던 사람이 프로이트이고, 프로이트가 발견하여 환자를 치료하고자 했던 기법이 바로 정신분석 이론이다.

프로이트는 신경증을 앓고 있는 환자의 증상과 병을 깊이 이해하기 위해 최면치료를 배우는 과정에서 중요한 발견을 한다. 그는 환자가 평소 마음 깊은 곳에 억누르고 있던 것을 최면 상태에서 말로 표현하게 되면서 증상이 사라지는 현상을 관찰했다. 이러한 경험은 인간의 마음에 억압된 것들이 존재하며, 이것이 질병의 원인이 될 수 있다는 확신을 주었다.

프로이트는 인간의 마음을 구성하고 있는 한 부분인 무의식이, 억압되어 있던 감정이나 충동들을 끊임없이 의식으로 내보내려 움직이는 현상을 발견했다. 이처럼 정신 내부에서 에너지가 움직이는 역동적인 과정을 프로이트는 정신 역동(Psychodynamics)이라고 명명하고, 이를 탐구하는 자신의 학문적 접근을 정신분석(Psychoanalysis)이라 불렀다.

프로이트로부터 주창된 정신분석 이론은 매우 중요한 두 가지 근본 개념에서 출발한다. 첫째는 정신 결정론(Psychic Determinism)으로, 인간의 모든 심리적 현상(생각, 감정, 행동, 꿈, 실수 등)은 우연히 발생하는 것이 아니라 반드시 선행하는 어떤 심리적 원인에 의해 결정된다는 믿음이다. 두 번째는 무의식적 동기(Unconscious Motivation)로, 인간 행동의 가장 근본적이고 강력한 동기는 우리가 스스로 인식하지 못하는 무의식 속의 욕구나 갈등에서 비롯된다는 것이다.

1) 정신 결정론(psychic determinism)

정신 결정론은 프로이트의 정신분석 이론을 떠받치는 가장 근간이 되는 원리이다. 이 원리는 우리가 행하거나, 생각하거나, 느끼는 모든 것에는 우연이 없으며 목적과 의미가 있다고 가정한다. 정신 결정론은 모든 인간의 행동과 정신 현상이 반드시 심리적 원인에 의해 결정된다는 이론이다. 즉, 겉으로 보기에는 아무 의미 없어 보이는 사소한 행동, 말실수, 망각, 혹은 꿈의 내용까지도 본질적으로는 심리적 동기에서 비롯된 결과라고 해석한다. 예를 들어 중요한 약속 날짜를 잊는 경우, 이는 무의식적으로 그 약속에 대한 심리적 저항이나 불편함이 반영된 행동일 수 있다.

또한 모든 심리적 사건의 원인은 대개 무의식에 깊이 자리한 갈등, 본능적 충동, 그리고 과거 경험에 있다고 주장한다. 프로이트는 인간의 행동이 겉으로 드러난 의식적인 결정뿐 아니라, 무의식 속에 억압된 욕망과 갈등에 의해 결정된다고 강조했다. 가령, 유년기의 억압된 감정이 성인이 되어 특정 상황에서 불합리한 두려움이나 회피 행동으로 드러날 수 있고 특히 성적(性的) 충동이나 공격적 충동과 같은 무의식적 욕망으로 동기화되기 때문에 이로 인해 긴장을 해소하고자 특정 행동을 반복하게 된다. 예를 들어 직장에서의 지나친 경쟁적 행동이나 대인 관계에서의 방어적 태도는 무의식적 긴장 해소의 표현일 수 있다.

이처럼 정신 결정론을 가정함으로써 프로이트식 분석은 환자의 겉으로 드러나는 증상이나 행동에 대한 뿌리를 찾을 때 매우 광범위한 자료를 요구하게 된다. 이는 환자 자신과 연관된 어린 시절의 경험, 가족, 친지, 친구, 그리고 환경 등 환자의 전 생애에 걸친 광범위한 자료들을 면밀히 탐색하는 것으로 이어진다.

이 이론이 인간 행동 설명에 미치는 핵심적인 영향은 무의식의 심리 과정이 인간 행동을 결정짓는 주요 원인임을 강조하는 데 있다. 결과적으로, 정신 결정론은 인간의 모든 행동, 사고, 감정 등이 결코 우연히 발생하지 않으며 반드시 심리적 원인, 특히 무의식적 동기와 과거 경험에 의해 결정된다는 강력한 틀을 제시한다. 이는 인간 정신에 대한 과학적 이해의 초석을 놓았다고 평가받는다.

2) 무의식적 동기

정신 역동 이론은 인간의 모든 행동과 심리 현상이 무의식의 영향으로 움직인다는 강력한 주장이다. 프로이트는 인간의 마음 깊은 곳에 의식에서 억압된 거북하고 고통스러운 충동과 기억들이 무의식 속에 숨어 있으며, 바로 이러한 무의식적인 동기들이 우리를 움직인다고 역설했다. 이 무의식 속에는 인간의 마음과 행동을 움직이는 원초적인 에너지가 잠재해 있는데, 프로이트는 이 에너지를 인간의 성적 욕구(리비도)와 공격성이라는 두 가지 본능으로 보았다. 그는 만약 우리가 무의식의 작용을 깊이 이해할 수 있다면, 그 이해한 바를 의식과 연결시켜 신경증과 같은 정신질환을 치료할 수 있다고 믿었다.

프로이트가 처음으로 무의식적 동기라는 개념을 생각해 낸 것은 아니었으나, 그는 이 무의식에 대한 개념을 철저하게 기초로 삼고 발달시킨 인물이며, 그 개념을 과학적 탐구의 대상으로 끌어올린 데 큰 공헌을 했다. 그는 우리 인간의 마음을 이해하기 쉽도록 일종의 지도로 개념화하였는데, 이 구조는 크게 의식, 전의식, 무의식으로 나뉜다. 이 중 의식 영역은 개인이 어느 한순간에 직접 인식하는 모든 것을 의미하며, 여기에는 현재의 감각, 지각, 경험, 그리고 기억 등이 포함된다. 하지만 프로이트는 이 의식되는 마음이 우리의 정신생활에서 극히 작은 부분에 지나지 않는다고 보았다. 이는 곧 인간은 스스로 생각하는 것처럼 이성적이고 사회적이며 합리적인 존재라는 기존의 믿음을 근본적으로 깨트리는 혁명적인 주장이었다.

3) 지형 이론 : 의식, 전의식, 무의식

프로이트가 인간의 마음을 이해하기 위해 선택한 출발점은 바로 무의식이었다. 그는 신경증 환자들과 이야기를 나누고 그들의 증상을 연구하는 과정에서, 꿈, 환상, 공상, 말실수와 같은 일상적인 현상에서조차 인간 마음속 무의식이 끊임없이 작동하고 있다는 사실을 발견했다.

프로이트는 이러한 마음의 움직임을 쉽고 명료하게 설명하기 위해 인간의 정신을 마치 커다란 땅덩어리를 나누듯이 세 부분의 '지층'으로 나누어 개념화했다. 이를 지형 이론(Topographical Model) 또는 지형학적 모델이라고 부른다.

지형 이론은 인간의 정신을 의식(Conscious), 전의식(Preconscious), 무의식(Unconscious)의 세 영역으로 구분한다.

무의식은 마음의 맨 밑바닥에 있는 지층으로, 억압된 충동, 욕구, 기억 등이 가장 깊숙이 자리 잡고 있다. 이는 마치 고고학 발굴 현장의 가장 깊은 곳에 묻힌 오래된 과거의 흔적과 같다.

전의식은 무의식과 의식 사이에 존재하는 중간 단계이다. 무의식적 내용이 의식으로 올라오기 위해서는 반드시 전의식이라는 문턱을 거쳐야 한다. 전의식의 내용은 주의를 기울이거나 노력하면 의식으로 쉽게 끌어낼 수 있다.

의식은 맨 위 땅에 해당하는 지층으로, 개인이 현재 순간에 직접 인지하고 있는 모든 생각, 감각, 감정 등을 포함한다.

따라서 마음의 움직임을 파악하려고 할 때, 의식은 눈에 보이는 것이기에 가장 이해하기 쉽고, 전의식이 그다음이며, 무의식으로 갈수록 접근하고 이해하기가 훨씬 어려워지는 특성을 갖는다. 프로이트는 이 무의식이 인간 행동의 가장 강력한 동기라고 보았다.

(1) 의식

프로이트의 지형 이론에서 '의식'은 인간 정신 구조의 세 영역 중 가장 외부에 위치하는 표층을 의미한다. 이는 개인이 어느 특정 순간에 직접적으로 인지하고 자각하는 모든 정신적 내용들을 포괄하는 영역이다.

의식 영역에 포함되는 내용으로는 현재의 감각, 지각, 경험, 그리고 당장 인식하고 있는 생각이나 감정 등이 있다. 프로이트는 의식을 빙산에 비유했을 때 수면 위로 노출된 작은 부분에 해당한다고 설명한다. 의식은 외부 현실과 직접적으로 접촉하며, 현실 원칙(Reality Principle)에 따라 작동하여 환경의 요구와 제약을 고려하면서 합리적인 판단을 내리는 장이다. 그러나 프로이트는 이러한 의식되는 마음이 전체 정신생활에서 극히 작은 일부분에 불과하며, 인간의 행동과 사고는 대부분 무의식적인 힘에 의해 압도적으로 지배된다는 점을 강조하였다. 이 주장은 인간을 전적으로 이성적이고 합리적인 존재로 보았던 기존 관점을 근본적으로 수정하는 데 결정적인 역할을 수행하였다.

(2) 전의식

프로이트가 제시한 정신의 지형학적 모델에서 '전의식'은 의식과 무의식의 중간 영역에 해당하는 단계이다. 전의식에는 의식에 오르지 않았지만 노력하면 의식화될 수 있는 기억, 지식, 생각 등이 저장되어 있다. 쉽게 말해, 현재는 의식하지 못하지만 집중하거나 회상하려고 하면 바로 떠올릴 수 있는 정보를 의미한다.

전의식은 무의식과 달리 비교적 쉽게 의식으로 이동할 수 있는 부분으로, 의식과 무의식 간의 완충지대 역할을 하며 두 영역을 연결해 주는 통로 역할을 한다. 예를 들어, 평소에는 의식하지 못하지만 누군가 이름을 물으면 바로 기억해 내는 경우가 이에 해당한다. 전의식은 '지금 바로 의식하지는 않지만 의식으로 쉽게 불러올 수 있는 기억과 정보의 저장소'로, 의식과 무의식 사이에서 중개자로 기능하는 정신의 층이라고 할 수 있다.

(3) 무의식

무의식의 세계는 단순한 사색만으로는 문이 열리지 않는 커다란 지하 창고와 같다.

이 깊은 곳에는 의식으로 올라오면 안 되는 것들, 즉 불편하거나 고통스러워서 억압된 생각, 느낌, 충동, 그리고 기억들이 마치 포로처럼 잡혀 숨 쉬고 있다. 여기에는 사회적으로 금지된 욕망, 차마 표현하지 못하는 성욕, 그리고 억눌린 공격성 등이 우글거리며 살고 있는데, 이는 마치 쫓겨난 사람들이 사는 지하 세계와 같다.

무의식은 쾌락 원칙(Pleasure Principle)에 의해 작동하는데, 이는 소망이나 욕구를 지체 없이 즉각적으로 충족시키려는 방향으로 움직인다는 의미이다. 무의식의 세계가 생각하는 방식은 마치 어린아이와 같아서 논리가 없다는 특징을 갖는다. 어린아이들끼리 하는 말이 어른에게는 엉뚱하게 들리지만 자기들끼리는 그 의미가 통하는 것과 유사하다. 어린아이가 논리 없는 1차 사고(Primary Process)를 사용할 때, 어른은 논리의 힘에 굴복당한 2차 사고(Secondary Process)로 듣기 때문에 그 말을 이해하기 어렵게 된다.

무의식은 속에서 끓고 있는 휴화산과 같아서, 기회만 있으면 억압을 뚫고 의식의 세계로 나오려고 한다. 물론 자아(Ego)에게는 방어 기제라고 하는 훌륭한 경비병들이 있어 이를 쉽게 막는다. 그러나 무의식 에너지는 숨어 있으면서도 우리의 일상에 끊임없이 영향을 주며, 꿈, 환상, 말실수 등과 같은 현상을 통해 불쑥불쑥 그 존재를 드러낸다.

4) 이드, 초자아, 자아

프로이트는 지형 이론을 통해 마음을 의식, 전의식, 무의식으로 나누어 정신의 움직임을 이해하고 설명했다. 그는 무의식이라는 '감옥' 속에 갇힌 갈등의 뿌리를 찾아내고, 억압된 요소들의 쇠사슬을 풀어 의식으로 불러올 수 있다면 정신장애가 쉽게 치료될 수 있다고 보았다. 이를 위해 환자가 떠오르는 것을 가능하면 모두 걸러내지 않고 분석가에게 말하는 자유 연상 기법을 개발하고 사용했다.

이후 프로이트는 자신의 이론을 더욱 발전시켜 1923년 구조 이론(Structural Theory)을 발표했다. 프로이드는 인간의 성격을 세 개의 주요 구조로 가정하고, 이들을 이드(Id), 자아(Ego), 초자아(Superego)라고 명명했다.

프로이트는 정신분석학의 목표가 분석을 받는 사람의 무의식을 이해하고, 이를 의식과 연결시켜 인간의 정신세계를 억압으로부터 해방시키는 데 있다고 주장했다. 구조 이론은 인간의 마음을 마치 세 명의 주체가 움직이는 것처럼 보며, 이들은 각각 정신 내에서 서로 다른 역할과 기능을 수행한다.

이드는 욕망의 대변자이며, 주로 무의식 영역에 속한다. 쾌락 원칙에 따라 작동하며, 원초적인 본능적 충동과 욕구를 즉각적으로 충족시키려 한다.

자아는 중재자 역할을 하며, 주로 의식 및 전의식 영역에 걸쳐 작동한다.

현실 원칙에 따라 이드의 요구와 외부 현실, 그리고 초자아의 도덕적 요구 사이에서 갈등을 조정한다.

초자아는 도덕, 윤리, 양심의 대변자이자 자아 이상을 의미한다. 주로 전의식 및 무의식 영역에 걸쳐 있으며, 부모나 사회로부터 학습된 도덕적 규범을 내면화하여 자아를 감독하고 통제한다.

이 세 구조는 상호 작용하며 인간의 성격과 행동을 결정한다. 예를 들어, 이드가 욕구를 표출하려 할 때 자아가 현실적 한계를 고려해 조절하고, 초자아가 도덕적 잣대로 감시하면서 성격의 균형을 이루게 된다.

이제 이 세 개념에 대해 좀 더 자세하게 살펴보도록 하자. 프로이트 이론의 근간을 이루는 개념이기에 꼼꼼히 살필 이유가 있다.

(1) 이드

이드는 한마디로 쾌락 원칙을 따르는 원초적 욕망 덩어리라 할 수 있다. 이드는 무의식 속에 억압되어 있는 성적 또는 공격적인 소망 덩어리를 의미하는 미지의 힘이며, 그 본질은 충동적인 어린아이와 같이 극도로 원초적이고 이기적이다. 이드는 오직 쾌락 원칙에 따라서만 작동하는데, 이는 원하는 것이 있으면 참고 기다리거나 현실적인 제약을 견디지 않고 즉각적으로 이루어지기를 바라는 경향을 말한다. 이드 속에는 인간의 마음과 행동을 움직이는 에너지, 즉 성적 충동과 공격적 본능이 감춰져 있으며, 도덕적 가치, 윤리, 논리성이 없어 사유하지 않고 오직 즉각적이고 방해 없는 충족만을 원한다.

이처럼 이드는 흥분을 감소시키고 쾌락을 성취하는 것만이 전부라고 여기며, 외부 세계와 아무런 연결이 없는 진정한 정신적 현실이라고 말할 수 있는데, 우리는 이드 자체를 직접 관찰할 수 없고 꿈의 분석이나 신경증적 행동의 다양한 형태를 통해서만 그 작용에 관해 간접적으로 알 수 있다. 만약 술이나 약물 등으로 이드의 힘이 과도하게 세지면 인간의 정신세계는 비상에 걸리고 이성적인 통제 없이 본능적인 충동에 의해서만 움직이게 되며, 바로 이러한 이드의 불완전성과 비현실성 때문에 성격의 두 번째 중요한 구성 요소인 자아가 외부 현실과의 타협점을 찾기 위해 생겨나는 것이다.

(2) 자아

자아는 현실 원칙을 따르는 정신의 중재자라 할 수 있다. 이드, 초자아, 그리고 외부 현실이라는 세 가지 대립하는 힘 사이에서 모두를 만족시키는 쪽으로 항상 협상을 주도하는 중재자이다.

자아는 무조건 원하는 것을 이루려는 이드의 충동, 도덕적 잣대를 제시하는 초자아의 이상, 그리고 냉혹한 외부 현실 사이에서 합리적이고 실질적인 해결책을 찾으려고 노력하는 성격의 집행자이자 경영자라고 묘사된다. 자아는 성격의 조직적, 합리적, 현실 지향적인 체계로서, 현실 원칙에 따라 순응하며 작동한다. 이는 이드가 쾌락 원칙에 순종하는 것과 대조되는 지점이다. 자아는 이드의 본능적 충동이 적당한 대상과 방법을 발견할 때까지 그 충동적인 힘을 지연시키고 억압함으로써 현실 원칙에 따라 작용토록 한다.

이러한 현실 지향적 역할을 수행하기 위해 자아는 지각, 학습, 기억, 현실 검증 등을 포함하는 2차 사고 과정(Secondary Process)을 사용한다. 반면, 이드는 무조건적인 쾌락을 위해 비논리적인 1차 사고 과정을 이용하는데, 이처럼 현실을 고려하는 2차 사고 과정을 사용한다는 점이 이드와 자아를 분명히 구분 짓는다. 자아는 가치를 가지고 있지 않고 오로지 효과적인 것을 행하며, 인간을 온전하게 유지해야 하는 임무를 맡고 있기 때문에 쾌락에 이르는 즉각적이고 가장 직접적인 길을 택하지 않는다.

자아의 최종 목표는 이드가 원하는 광폭한 요구도 만족시키고, 현실 세계의 제약도 만족시키며, 심지어 초자아가 요구하는 양심의 눈치까지 살펴야 하는 것이다. 이 때문에 자아는 항상 부담이 크고 무거운 짐을 지고 있는 것과 같이 힘든 위치에 놓여 있다. 화사로 비유하자면 초자아 같은 사장과 이드 같은 신입사원 중간에 낀 부장같다고 할 수 있을 것이다. 따라서 정신적으로 건강하기 위해서는 이러한 고통스러운 힘을 견딜 수 있는 자아의 힘을 잘 키워 놓아야 하며, 자아의 힘이 강해져야만 일상에 느닷없이 등장하는 어려운 일이나 시련을 방어 기제를 동원해 잘 극복할 수 있게 된다. 결국, 우울감에 시달리거나 정신적으로 힘들다고 느낄 때 대부분의 경우 자아의 힘이 약해져 있다는 것은, 건강한 삶을 위해 자아의 힘이 얼마나 중요한지를 역설적으로 보여준다.

(3) 초자아

초자아는 도덕, 윤리, 양심의 대변자라 할 수 있다. 도덕, 윤리, 양심의 대변자이자 자아 이상을 의미하며, 인간 정신 내에서 이드의 욕망을 제어하는 역할을 수행한다. 이드가 충동적인 어린아이처럼 원초적이고 쾌락 원칙을 따른다면, 초자아는 마치 부모와 같은 모습으로 이드가 제멋대로 힘을 쓰지 못하도록 막아선다.

초자아는 금지된 일을 못 하게 막거나 이상적인 목표를 추구한다.

프로이트는 이러한 초자아의 형성이 오이디푸스 콤플렉스(Oedipus Complex)라는 개념과 밀접하게 연관되어 있다고 보았다. 이 콤플렉스는 대략 3세에서 6세 사이의 아이가 부모와 맺는 삼각관계를 설명한다. 아이는 처음에는 이성의 부모를 좋아하고 차지하려고 하지만, 이후 거세 불안과 같은 두려움에 직면하며 타협하게 된다. 이 과정에서 아이는 이성의 부모에 대한 욕망을 포기하고 부모의 말과 행동, 그리고 가치관을 내면화하여 자신의 초자아를 형성하게 된다.

초자아는 마치 데이터베이스 시스템처럼 무엇이 옳고 그른지, 좋고 나쁜지에 대한 자료와 기준을 가지고 있다. 지켜야 할 윤리, 도덕, 그리고 따르지 않으면 해가 된다고 느끼는 도덕적 가치들이 들어 있는 양심은 개인으로 하여금 무가치하거나 죄를 지었다고 느끼게 함으로써 처벌의 목적을 이행한다.

초자아는 이드로부터의 용납할 수 없는 충동들을 차단하고, 자아에게 효율성이 아닌 도덕성 쪽으로 가도록 압력을 넣으며 그 완성을 추구하도록 밀고 간다. 초자아는 나를 관찰하고 비판하며 벌하지만, 동시에 나를 격려하고 분발하라고 다그치기도 한다. 그러나 초자아가 힘이 지나치게 세면 인생이 고단해지는데, 끊임없이 모범생으로 살 것을 강요받으며 '걸어다니는 육법전서'라는 말을 듣는 등 늘 긴장하며 살아야 하고, 스스로 벌 주는 데 능숙해진다. 반대로 초자아가 약하면 이드의 본능적 충동이 거침없이 올라오기 때문에 통제할 수 없는 사고뭉치나 자유분방하게 사는 사람이 될 수 있다.

5) 심리성적 발달 단계(Psychosexual Stages)

프로이트는 인간의 성격 발달이 성적 에너지인 리비도(Libido)가 신체의 특정 부위에 집중되는 일련의 단계를 거친다고 설명했으며, 이를 심리성적 발달 단계라고 명명하였다. 프로이트는 아동기의 심리성적 발달이 성인기의 성격 형성 및 정서적 특성에 지대한 영향을 준다고 보았다.

심리성적 발달 단계를 설명하자면 먼저 리비도가 무엇인지에 대해 알아야 한다.

(1) 본능과 리비도

프로이트는 본능(Instincts)이란 인간 내부에 선천적으로 존재하는 충동적이고 생물학적인 힘이라고 정의했으며, 이러한 본능적 에너지가 인간의 정신 내에서 표현된 것을 리비도(Libido)라고 주장하였다.

리비도는 단순한 생리적 충동 이상의 정신적 에너지로, 특히 본능의 성적이고 생명 유지적인 측면에 집중되어 있으며, 성적 충동에 의해 가장 활발하게 활성화된다. 프로이트는 이 리비도를 성격의 원초적 구조인 이드의 본능적 에너지로 간주하였다.

따라서 리비도는 인간의 행동과 성격 형성, 그리고 심리 발달 단계에 깊숙이 관여하는 핵심 동력이다. 이 에너지는 정신 구조 내에서 그대로 표출되기도 하지만, 외부 현실이나 초자아와 같은 내면의 도덕적 규범과 끊임없이 갈등하며 변형되는 과정을 거친다.

(2) 에로스와 타나토스

프로이트는 인간의 본능에는 상반되지만 상호 작용하는 두 가지 근본적 충동이 있다고 보았는데, 이를 각각 에로스(Eros)와 타나토스(Thanatos)라고 명명하였다. 이 두 본능은 인간의 삶과 죽음, 그리고 창조와 파괴를 지향하는 근원적 두 축을 형성한다.

에로스는 삶의 본능 또는 생의 본능을 의미하며, 모든 생명체를 유지하고 창조하는 힘을 총칭한다. 이 본능은 생명력 유지, 생성, 사랑, 관계 형성, 그리고 번식 등을 추진한다. 에로스는 인간이 타인과 연결되고, 창조적인 활동을 하며, 자기 자신과 타인을 사랑하는 힘의 근원으로서 작용한다.

타나토스는 죽음의 본능 또는 죽음 충동을 의미하며, 생명을 파괴하고 궁극적으로 무생물 상태로 회귀하려는 충동을 형상화한다. 프로이트는 인간이 무의식적으로 죽음에 대한 충동, 즉 자기 파괴적이고 공격적인 동기를 내포하고 있다고 설명하며, 이는 종종 파괴, 공격성, 무의식적 충돌과 같은 형태로 표출된다.

프로이트는 에로스와 타나토스가 상반된 본능임에도 불구하고 인간 내부에서 끊임없이 상호 작용하며 갈등, 긴장, 그리고 균형 상태를 형성한다고 보았다. 예를 들어, 생명을 향한 충동(에로스)과 파괴와 소멸을 향한 충동(타나토스)이 긴장 속에서 조화를 이루려 노력하는 이러한 역동성은 인간의 복잡한 행동, 사고, 그리고 감정 전반을 포괄적으로 이해하게 하는 근본적인 본질을 형성한다고 할 수 있다.

(3) 리비도와 에로스 : 생명력의 역동성

프로이트 이론에서 리비도(Libido)와 에로스(Eros)는 인간의 삶과 창조를 추동하는 정신적 에너지와 그 근본적인 힘을 설명하는 데 있어 매우 긴밀하게 연관되어 있다. 리비도는 인간 내부에 존재하는 본능적 에너지이자 성적 충동을 의미하며, 에로스는 바로 이 에너지가 지닌 삶을 유지하고 창조하는 본질적인 힘 또는 원동력을 말한다. 따라서 리비도는 생의 본능인 에로스와 동일시되는 개념이다.

이러한 리비도 에너지는 단순한 성적 충동을 넘어, 삶의 유지와 성장, 사랑, 노동, 예술 등 모든 창조적 활동을 추진하는 근원적인 힘으로 작용한다. 프로이트는 이 에너지가 다양한 형태로 전환되거나 승화될 수 있다고 주장했는데, 이러한 변형을 통해 문명, 예술, 그리고 인간관계의 발전이 가능하다고 설명했다. 결국 리비도와 에로스의 역동적인 상호 작용은 인간의 심리적, 사회적 현상을 이해하는 핵심 열쇠가 된다.

또한, 프로이트는 이 리비도 에너지가 아동 발달 과정에서 신체의 특정 부위(성감대)에 집중되는 양상에 따라 발달 단계가 달라진다고 설명하며, 심리성적 발달 단계를 구분하는 토대로 삼았다.

(4) 구강기(Oral Stage : 출생~약 1세)

심리성적 발달 단계 중 첫 단계인 구강기는 출생부터 약 1세까지 지속되며, 이 시기 신생아는 생존을 위해 전적으로 타인에게 의존한다. 프로이트는 신생아의 입술과 혀가 존재의 중심이자 생존과 가장 밀접하게 연결되어 있음을 발견하고, 리비도라는 성적 에너지가 바로 구강 영역에 집중되어 있다고 주장했다.

이 단계에서 긴장을 감소시키고 쾌락을 성취하는 주된 방법은 빨기, 삼키기, 깨물기와 같은 구강 활동이다. 아기가 무엇이든 입으로 가져가는 행동에서 알 수 있듯이, 유아는 입을 통해 세상과 상호 작용하고 가장 큰 즐거움을 느낀다. 이 시기의 아이는 오로지 쾌락 욕구만을 채우려는 자기중심적 특성을 보인다.

구강기는 크게 두 단계로 나눌 수 있는데, 출생부터 약 8개월까지는 구강적 빨기 단계로 불리며 주로 쾌락을 추구한다. 이 시기에 자신이 원하는 바(배고픔, 위로 등)가 충족된 아이는 세상과 타인에 대해 긍정적이고 낙관적인 느낌을 갖게 된다. 반면, 배가 고파 울어도 적절하게 응답받지 못한 아이라면 세상과 타인에 대해 불신하는 마음을 갖거나 부정적이고 비관적인 태도를 습득하게 될 가능성이 높아진다. 따라서 구강기는 이후 성격의 기초를 다지는 매우 중요한 시기이다.

(5) 항문기(Anal Stage : 약 1세~3세)

구강기를 지나면 약 1세부터 3세까지의 항문기가 시작되는데, 이 시기는 배설과 관련된 리비도 집중과 함께 성격 구조(이드, 자아, 초자아)가 분화되는 중요한 전환점이다.

구강기 동안 이드만이 존재했을 때 아기는 원하는 것을 즉각적으로 모두 충족하며 오로지 쾌락 원칙에 따라 움직였다. 그러나 이유식이 시작되면서 갑자기 따뜻한 엄마의 젖가슴 대신 차가운 숟가락이 입으로 들어오기 시작하는데, 이때 아기는 저항할 것인지 아니면 숟가락을 받아들일 것인지라는 첫 번째 갈림길에 선다. 욕구와 현실이 충돌하는 지점에서 자아가 등장한다. 자아는 "먹어야 살 수 있다."는 현실 인식을 통해 이드를 달래고, 현실 원칙에 따라 숟가락을 받아들이도록 중재하는 역할을 수행한다. 아기는 자신의 욕구만을 채우려다가 생존하지 못할 수도 있다는 인식을 자아를 통해 시작하게 되는 것이다.

자아가 현실 적응을 시작한 후, 이제 부모로부터 배변 훈련이라는 통제와 간섭이 시작되면서 초자아가 나타난다. 구강기에는 원하는 대로 아무 때나 배설할 수 있었지만, 이제 장소가 정해져 있다는 것을 알게 되면서 자신의 욕구를 통제하는 외부의 힘이 있음을 깨닫는다. 이 부모의 목소리는 점차 도덕, 윤리, 질서, 공동체의 목소리로 내면화되어 초자아를 형성한다. 초자아는 인간에게 "부끄러움이 없이 살라."고 요구하며 윤동주 시인의 "잎새에 이는 바람에도 나는 괴로워했다."는 구절처럼 엄격한 도덕적 기준을 제시한다.

항문기를 잘 보내고 성장하는 사람은 독립적이며 사회성이 발달한 사람으로 성장하게 된다. 반면, 이 시기의 배변 훈련이 지나치게 엄격하거나, 혹은 너무 무관심했을 경우 그 잔재가 남게 되어, 성인이 되어 강박적이고 완벽주의적인 성격이 되거나, 반대로 반사회적 문제를 일으키는 일탈적 사람이 될 수도 있다. 따라서 항문기는 이드, 자아, 초자아라는 성격의 세 얼굴이 모두 등장하여 심리적 균형감을 배우는 중요한 발달 단계이다.

(6) 남근기(Phallic Stage : 약 3세~6세)

남근기는 심리성적 발달 단계 중 세 번째 단계로, 대략 만 3세에서 6세 사이의 시기를 말한다. 이 시기에는 성적 에너지인 리비도가 항문기에서 생식기 부위로 이동하여 집중되며, 아이는 자신의 성기를 만지거나 자극하면서 성적 쾌감을 경험한다.

남근기의 아이는 형제자매나 양친의 신체 구조에 흥미를 나타내고, 어린 소년들은 친구들과 오줌 누기 경연을 벌이거나 어린 소녀들은 갑자기 의사 놀이에 흥미를 갖기도 한다. 또한, 성과 출생 등에 대한 생각을 말하기 시작하는 것도 이 시기이다. 프로이트는 이 시기에 성에 대한 호기심이 강하게 생겨난다고 주장하며, 자신 역시 어린 시절 이성 사촌들에게 관심을 갖거나 어머니의 알몸에 대해 강한 호기심을 느꼈다고 고백하기도 했다.

남근기의 주요 특징은 남아에게 오이디푸스 콤플렉스(Oedipus Complex)가, 여아에게 엘렉트라 콤플렉스(Electra Complex)가 나타나는 시기라는 점이다.

오이디푸스 콤플렉스는 남아가 어머니에게 무의식적으로 성적 애정을 느끼고 아버지를 어머니의 사랑을 빼앗아 가는 경쟁자로 인식하는 심리적 갈등을 겪는 것이다. 예를 들어, 한 남자아이가 어머니에게 특별한 애착을 보이며 아버지를 시기하고 질투하는 행동을 보일 수 있다. 아이는 아버지와 경쟁하거나 굴복하는 과정에서, 아버지의 권위에 대한 두려움으로 인해 자신의 성기가 해를 입을까 하는 '거세 불안'을 경험한다. 이 불안을 극복하기 위해 아이는 결국 아버지와 동일시(identification)하며 아버지처럼 행동하고자 노력한다.

프로이트는 남근기 갈등의 해결이 성격과 초자아 발달에 결정적이며, 건강한 이성애적 성 정체감과 대인 관계 형성의 기초가 된다고 보았다. 아이는 동성 부모와의 동일시를 통해 부모의 도덕성과 사회적 규범을 내면화하며, 이로써 초자아를 형성하고 외부 현실에 적응하게 된다. 이 시기는 심리성적 발달의 중요한 전환기이므로, 갈등이 심하거나 적절히 해결되지 않으면 성인이 되었을 때 성격장애나 심리적 불안으로 나타날 수 있어 프로이트가 매우 중시한 단계이다.

(7) 잠복기(Latency Stage : 6세~12세)와 생식기(Genital Stage : 12세~성인기)

잠복기는 프로이트의 정신분석 이론에서 제시되는 심리성적 발달의 네 번째 단계로서, 대략 만 6세경부터 사춘기 직전인 12세경까지 지속되는 기간으로 정의된다. 이 단계의 가장 두드러진 특징은 이전 남근기에서 고조되었던 리비도가 억압되거나 무의식의 영역으로 잠복하는 현상이다. 이는 심리적 갈등으로부터 벗어나 일시적인 정신적 안정기에 진입함을 의미한다. 성적 욕구와 관심이 현저히 약화되면서, 해당 에너지는 승화(Sublimation) 과정을 거쳐 사회적으로 수용되는 활동으로 전환된다. 주요 발달 과업은 성적인 것이 아니라 지적, 사회적 영역에 집중된다. 아동은 학교 교육, 지식 습득, 새로운 기술 연마, 그리고 또래 집단과의 놀이 및 상호 작용에 에너지를 투입한다. 특히 동성 친구와의 관계 형성이 중요시되며, 이를 통해 협동, 경쟁, 사회적 규칙 준수 등의 사회화 과정을 학습하고 내면화한다.

잠복기는 자아와 초자아의 구조적 강화가 이루어지는 시기로, 아동은 문화적 가치와 윤리적 규범을 더욱 확고히 습득한다. 이러한 리비도의 건설적인 에너지 전환은 아동이 심리적 자원을 효율적으로 사용하여 학교 및 사회 환경에 성공적으로 적응할 수 있는 기반을 마련해 준다. 잠복기는 성적 발달이 멈춘 정체기가 아니라, 이후 사춘기(생식기)에 직면할 강력한 생물학적 충동을 수용하기 위한 심리적 자원 축적 및 구조화의 기간으로 해석된다.

생식기는 심리성적 발달 단계 중 마지막 단계이며, 대략 사춘기가 시작되는 12세경부터 성인기까지 지속되는 기간이다.

이 단계는 잠복기에 억압되었던 리비도가 다시 활성화되어 성숙한 형태로 표출되는 것이 특징이다. 리비도의 초점은 자신의 성기에서 이성(異性)을 포함한 타인에게로 옮겨간다. 청소년은 성적인 충동을 경험하며, 이성에 대한 관심과 애정을 구체적인 관계를 통해 충족시키려 한다. 주요 발달 과업은 이타적이고 성숙한 사랑을 할 수 있는 건강한 이성 관계를 확립하는 것이다. 성숙한 생식기 단계의 사람은 성적으로나 사회적으로 책임감 있는 성인의 역할을 수행할 수 있게 된다.

이 단계는 이전의 구강기, 항문기, 남근기, 잠복기 등 초기 발달 단계를 성공적으로 거쳤을 때 비로소 성공적으로 도달할 수 있다. 궁극적으로 생식기는 이타적이며 성숙한 애정을 형성하고, 생산적인 사회 구성원으로 기능하게 함으로써 개인의 성격을 완성한다. 프로이트는 이 단계에 성공적으로 정착한 사람을 심리적으로 가장 건강한 상태로 보았다.

6) 방어 기제(Defense Mechanism)

(1) 방어 기제의 정의와 기능

프로이트는 "이드(Id)가 있던 곳에 자아(Ego)가 있게 하라!"고 조언했다. 이는 곧 자아가 본능과 현실 사이에서 균형을 잡아야 함을 강조하는 말이다. 이 자아를 보호하기 위해 마음속에는 '경호실'과 같은 역할을 하는 방어 기제가 존재한다.

방어 기제란 두렵거나 불쾌한 상황, 또는 욕구 불만에 직면했을 때 스스로를 보호하기 위해 자동적으로 취하는 심리적 적응 행위를 말한다. 다시 말해, 자아가 내적 갈등이나 외부 위협으로부터 자신을 보호하기 위해 무의식적으로 작동하는 심리적 수단이다. 방어 기제는 불안이나 고통스러운 감정을 완화하고 정신적 평형을 유지하려는 무의식적 과정이다.

(2) 방어 기제의 작동 원리

프로이트에 따르면, 방어 기제는 자아가 이드(본능적 욕구), 초자아(도덕적 규범), 그리고 현실 사이에서 겪는 갈등과 이로 인해 발생하는 불안으로부터 자신을 지키기 위한 심리적 전략이다. 자아는 이 과정에서 일시적으로 현실을 왜곡하거나 불편한 감정을 무의식 속에 숨기며 평온을 유지하려고 한다. 불안, 공포, 분노, 슬픔, 수치심, 죄책감과 같은 고통스러운 감정이 나타나려는 기척이 들리면 방어 기제는 즉시 출동하여 마음의 경호실 역할을 수행한다. 사람이 심리적으로 무너지지 않도록 방어 기제는 평생 동안 매우 바쁘게 자기를 보호하는 역할을 감당한다.

(3) 방어 기제의 특성과 개인차

어떤 방어 기제가 개인을 지키는 수호천사가 되는지는 사람마다 각기 다르다. 이는 다음 요소들에 의해 결정된다.

- 타고난 기질 및 성격
- 부모가 주로 사용했던 방어 기제
- 어려운 시절의 경험
- 특정 방어 기제를 사용한 후 얻은 도움이 되는 결과

방어 기제는 무의식적으로 작용하기 때문에 개인은 자신이 방어 기제를 사용하고 있다는 사실을 인식하지 못하는 경우가 많다. 이러한 기제들은 심리적 스트레스 상황에서 정상적인 적응을 돕지만, 지나치게 사용되거나 부적절하게 사용될 경우 오히려 현실 왜곡을 심화시켜 심리적 문제를 초래할 수 있다.

이제부터 대표적인 방어 기제들의 종류를 몇 가지만 살펴보고, 여러분은 '자신의 주된 방어 기제는 무엇일지' 스스로 추론해 보면서 학습해 보도록 하자.

7) 방어 기제의 종류

(1) 억압(Repression)과 억제(Suppression)

방어 기제 이론은 프로이트에 의해 제기된 후 그의 딸 안나 프로이트에 의해 심도 있게 확장되었는데, 이 중 자아를 불안으로부터 보호하는 핵심 기제인 억압과 억제는 그 작동 방식에 있어 중요한 차이를 보인다. 억압은 불안, 수치심, 죄책감을 일으키는 불쾌한 욕망, 충동, 또는 생각이 무의식에서 의식으로 올라오는 것을 아예 막아버리거나, 설령 올라오더라도 자아가 감당할 수 있는 형태로 다듬는 무의식적인 방어 수단이다. 이는 마치 의식에서 받아들이기 거북한 기억을 생매장하듯이 무의식 속에 파묻어 버리는 행위와 같아서, 옛적에 나에게 상처를 주었던 사람의 이름이 기억나지 않거나 어린 시절 괴롭힘당한 기억을 떠올리지 못하는 경우가 대표적인 예시이다. 프로이트가 가장 중요한 방어 기제로 간주했던 억압은 이렇게 묻어버린 내용이 사라지지 않고 무의식 속에서 살아 움직이며, 원래 모습으로는 나타날 수 없으나 꿈이나 신경증적 증상과 같은 상징적인 모습으로 변장해 얼굴을 보이려 한다는 특징을 갖는다.

반면, 억제는 억압과 달리 의식의 영역에서 이루어지는 방어 기제이다. 억제는 현재 마음속에 있는 불편한 감정이나 생각을 의식적으로 인지하고 있지만, 일부러 그것을 떠올리지 않거나 행동으로 옮기지 않으려고 의식적으로 미루거나 피하는 것을 말한다. 예를 들어, 화가 나는 감정을 알면서도 참으며 표출하지 않는 경우, 또는 일이 너무 스트레스를 주지만 당장은 그 문제에 집중하지 않고 "지금은 참자."라고 스스로 마음먹으며 감정을 미뤄두는 경우나 슬픈 기억이나 고통스러운 과거 사건을 일부러 생각하지 않으려고 하는 행동 등이 모두 억제에 해당한다. 결국, 억압이 '나도 모르게' 일어나는 무의식적 방어라면, 억제는 '내가 알면서도' 의식적으로 감정을 통제하고 미루는 행위라는 근본적인 차이가 존재한다.

(2) 부정(Denial)

부정은 개인이 받아들이기 어렵거나 심각한 불안을 유발하는 현실 또는 욕구를 의식적이든 무의식적이든 인정하지 않으려 하는 심리적 방어 전략이다. 쉽게 말해, 개인이 감당하기 어려운 충격적인 사실이나 고통스러운 현실을 부정함으로써 즉각적인 심리적 불안과 고통을 회피하려는 행동이다.

부정의 대표적인 예시로는, 심각한 병 진단을 받은 사람이 그 사실의 심각성을 무시하거나 아예 인정하지 않으며 '의사가 잘못 진단했다.'고 고집스럽게 주장하는 경우를 들 수 있다. 또한, 심각한 사고로 많은 손실을 입었음에도 불구하고 '그런 일은 일어나지 않았다.'고 현실을 거부하는 행동이나, 심지어 부모가 아이가 이미 사망했음에도 불구하고 '아직 살아 있다.'고 굳게 믿으며 사실을 부인하는 행동 등이 부정에 해당한다.

부정은 주로 심리적 또는 현실적 충격에 대한 초기 방어로 작용하며, 고통스러운 현실을 무시하고 숨기기 때문에 무의식적 또는 의식적인 차원에서 모두 일어날 수 있다. 이 방어 기제는 일시적이고 급한 상황에서는 자기를 보호하는 역할을 수행하여 심리적 와해를 막을 수 있지만, 장기적으로 지속될 경우 현실과의 괴리감이 커지게 되며 이는 현실 수용과 문제 해결을 근본적으로 방해할 뿐만 아니라, 결국 적응장애나 정신 건강 문제로 발전할 수 있다.

(3) 투사(Projection)

투사는 방어 기제 중 하나로, 개인이 자신이 받아들이기 어렵거나 불안하게 만드는 감정, 욕망, 또는 충동을 무의식적으로 다른 사람에게 전가하는 심리적 과정이다. 즉, 자신의 내부에서 발생하는 부정적인 특성이나 생각을 스스로 인식하기를 거부하고, 대신 타인이 그러한 특성이나 생각을 가지고 있다고 여기면서 자기 불안을 줄이려는 방어 기제이다.

예를 들어, 자신이 누군가를 싫어하는 감정을 느끼면서도 이를 인정하기 어려울 때, 거꾸로 '저 사람이 나를 싫어하고 있다.'고 느끼거나, 자신의 거짓말 습관을 숨기기 위해 남을 거짓말쟁이로 의심하는 경우가 투사에 해당한다. 이러한 기제를 통해 개인은 자신의 문제를 인식하지 않고 타인의 탓으로 돌리며 일시적인 심리적 안정을 얻게 된다.

투사의 심화된 형태로는 망상적 투사가 있다. 이는 자신이 가진 강렬한 감정(예 : 극도의 미움이나 죽이고 싶은 소망)을 남에게 덮어씌우는 것으로, 예를 들어 자신이 누군가를 죽이고 싶을 만큼 미워할 때, 그 미움과 소망 자체가 불러오는 죄책감이 너무나 크기 때문에 이를 피하기 위해 '사실은 상대방이 자신을 이유 없이 죽도록 미워한다.'고 망상적으로 믿어버리는 것이다.

이처럼 투사는 무의식적으로 일어나 자아를 보호하는 역할을 하지만, 과도하거나 병적으로 나타날 경우 '내 탓을 남의 탓으로 돌리는' 행위를 지속시켜 대인 관계 문제나 심리적 갈등을 심화시킬 수 있다. 따라서 건강한 치료적 접근에서는 이 투사된 감정을 인식하고 자신의 내면과 정면으로 직면하는 것이 매우 중요하게 다루어진다.

(4) 전치(Displacement)

전치는 무의식적인 심리적 방어 기제로서, 본래 향해야 할 감정이나 욕구를 직접 표출하기 어렵거나 위험한 경우, 그 감정이나 충동을 보다 안전하고 덜 위협적인 다른 대상에게 옮겨 표현하는 것이다. 이는 원래의 대상에게 감정을 표출할 경우 처벌을 받거나 사회적으로 용납되지 않을 수 있다고 자아가 판단하여, 무의식적으로 감정의 대상을 바꾸어 자신을 보호하려는 심리적 전략이다.

전치의 가장 흔한 예는, 직장에서 상사에게 화가 난 사람이 상사에게 직접 분노를 표출하는 대신 집에 돌아와 가족이나 반려동물에게 화풀이하는 경우이다. 또한, 부모에 대한 분노를 직접 표현하지 못하고 친구나 동생에게 불만을 터뜨리거나, 언니에게 혼난 동생이 언니에게 직접 반항하는 대신 언니의 책을 찢는 등의 행위도 전치에 해당한다.

전치는 이처럼 감정을 안전한 대상으로 이동시킴으로써 자아를 보호하고, 고통스러운 감정을 무의식적으로 처리하는 기능을 수행한다. 전치는 감정이나 충동의 대상을 안전하고 덜 위협적인 쪽으로 무의식적으로 바꾸어 표출하는 방어 기제이며, 심리적 안정과 갈등 회피의 역할을 한다. 다만, 이 기제를 과도하게 사용할 경우 진정한 문제 해결을 어렵게 할 뿐만 아니라, 무고한 대상(가족 등)에게 피해를 주어 대인 관계에 심각한 갈등을 초래할 수 있다.

(5) 동일시(Identification)

동일시는 개인이 자신에게 불안을 유발하거나 감당하기 어려운 감정이나 충동에 직면했을 때, 중요한 인물(주로 부모, 형제, 스승 등)의 태도나 행동을 닮음으로써 그들의 특성을 내면화하는 심리적 과정이다. 이 과정은 단순한 흉내 내기를 넘어 대상의 특성을 자신의 성격 일부로 흡수하는 적극적인 내면화이며, 어린아이가 부모의 말투, 행동, 가치관을 자연스럽게 닮아 가는 것이 가장 기본적인 예시이다.

동일시를 통해 자아는 불안을 줄이고 심리적 안정을 얻으며, 특히 자아와 초자아 형성 및 성격 발달에 필수적인 기본 메커니즘으로 작용한다. 또한, 자신의 일상이 힘들고 어려울 때 힘 있고 지혜로운 사람과 자신을 동일시함으로써 편안함을 얻거나, 특정 목적을 공유하는 동호회처럼 집단적으로 체험을 공유하는 모임에서 소속감을 강화하는 것 역시 동일시의 형태라고 할 수 있다.

이러한 동일시는 이상화(Idealization)와 밀접하게 연관되어 있다. 이상화는 자신이 가지지 못한 긍정적인 특성을 남이 가지고 있어 그 대상을 자신보다 낫다고 여기는 것이며, 우리는 누구나 자라면서 어른인 부모가 자신을 지켜줄 것이라고 믿는 부모 이상화의 과정을 겪는다. 즉, 아이가 부모를 이상적으로 보고 그들의 완벽한 특성을 닮으려는 과정에서 동일시가 활발하게 일어나므로, 이상화는 동일시의 촉매제 역할을 하기도 한다. 비록 동일시가 건강한 성장에 필수적이지만, 과도하게 사용되거나 부정적 동일시 또는 투사적 동일화와 같은 병리적 형태로 나타날 수 있으며, 이상화가 비이성적으로 치우칠 경우 사이비 종교 등 특정 대상에 대한 맹목적 집착으로 이어질 수도 있다. 결국, 동일시는 타인의 긍정적 혹은 부정적 특성을 자신의 내면으로 흡수하여 자아를 보호하고 성장시키는 무의식적 방어 기제로서, 성격 발달과 심리적 안정에 매우 중요한 역할을 담당한다.

(6) 합리화(Rationalization)

합리화는 개인이 자신의 행동이나 사건에 대해 무의식적으로 그럴듯한 이유나 논리를 만들어내어 정당화하는 심리적 메커니즘이다. 이는 불편한 감정, 실패, 또는 부정적인 결과를 그대로 받아들이기 어려울 때 자존감을 보호하기 위해 작동한다. 따라서 합리화는 자기방어의 한 방식으로, 자신의 감정이나 행동을 보다 수용 가능하고 이성적인 형태로 재구성하는 심리적 과정이라고 설명할 수 있다.

합리화의 가장 고전적인 예시는 이솝 우화 속의 여우와 신포도에서 찾아볼 수 있다. 포도가 먹고 싶었지만 결국 먹지 못하게 된 여우는 “저 포도는 어차피 신맛이 강해 먹을 수 없어."라고 말하며, 자신의 무능력 대신 포도의 결함을 탓함으로써 자존심을 지킨다. 마찬가지로, 중요한 시험에서 떨어진 학생이 "사실 이 시험은 내게 크게 중요하지 않았다."라고 스스로 합리화하거나, 연인에게 차였을 때 "원래 그 사람은 내 스타일이 아니었다."고 변명하는 행동이 합리화의 대표적인 사례이다.

결국 합리화는 개인이 받아들일 수 없는 태도, 믿음, 행동 등을 정당화하기 위해 지적으로 그럴듯하게 설명하는 것이다. 이는 자책감이나 죄책감을 느끼지 않기 위해 그럴듯한 설명으로 자신을 방어하는 행위로, 예를 들어 호감 가는 대상에게 거절당할 것이 두려워 먼저 '거만하고 성격도 나쁘고 생김새도 내 타입이 아니야.'라고 치부하며 정서적 절연을 시도하는 것도 합리화에 해당한다. 합리화는 무의식적으로 일어나며, 자신이 실제로는 실패나 부정적인 감정을 느끼고 있음에도, 의식적으로는 그러한 감정을 회피하며 '더 나은 이유'를 만들어내는 특징이 있다. 이러한 과정은 자아를 보호하고 일시적인 심리적 안정을 제공하지만, 과도한 합리화는 현실 도피를 조장하거나 개인의 성장을 방해할 수 있다.

(7) 반동형성(Reaction Formation)

반동형성은 자신의 무의식에 있는 수용하기 어렵거나 불안을 야기하는 감정이나 욕구를 억압한 뒤, 그와 정반대되는 감정이나 행동을 겉으로 과장되게 표현하는 심리적 방어 기제이다. 이는 받아들이기 힘든 충동을 극복하기 위해 정반대 방향으로 세게 나가는 행위와 같다. 예를 들어, 어떤 사람을 미워하는 감정 때문에 오히려 그 사람을 지나치게 친절하게 대하거나, 심지어 더 잘 챙기는 행동을 보이는 것이 반동형성의 대표적인 예이다. 이는 미운 감정을 숨기기 위해 과도하게 자녀를 보호하는 부모의 행동이나, 특정 대상을 두려워하면서도 과도하게 친근하게 굴거나 사회적 규범을 지나치게 엄격히 준수하는 경우에서도 나타난다.

반동형성의 가장 큰 특징은 진짜 내면의 감정과 행동이 반대로 나타난다는 점이며, 이로 인해 표출되는 행동이나 태도가 부자연스럽고 어색하게 보일 수 있다.

예를 들어, 남에 대한 배려가 지나친 사람의 이면에는 오히려 남에게 잔인하게 대하고 싶을까 봐 하는 두려운 마음이 숨겨져 있을 수 있다. 이처럼 반동형성으로 생긴 감정(예 : 미움 대신 나타난 사랑)은 정상적이지 않고 도가 지나치며 꾸밈이 많아 보인다. 극단적인 예로, 무조건적인 평화주의자의 마음속에는 엄청나게 파괴적이고 공격적인 에너지가 사로잡고 있을 가능성도 있다.

이러한 반동형성은 무의식적 욕구를 직접 표출하기 어려울 때 그 반대 행동을 취함으로써 내면의 갈등과 불안을 완화하고 자아를 보호하는 기능을 한다. 이 현상은 스톡홀름 증후군과 같은 역설적인 상황을 이해하는 데 핵심적인 역할을 한다. 1973년 스웨덴 스톡홀름의 은행 강도 사건에서 인질들이 범인을 옹호하고 심지어 범인과 약혼을 하는 등 상식적으로 이해하기 어려운 행동을 보였는데, 이는 인질의 입장에서 범인들이 자기를 보호해 주는 사람이라고 믿지 않고서는 감당할 도리가 없는 극한의 공포 속에서 나타난 무의식의 세계이다. 이처럼 얻어맞는 아내가 때리는 남편을 떠나지 못하거나 학대받는 아이들이 학대하는 부모를 버리지 못하는 이유 역시, 현실의 고통을 견디기 위해 가해자를 이상화하거나 그 반대의 태도를 취하려는 반동형성의 기제가 작용한 결과로 해석할 수 있다.

이처럼 방어 기제를 사용하는 가장 근본적인 이유는 바로 자신의 마음을 덜 불편하게 만들기 위해서이다. 우리가 경험하는 불안, 죄책감, 수치심, 공포와 같은 고통스러운 감정으로부터 자아를 보호하고 심리적인 평형 상태를 유지하기 위해, 방어 기제는 무의식적으로 작동하는 필수적인 생존 전략이다.

따라서 방어 기제는 단순히 심리적 현상을 넘어, 개인이 살아온 이력 그 자체라고 볼 수 있다. 한 개인이 주로 어떤 방어 기제(예 : 억압, 투사, 합리화 등)를 사용하는지는 그가 과거에 어떤 종류의 갈등과 좌절을 겪었으며, 그 스트레스에 어떻게 대처해 왔는지를 여실히 보여준다. 특정 방어 기제가 반복적으로 사용되면서 그 사람의 행동, 태도, 그리고 성격에 깊이 묻어나오게 되는 것이다.

결국 내 마음의 진실을 알기 위해서는 내가 무엇을 방어하고 있는지를 알아야 한다. 내가 무의식적으로 현실을 부정하고 있는지, 타인에게 책임을 돌리고 있는지, 혹은 그럴듯한 변명을 만들고 있는지를 면밀히 살펴봐야 한다.

방어 기제는 일시적인 안정감을 제공하지만, 과도하거나 부적절하게 사용되면 현실 인식을 왜곡하고 성장을 방해하며 대인 관계에 문제를 초래한다. 그러므로 자신의 주된 방어 기제를 인지하고, 그것이 현재 자신의 삶을 어떻게 지배하고 있는지 이해하는 것, 즉 방어 기제를 잘 다루는 것이 심리적 성숙과 건강한 적응을 위해 정말로 중요하다.

3 정신분석 치료 기법

프로이트가 주창한 정신분석(Psychoanalysis)의 궁극적 목표는 단순히 개별적인 신경증 증상들을 제거하는 데 있지 않다. 정신분석의 진정한 목표는 인간의 자아를 일반적인 수준에서 강하게 만드는 것이었다. 자아가 강화됨으로써 개인은 이드에서 발생하는 본능적 충동들을 현실적이고 합리적인 방식으로 인지하고 통제하며 다룰 수 있는 능력을 갖추게 된다.

나아가 프로이트는 정신분석을 통해 개인이 일과 사랑에 대한 역량을 높이는 것에 중요성을 두었다. 이는 곧 생산성과 건강한 대인 관계 및 친밀성을 포함하는 성숙한 삶을 의미한다.

따라서 정신분석의 가장 큰 목표는 공격적 및 성적 충동과 같은 원초적인 본능 충동들을 무의식적으로 억압하는 대신, 승화를 통해 사회적으로 용납되고 건설적인 형태로 표출하도록 촉진하는 것이다.

정신분석을 통해 우리는 마음속에 숨겨진 내적 욕구들의 본질에 관해서 깊이 배울 수 있다. 그러나 더 나아가, 단순히 이러한 무의식적 욕구들에 의해 무방비로 지배당하기보다는, 그 욕구들을 자아가 지배하고 관리하는 방법을 배우는 것이 핵심이다. 결국 정신분석은 "이드가 있는 곳에 자아가 있게 하라."는 프로이트의 유명한 말처럼, 무의식의 지배를 벗어나 의식적이고 합리적인 자아의 통제 아래 성숙한 삶을 영위하도록 돕는 데 그 의의가 있다.

1) 자유 연상(Free Association)

정신분석 치료의 핵심은 과거 경험의 재분석을 통해 무의식적인 억압들을 이해하고 통찰(Insight)을 얻는 데 있다. 이러한 통찰은 치료 과정에서 가장 중요한 도구로 작용하며, 이를 위한 전통적인 정신분석은 보통 오랜 시간이 소요되는 긴 과정이다.

정신분석에서 가장 주요하고 핵심적인 기법은 바로 자유 연상(Free Association)이다. 이 기법에서 내담자는 편안한 자세로 누워 마음속에 떠오르는 것이라면 무엇이든–그 내용이 아무리 망칙스럽거나 비논리적이고, 외설스럽거나 겉보기에 시시할지라도–전혀 검열하지 않고 모두 이야기해야 한다.

프로이트는 환자들이 스스로의 생각과 감정의 흐름을 검열 없이 자유롭게 풀어놓을 때, 무의식 속 억압된 자료들이 표면으로 떠오르는 것을 발견했다. 바로 이 '검열 없는 의식의 흐름'을 통해 상담자는 환자가 지닌 문제들의 본질을 꿰뚫어 볼 수 있다고 느꼈으며, 이 때문에 프로이트는 자유 연상의 중요성을 극도로 강조하였다. 이 과정을 통해 억압된 내용들이 의식화되고, 내담자는 자신의 내적 갈등을 이해하고 해결할 수 있는 기반을 마련하게 된다.

- 집단상담에서 사용되는 자유 연상

집단상담자는 집단원들이 떠오르는 생각, 기억, 감정을 자유롭게 표현하도록 격려하여 집단원들의 무의식적 갈등과 억압된 감정을 탐색해 나갈 수 있다.

예를 들어, 돌아가면서 각자가 타인에 대해 떠오르는 연상을 이야기하며 집단 역동을 드러낸다. 자유 연상을 예로 들어 설명해 보자. 내담자가 상담 시간에 늦거나 상담에 흥미를 잃는 행동이 나타난다고 하자. 이 행동 자체는 표면적인 현상이지만 자유 연상을 통해 내담자가 그 행동에 대해 어떤 생각이나 감정을 자유롭게 말하도록 한다. 예를 들어, 내담자가 "상담 받기 전에 긴장되고 불안하다."거나 "내가 하는 말이 비난받을까 봐 두렵다."는 식으로 떠오르는 생각을 말한다면, 이는 내담자의 무의식적 저항이나 두려움을 드러내는 것이다. 상담자는 이러한 연상 중에 나타나는 말실수, 주저함, 혹은 억압된 감정을 해석하여 무의식 속 갈등의 실마리를 찾아낸다.

또 다른 예로, 내담자가 자신의 과거 경험이나 특정 상황에 대한 기억을 떠올리면서, 처음에는 무의미해 보이는 생각들이 연쇄적으로 이어져 나중에는 중요한 심리적 의미를 가진 내면의 문제로 드러나기도 한다. 이처럼 자유 연상은 내담자의 내면 깊은 곳에 감춰진 감정과 기억을 자유로운 말하기를 통해 발견하고, 무의식의 문을 열어 치료적 통찰을 얻는 데 활용된다.

2) 꿈의 분석(Dream Analysis)

정신분석에서 자유 연상과 밀접하게 관련된 또 다른 핵심 기법은 바로 꿈의 분석(Dream Analysis)이다. 프로이트는 잠을 잘 때 자아가 무의식적 재료에 대한 통제를 일시적으로 늦추기 때문에, 일반적으로 꿈은 무의식의 내용을 특히 잘 드러내 주는 '왕도(王道)'라고 주장했다.

치료 과정에서 환자들은 자신의 꿈을 자세히 기억하고 상담자에게 보고하도록 격려받는다. 분석가는 환자에게 그 꿈의 내용에 대해 자유 연상을 하도록 시키며, 치료가 진행된 정도와 환자의 준비 상태에 따라서 그 꿈들의 숨겨진 의미(잠재몽)를 함께 토론하고 해석해 준다. 꿈의 분석을 통해 무의식에 억압된 소망, 갈등, 그리고 충동 등을 의식화함으로써 환자의 심리적 문제를 이해하고 해결하는 데 도움을 받을 수 있다.

● 집단에서의 꿈 사용

집단상담에서 꿈 해석은 무의식을 탐구하고 개인의 심리적 통찰을 증진하는 효과적인 방법이다. 주로 프로이트(Freud)와 클라라 힐(Clara E. Hill)의 꿈 해석 모델을 기반으로, 상담자는 내담자들이 꿈의 내용을 공유하고 이를 분석하는 과정을 통해 무의식적 욕구, 갈등, 상징을 해석한다.

구체적 방법으로는, 내담자들이 꿈 내용을 상세히 기록하고, 중요한 상징이나 반복되는 패턴을 찾아내는 것이 시작점이다. 이후, 꿈속 인물, 사건, 감정에 대한 자유 연상 질문을 통해 꿈이 상징하는 무의식적 의미를 해석한다. 예를 들어, 꿈에 등장한 특정 사람이나 사물은 내면의 어떤 욕구, 두려움, 혹은 해결되지 않은 갈등을 상징하는 경우가 많다.

집단 내에서 이러한 해석은 서로의 이야기를 경청하고, 다양한 관점과 예상치 못한 해석을 제공하는 참여적 분위기에서 효과적이다. 이는 꿈의 다양한 해석 접근법을 경험하며, 내담자가 자기 내면을 더 넓게 이해하고 자신감과 통찰을 키우는 데 도움을 준다. 특히, 집단 상황에서는 공감과 지지적 분위기 속에서 꿈 분석이 무의식을 안전하게 탐색할 수 있는 공간이 된다.

이 과정에서 상담자는 꿈 해석에 대한 방향성을 제시하고, 내담자가 꿈에 담긴 메시지를 적극적으로 이해하도록 유도하며, 더 깊은 자기이해와 치료적 성장을 촉진한다. 꿈 해석은 내담자의 무의식적 갈등을 표면화하여 해결하는 데 핵심 역할을 하며, 집단상담의 심리치료적 효과를 증대시킨다.

3) 해석(Interpretation)

해석은 정신분석 치료 과정의 후반부에 핵심적으로 사용되는 기법이다. 자유연상 및 꿈 분석 등의 초기 탐색 과정을 통해 충분한 임상 자료가 축적되고 분석가(상담자)가 환자의 심리적 문제의 본질을 명확히 파악했다고 판단될 때, 분석가에 의한 해석 작업이 개시된다.

해석의 목적은 환자가 그동안 의식적으로 인식하지 못했던 특정한 사고, 행동,

감정 또는 소원들의 무의식적 의미를 자각하도록 돕는 데 있다. 분석가의 해석은 환자가 자신의 신경증적 증상이나 부적응적 행동 패턴의 기저에 있는 무의식적 갈등이나 억압된 동기를 직접 인정하고 직면하도록 촉진하는 효과적인 방법이다.

이러한 해석의 성공은 그 내용의 정확성뿐만 아니라 환자의 저항 수준을 고려한 적절한 제시 시기에 달려있다. 성공적인 해석이 이루어질 경우, 환자는 억압되었던 심리적 내용들이 의식 영역으로 통합되는 과정을 경험하게 되며, 이는 장기적인 심리적 해방과 치유의 기반을 마련하는 데 결정적인 기여를 한다.

- 집단에서의 해석 사용

집단상담자의 해석 타이밍 결정 기준은 주로 다음과 같은 요소들에 기초한다.

첫째, 집단원 개인이 내면의 갈등이나 무의식적 동기에 대해 어느 정도 자각하고 있으며, 해석을 받아들일 준비가 되어 있어야 한다. 성급하거나 시기상조인 해석은 저항을 강화시킬 수 있으므로, 준비된 시점을 신중하게 판단하는 것이 중요하다.

둘째, 집단 내 분위기와 관계적 안정성이 확보되어야 한다. 해석은 대립을 유발할 수 있으므로 상담자는 집단의 정서적 안정과 안전한 환경을 조성한 후 타이밍을 맞춰야 한다.

셋째, 해석은 명료화, 요약, 질문 등의 과정이 충분히 이루어진 뒤에 진행되는 것이 일반적이다. 이는 집단원이 자신의 감정과 생각을 충분히 탐색하고 정리한 상태에서 해석을 통해 깊은 통찰을 얻도록 돕기 위함이다.

넷째, 상담자는 해석을 하나의 가설 형태로 제시하며, 집단원 스스로 그 의미를 탐색하고 동의할 수 있도록 유도한다. 직접적이고 단정적인 해석보다는 조심스러운 제안 방식이 효과적이다.

마지막으로, 집단원의 저항이나 방어 반응을 관찰하고 적절히 대응하면서 해석의 시기와 내용을 조절해야 한다. 해석이 집단상담의 흐름과 조화를 이루면서 내담자의 치료적 변화를 촉진하는 방식이어야 한다.

4) 전이(Transference)

정신분석에서 전이란 환자가 과거 중요한 타인, 주로 부모나 형제자매에게 가졌던 감정이나 태도를 치료사에게 무의식적으로 이전하는 현상을 의미한다. 즉, 환자가 상담자에게 어린 시절 경험했던 감정, 예를 들어 사랑, 분노, 두려움 등을 반복해서 재현하는 것이다. 프로이트는 전이를 치료 과정에서 환자의 무의식적 갈등과 정서적 문제를 이해하고 해결하는 핵심 도구로 보았다. 전이는 긍정적 감정뿐 아니라 부정적 감정을 포함하며, 상담자가 이를 인식하고 적절히 대응하는 것이 치료 효과를 높이는 데 중요하다. 상담자는 전이를 분석해 환자의 내면을 들여다보고, 환자는 무의식에 억압된 감정을 재경험함으로써 치유가 이루어진다. 하지만 전이가 과도하거나 상담자에게 부적절한 감정을 불러일으키면 역전이라 하여 치료 관계에 부정적 영향을 줄 수 있어 주의가 요구된다. 전이는 정신분석 치료뿐만 아니라 현대 심리치료에서도 중요한 개념으로 활용된다.

전이는 치료 결과에 중요한 영향을 미친다. 치료 과정에서 환자가 무의식적으로 과거의 중요한 대상(주로 부모 등)에게 가졌던 감정을 치료사에게 투사하는 전이는, 환자의 내면 갈등과 정서 상태를 치료사가 이해하고 파악하는 데 결정적인 단서가 된다.

긍정적인 전이는 환자가 억압된 감정을 안전한 치료 환경에서 재경험하고 해소할 수 있는 기회를 제공하여 치료 효과를 극대화한다. 치료사는 환자의 전이 반응을 잘 해석하고 다루어, 치료 관계를 심화시키고 환자가 무의식을 인지하도록 돕는 역할을 한다. 이는 감정적 통찰을 촉진하고 새로운 대인 관계 패턴을 학습하는 데 기여한다.

반면, 부정적 전이나 치료사에 대한 불신, 공격적 감정이 역전이라는 형태로 나타나면 치료 관계에 갈등이 생기고 치료가 지연되거나 실패할 위험도 있다. 따라서 전이를 적절히 관리하고 해석하는 것은 정신분석 치료에서 매우 중요하다. 전이를 통해 환자는 자신의 무의식 문제를 보다 깊이 탐구하며 심리적 변화를 경험하게 된다.

- 집단상담에서 전이와 역전이 다루기

집단원이 과거의 중요한 인물에게 가졌던 감정이나 태도를 상담자나 집단 내 다른 구성원에게 투사하는 현상을 탐색 및 해석한다. 이를 통해 과거 무의식적 갈등이 현재 대인 관계에 미치는 영향을 인식하고 해소하도록 돕는다.

정신분석에서 역전이(countertransference)는 상담자가 내담자에게 자신의 무의식적 감정이나 반응을 투사하는 현상을 말한다. 즉, 내담자의 전이와는 반대로, 상담자가 내담자에 대해 개인적인 감정, 경험, 욕구 등이 무의식적으로 반영되어 나타나는 것이다. 프로이트는 초기에 역전이를 치료 과정에서 피해야 할 부정적인 요소로 보았지만, 현대 정신분석에서는 역전이도 치료적 단서가 될 수 있다고 본다.

역전이는 상담자가 내담자와의 관계에서 느끼는 감정적 동요, 저항, 동정심, 분노 등 다양한 형태로 나타나며, 상담자가 자신의 감정을 인식하고 조절할 때 다루어질 수 있다. 적절히 인지되고 해석되면, 역전이는 내담자의 무의식적 갈등과 욕구를 이해하는 데 도움을 주며 치료 관계를 심화시키는 중요한 도구가 된다. 그러나 상담자가 역전이에 휘둘려 중립성을 잃으면 치료에 부정적 영향을 줄 수 있다.

따라서 상담자는 자신의 감정 반응을 주의 깊게 관찰하고, 개인적 편견과 감정을 분리하는 훈련을 통해 역전이를 적절히 관리하는 능력을 갖추어야 한다. 역전이를 인식하고 활용하는 것은 정신분석 치료사에게 필수적인 전문 기술로 인정받고 있다.

집단상담에서 역전이 예방 전략은 상담자의 자기 인식과 관리, 집단 내 규범 설정, 그리고 상호 피드백 체계 구축을 중심으로 한다.

첫째, 상담자는 자신의 감정과 반응을 지속적으로 관찰하고 이해하는 자기 인식 능력을 키워야 한다. 이를 통해 역전이가 발생할 가능성을 조기에 파악하고 적절히 대응할 수 있다. 정기적인 슈퍼비전과 자기 검토, 내담자와의 관계에서 발생하는 감정의 원인을 성찰하는 과정이 필수적이다.

둘째, 집단상담 시 명확한 집단 규범과 협력 사항을 설정해 집단원들이 서로 존중하고 책임감을 갖도록 유도한다. 이는 집단 내 갈등 발생 시 건강한 대처를 가능하게 하며, 상담자 개인에 대한 감정 투사(역전이)를 줄인다.

셋째, 상담자는 집단원들과 개방적이고 투명한 소통을 유지하여 역전이로 인한 왜곡된 관계 형성을 방지한다. 집단원들의 피드백을 수용하고, 치료적 관계에 대한 기대와 감정을 정기적으로 점검하는 것이 중요하다.

결과적으로, 예방적 자기 관리와 집단 내 체계적 규범, 열린 커뮤니케이션을 통해 집단상담에서 역전이를 효과적으로 예방하고 상담의 질을 높일 수 있다.

5) 훈습(Working Through)

훈습은 정신분석 치료의 장기적인 성공을 결정하는 핵심적인 요소로, 통상적인 인식과 달리 해석(Interpretation)이 이례적인 단일 사건이 아님을 전제로 한다. 분석가는 환자의 신경증적 적응에 지속적으로 '연료'를 공급하는 근본적인 갈등과 동기들을 환자의 여러 생활 영역에서 파악하고 확인하기 위해 해석을 거듭해서 되풀이해야 한다.

통찰은 섬광처럼 순간적으로 오는 것이 아니라, 바로 이처럼 고통스럽고 반복적인 훈습의 결과로 점진적으로 획득되는 것이다. 훈습은 저항과 전이의 과정을 거쳐 자신의 신경증적 증상들을 발견한 환자가, 이러한 심리적 상황들이 다시 반복될 때마다 그것을 재처리하고 새로운 방식으로 반응하는 연습 과정이다.

이러한 이유로 분석자는 자신의 정신분석 작업을 오랫동안 감당해야 하며, 성공적인 치료 행위를 수행하기 위해서는 분석가 스스로도 개인적인 훈습의 과정을 거쳐야만 한다. 훈습은 정신분석 치료가 공식적으로 종결된 후에도 분석자와 환자가 반드시 지속적으로 감당해야 할 과정이다. 정신분석 치료의 궁극적인 목표는 환자의 성숙과 자아 강화이므로, 환자가 재발되는 증상들을 스스로 잘 다스릴 내면의 힘을 얻도록 하는 훈습의 과정은 매우 중요하다고 할 수 있다.

4 집단상담과 정신분석

1) 정신분석 치료를 적용한 집단상담자의 역할

정신분석 치료를 적용한 집단상담자 역할은 매우 다면적이고 전문적인 기능을 포함한다. 우선, 집단상담자는 집단 내 발생하는 전이와 저항 현상에 주의를 기울이고, 이를 적절한 시기에 해석하여 내담자의 무의식적 갈등 과정에 대한 통찰을 이끌어내야 한다. 이 과정에서 상담자는 자신의 역동과 역전이 현상도 인지하며 신중하게 대처해야 한다.

또한, 집단의 흐름을 지도하고 조절하는 지도적 역할을 수행하며, 집단원들의 언어적·비언어적 반응을 관찰해 의미 있는 피드백을 제공한다. 집단 내 상호 작용을 촉진하여 내담자들이 안전한 환경에서 자기 개방을 할 수 있도록 격려하고, 집단 규범과 시간을 관리하는 책임도 맡는다.

정신분석 집단상담자는 집단원 개개인의 무의식적 내용을 해석하여 통찰을 도우며, 집단 내에서 반복되는 심리적 패턴을 확인해 변화의 기초를 마련한다. 동시에, 집단원 간의 다면적인 전이 및 역전이를 탐색하고 이를 치료적 자원으로 활용한다.

마지막으로, 상담자는 치료적 동맹을 구축하여 내담자의 정서적 안전감을 확보하고, 전인적인 치료 환경을 조성하는 중요한 역할을 한다. 이를 통해 집단상담자는 내담자들이 자신의 무의식적 문제를 자각하고 긍정적 변화를 경험할 수 있도록 돕는다.

2) 정신분석 치료를 적용한 집단상담 현장에서의 효과 평가

정신분석 치료를 적용한 집단상담 현장에서의 효과 평가는 주로 집단원의 심리적 변화, 내면 갈등의 의식화 정도, 전이 및 저항의 감소, 자아 기능 강화 등을 중심으로 이루어진다. 평가 방법으로는 사전·사후 심리검사, 자기 보고서, 면담, 집단 내 상호 작용 관찰 등이 사용된다. 특히, 집단상담에서 정신분석적 변화를 측정할 때는 내담자 자신의 무의식적 갈등에 대한 통찰력 향상과 이를 통한 행동 및 감정 변화가 중요한 지표가 된다.

또한 집단 내 응집력, 신뢰감, 정서적 지지 등의 집단 역동 요소도 평가의 중요한 부분이다. 정신분석적 집단상담은 내담자의 개인 내적 무의식 작용뿐 아니라 집단 속의 심리적 역동까지 포괄적으로 이해하고 치료하는 것이 특징이다.

연구 결과들에 따르면, 정신분석 집단상담은 자기이해 증진, 감정 정화, 대인관계 능력 향상, 자아 정체감 발달 등에 긍정적인 효과를 보이며, 집단 속에서의 전이 및 역전이 분석을 통해 내담자의 무의식적 갈등을 더욱 깊게 탐색하는 데 유리하다. 다만, 치료 효과는 집단원의 특성, 상담자의 숙련도, 집단의 구조와 환경 등에 따라 달라질 수 있다.

Red herring 5

사랑과 복수

인간은 사회적 동물이라는 말은 곧, 정신분석학적으로 '대상을 찾는 동물'이라는 뜻입니다. 여기서 대상은 의자나 책상 같은 물건이 아니라 바로 사람입니다. 우리는 사람을 만나야 제대로 성숙하고 살아갈 수 있으며, 끊임없이 마음속에서 대상 관계를 맺습니다.

분노, 불안, 우울, 공포, 좌절, 망설임, 열등감, 시기심, 질투 등 이 모든 감정은 사실 내가 내 마음속에 지니고 있는 자기 표상(Self-Representation)과 대상 표상(Object Representation)들과 맺는 관계에서 비롯됩니다. 이 관계는 처음에 상처로 나타나지만, 아물고 나면 치유된 흠집을 남깁니다. 그 흠집은 결국 우리 삶을 더 단단하게 만드는 데 도움이 됩니다.

자신을 너무 사랑하는 사람일수록 수줍음이 많다는 역설도 여기서 나옵니다. 취업 면접에서 떨어질까 봐 수줍어하며 제대로 대답하지 못하는 이유, 그것은 '나의 완벽한 이미지'가 손상될까 두려워 나를 너무 사랑하고 있기 때문입니다.

인간은 혼자 살 수 없기에, 우리에게는 애착이라는 접착제가 필요합니다. 애착은 사람과 사람 사이를 붙이는 본능적인 풀입니다. 존 보울비가 강조했듯, 이 애착의 출발점은 갓난아기 시절, 엄마의 젖을 먹고 만지고 교감하며 형성됩니다. 그중 가장 달콤한 것은 이성과의 애착이지만, 달콤한 것에 끌리면 반드시 큰 대가를 치러야 합니다. 관계가 달콤할수록 그것을 유지하는 데 막대한 에너지가 소모되며, 이 에너지를 계속 유지하지 않으면 상대는 실망하기 때문입니다.

헨리 데이비드 소로우는 말했습니다. "사람과 사람 사이의 소통에서 비극은 말에 대한 오해로 시작되는 것이 아니라 침묵을 이해하지 못할 때 시작된다." 이 애착 욕구는 무의식에서 강력하게 발현되어 전이라는 현상을 만듭니다. 구원받고자 하는 소망, 사랑받고자 하는 욕구, 의존하고 싶은 마음이 너무나 강력해서 현실을 왜곡하는 현상입니다. "나는 커서 아빠랑 결혼할 거야."라는 어린아이의 환상처럼, 이 전이는 환자가 치료자를 만날 때도 일어나며 오해의 씨앗이 되기도 합니다. 우리는 다른 사람의 말이나 행동 중에서 내가 받아들이고 싶은 것만 선택적으로 받아들이면서 오해를 시작합니다.

프로이트는 인간과 사랑에 대해 근원적인 질문을 던졌고, 그 답을 찾는 데 일생을 바쳤습니다. 그는 "말은 마술과 같은 힘을 가지고 있다. 최대 행복을 가져오거나 아주 깊은 절망으로 이끈다."고 했으며, "어떤 사람이 사랑에 빠졌다는 것은 매우 미쳤다는 뜻이다."라고 단언했습니다.

살다 보면 이유 없이 좋은 사람, 괜히 미운 사람이 있습니다. 우리 마음속 깊은 무의식에는 지금까지 경험한 모든 관계가 데이터베이스처럼 침전되어 저장되어 있기 때문입니다. 혼자 있을 수 없는 능력이 없는 사람은 종종 열정적인 사랑에 몰두합니다. 사랑에 의존할 수 있기 때문이죠. 이 열정적 사랑은 일종의 중독 상태와 같습니다. 중독처럼 시간이 갈수록 사랑의 모양이 더 열정적으로 변하기를 원하지만, 사랑은 오히려 반대 방향으로 가는 내성(Tolerance)이 생깁니다. 관계가 소원해지면 금단 증상으로 고통받기 때문에, 열정적 사랑의 세 가지 요소는 이상화, 성, 그리고 공격성이라는 위험한 원료로 만들어집니다.

모든 사랑은 과거로부터 왔습니다. 모든 사랑의 근원은 첫사랑에 있으며, 다시 사랑하게 된다는 것은 옛사랑을 다시 찾는 일입니다. 사랑은 퇴행적이며, 자기 노출이며, 상대를 가치 있는 사람으로 인정하고 받아들이는 것입니다.

그러나 인연은 불확실하고 사랑은 달아나기 쉽습니다. 그래서 사랑은 우리를 늘 불안하게 만듭니다. 사랑의 필연적인 진행 과정은 시작, 지속, 그리고 해체입니다. 낯선 사이로 만나 친근감을 느끼다가 낭만적 애정 관계를 만들고, 결혼이나 동거 생활 중 갈등이 생기고 사랑이 식으면 헤어지는 것. 이것이 사랑의 복잡한 서사입니다.

사랑은 영혼도, 단 하나의 감정도 아닙니다. 애정, 욕망, 호기심, 자존심, 소유욕이 엉켜있는 복잡한 실타래입니다. 그래서 사랑이라는 동전의 뒷면에는 이미 미움이 새겨져 있습니다. 사랑의 뒷모습을 볼 줄 아는 것이 성숙입니다. 사람들이 결혼하려는 이유는 안정과 안전을 준다고 믿기 때문이지만, 결혼이 안정적인 것과 행복한 것이 같지는 않습니다. 결혼은 새로운 가족이 생기는 축복일 수도 있지만, 대개는 엄청난 부담을 주기도 합니다. 결혼도 사랑과 같은 속성을 지니고 있습니다. 그래서 사랑과 결혼은 결이 같은가 봅니다.

사족(蛇足)처럼 복수에 대한 단상을 덧붙여 봅니다. 우리 모두는 복수하고 분풀이하고 싶은 감정을 갖습니다. "복수는 고통의 고백"이라는 로마 격언이 있듯이, 복수는 상처받은 자아의 절규입니다. 하지만 용서는 절대로 상대의 죄를 면해주는 것도, 상대가 한 짓을 잊는 것도 아닙니다. 용서란 '내 상처의 원천이자 원한과 복수의 대상인 상대 자체를 버림으로써' 나를 치유하는 과정이자 결과입니다. 가왕 조용필 선생의 노래처럼 용서는 잊는 것입니다. 결국, 가장 큰 복수는 잊는 것입니다.

정신분석에서는 복수심을 직접 다루기 전에, 그 밑에 깔린 분노, 우월감, 불안, 박탈감 등 연관된 감정을 먼저 털어놓도록 돕습니다. 경고해야 할 것이 있습니다. 누구를 미워하고 그에게 복수하고 싶다는 생각을 오래 하게 되면, 자신도 모르게 그 사람과 닮게 됩니다. 이를 정신분석에서는 공격자와의 동일시라고 부릅니다. 증오의 대상이 되는 그 사람이 되어버리는 비극을 피하기 위해, 우리는 무의식의 거울을 들여다봐야 합니다.

Group Counseling

CHAPTER 06

인간중심주의

1 인간중심주의 개념과 배경

1) 인간중심주의(인본주의) 상담이란 무엇인가?

인간중심상담을 한마디로 정의하라면 나는 씨앗에 비유하고 싶다. 인간중심상담의 가장 기본적인 전제는 모든 인간은 씨앗과 같다는 것이다. 각각 자신만의 나무를 키우고 싶은 이 씨앗은 외부의 조건이나 강압과는 상관없이, 오직 성장하고 꽃피우려는 맹렬한 의지를 품고 있다. 인간중심상담의 창시자인 칼 로저스는 이 숭고한 본능을 실현 경향성이라 부른다. 인간중심상담은 실현 경향성을 가지고 있는 한 개인의 씨앗을 억누르는 흙과 돌을 걷어내고, 오직 따뜻한 햇살과 물을 제공하자는 이론이다.

"우리는 당신이 본래 가지고 태어난 스스로 자랄 수 있는 힘을 무한히 신뢰한다."

인간중심상담은 우리의 내면에는 '나(Self)'라고 인식하는 나무가 있다고 전제한다. 이 나무는 때로는 크고 튼튼하며, 때로는 작고 가늘다. 하지만 문제는 그 나무가 경험하는 진짜 소망과 너는 '이래야만 한다.'고 요구하는 이상적인 모습 사이의 불협화음에서 시작된다. 나무는 햇살을 원하는데, 주변의 다른 나무들이 "그림자 속에 있어야 안전해."라고 외친다. 이것이 바로 심리적 고통의 그림자이다. "너는 이것을 해야 사랑받을 수 있어."라는 가치의 조건을 요구받는 것이다. 인간중심상담은 이 나무가 온전히 자신만의 햇살과 바람을 경험하면서 잘 자랄 수 있도록 돕는 조용한 동행자이다. 이 동행자는 요구하지 않고 진솔한 태도와 무조건적 존중, 그리고 공감적 이해만을 가지고 함께한다.

상담의 매력이 차고 넘치는 인간중심상담을 이해하기 위해서는 왜 인간중심상담이 등장하게 되었는가를 살펴보는 것이 중요하다. 그러기 위해서는 심리학의 역사적 흐름을 살펴야 한다.

2) 등장 배경

(1) 심리학의 두 갈래 길 : 정신 역동 vs. 행동주의

현대 심리학의 문은 프로이트의 정신 역동 이론과 함께 열린다. 프로이트는 인간의 의식 아래에 거대한 무의식의 심해가 존재한다고 보았다. 그는 우리의 행동, 생각, 그리고 고통스러운 증상들은 사실 의식의 영역이 아니라, 그 심층에 숨겨진 무의식의 영향을 받는다고 주장한다. 예컨대, 오스트리아 여성 안나 O가 아버지가 돌아가신 후 겪었던 극심한 히스테리 증상을 프로이트는 그 원인이 무의식 속에 억압된 아버지에 대한 죄책감 때문이라고 설명한다. 이처럼, 인간의 행위를 그 사람의 정신 내부에서 벌어지는 힘의 운동으로 설명하는 것을 정신 역동 이론이라고 한다.

하지만 여기에 근본적인 질문이 제기된다. "정말로 그럴까?" 안나 O의 히스테리가 정말 무의식 속 죄책감 때문일까? 증명할 수 있을까? 그 누구도 인간의 마음을 본 적은 없다. 이러한 비판에 따라, 일부 심리학자들은 정신 역동 이론은 과학으로서의 심리학이 될 수 없다고 선언한다. 이들은 심리학의 연구 대상을 관찰이 불가능한 인간의 마음이 아니라, 관찰이 가능한 인간의 행동으로 한정해야 한다고 주장한다. 이것이 바로 행동주의 심리학의 출발이다.

행동주의자들은 오직 자극(Stimulus)과 반응(Response)의 관계에만 집중한다. 행동주의는 실험실에서의 엄격한 관찰을 통해 인간의 행동이 어떻게 학습되는지를 보여준다. 러시아의 생리학자였던 이반 파블로프(Ivan P. Pavlov)는 개의 침 분비 실험을 통해 학습의 첫 번째 방식을 발견한다.

- 1단계 : 개에게 고기를 보여준다. 그러면 개는 침을 흘린다.
- 2단계 : 개에게 종소리를 들려준다. 개는 아무런 반응을 하지 않는다.
- 3단계 : 개에게 고기를 보여주면서 또 종소리를 들려준다. 그러면 개는 침을 흘린다.

- 4단계 : 개에게 종소리를 들려준다. 그러면 역시 개는 침을 흘리게 된다. 개는 처음에는 종소리에 아무런 반응을 하지 않았는데 나중에는 종소리만 들으면 침을 흘리게 된 것이다.

미국의 심리학자 왓슨(Watson)은 아기에게 흰 쥐와 큰 소음을 결합하여 공포를 학습시키는 유사한 실험을 수행한다.

- 1단계 : 아기에게 흰 쥐를 보여준다. 아기는 아무런 반응을 하지 않는다.
- 2단계 : 아기에게 큰 소음을 들려준다. 그러면 아기는 무서워서 운다.
- 3단계 : 아기에게 큰 소음을 들려주면서 흰 쥐를 동시에 보여준다. 그러면 아기는 운다.
- 4단계 : 아기에게 흰 쥐만 보여준다. 이때도 아기는 운다.

처음에는 무반응이었던 흰 쥐가 나중에는 아기가 울음을 터뜨리게 하는 자극이 된다. 이처럼 중립적인 자극이 반복적인 경험을 통해 특정 행동 반응을 유발하는 조건이 되는 것을 '조건화가 형성되었다'고 말하며, 이 방식을 고전적 조건화라 한다. 이 조건화의 대상은 외부의 자극에 수동적으로 반응할 뿐이다.

반면, 미국의 심리학자 손다이크(Thorndike)의 퍼즐 상자 실험이나 스키너(Skinner)의 쥐/비둘기 실험은 다른 학습 방식을 보여준다. 손다이크는 재미있는 박스를 하나 만들었다. 이 박스는 밖에 있는 막대를 들어 올리고 안에 있는 줄을 당겨서 걸쇠를 올리면 문이 열리도록 설계가 되어 있다. 처음에 이 박스에 들어간 고양이는 어찌할 바를 모른다. 안에서 이리저리 뛰다가 우연히 잠긴 걸쇠를 올리고 줄을 당기게 된다. 그랬더니, 신기하게도 문이 열리고 밖에는 맛있는 고기가 있는 것이다. 이 고양이를 반복적으로 박스에 넣으면 고양이는 여기에서 나오는 방법에 익숙해지게 된다.

스키너도 이와 비슷한 실험을 했다. 레버를 누르면 먹이가 나온다는 것을 쥐가 학습하도록 만든다던지 빨간 점을 쪼면 먹이가 나온다는 것을 비둘기가 학습하도록 만들었다. 파블로프의 개나 왓슨의 아기는 아무런 행위를 한 게 없다. 그저 밖에서 자극이 주어진 것일 뿐이다. 이러한 경우를 고전적 조건화라고 한다. 하지만 손다이크의 고양이나 스키너의 쥐와 비둘기는 자신이 레버를 누르거나 줄을 당기는 '행위(조작)'를 함으로써 먹이라는 보상(자극)을 얻는다. 즉, 이들은 환경 속에서 자신이 원하는 결과를 얻기 위해 능동적으로 행동을 조작하는 것이다. 이러한 학습 방식을 조작적 조건화라고 한다.

그렇다면 고전적 조건화와 조작적 조건화의 차이는 뭘까?

첫째, 고전적 조건화의 대상은 수동적 존재라는 점이고 조작적 조건화의 대상은 능동적 존재라는 점이다. 개나 아기는 자기 스스로 무언가를 한 것이 없지만, 고양이나 비둘기는 자신이 어떤 행위를 하는 것을 스스로 학습을 한 것이다.

둘째, 자극과 행위의 순서가 다르다는 것이다. 고전적 조건화는 자극을 주면 행위가 나타나지만 조작적 조건화는 행위를 함으로써 자극이 주어진다는 점이다.

결국, 행동주의 심리학은 인간에게 중요한 것은 관찰 불가능한 마음이 아니라 행동이며, 그 행동은 적절한 조건화와 훈련을 통해 얼마든지 바뀔 수 있다고 주장한다. 왓슨은 심지어 "건강한 아기 12명을 맡겨주면, 인종이나 성별에 관계없이 원하는 직업(의사, 도둑 등)을 가진 사람으로 키워낼 수 있다."고 극단적인 자신감을 보이기도 했다. 이들의 공통점은 명확하다. 인간의 행동을 설명하는 데 마음이나 정신, 무의식 같은 내적 요인은 전혀 고려하지 않는다. 행동주의는 오직 눈에 보이는 자극과 관찰 가능한 행위만을 심리학의 연구 대상으로 삼았으며, 이것이 정신 역동 이론과 구분되는 행동주의의 핵심 입장이다.

(2) 본성과 양육

심리학에서 가장 오래되고 중요한 논쟁 중 하나는 "사람의 성격은 유전적으로 타고나는가, 아니면 환경에 의해 형성되는가?" 하는 문제이다. 이를 본성 대 양육 논쟁이라고 한다. 성격이 유전적이라고 주장하는 측은 서로 다른 환경에서 자란 일란성 쌍둥이가 결국 유사한 성격과 취향을 보이는 사례를 근거로 제시한다. 반면, 환경에 의해 형성된다고 주장하는 측은 양육 방식에 따라 아기가 완전히 다른 사람으로 성장할 수 있다는 점을 강조한다. 특히, 행동주의 심리학자들은 인간의 성격은 전적으로 환경과 학습에 의해 형성된다는 극단적인 양육론의 입장을 취하였다.

행동주의가 심리학계에서 강력한 주류로 부상한 데는 당시 철학적 흐름인 논리실증주의의 영향이 크다. 19세기 말에서 20세기 초에 등장한 논리실증주의는 오직 관찰과 검증이 가능한 과학만이 학문으로 인정받을 수 있으며, 검증 불가능한 형이상학, 마음, 영혼 같은 주제들은 탐구할 가치가 없다고 주장하였다. 행동주의는 이러한 논리실증주의의 입장을 그대로 받아들여, 심리학의 대상을 관찰되지 않는 마음이 아닌, 관찰 가능한 행동으로 한정함으로써 스스로를 과학으로 정립하려 하였다.

그러나 이러한 두 가지 주요 접근법, 즉 정신 역동 이론과 행동주의 심리학은 곧 심각한 문제에 직면하며 반발을 낳았다. 프로이트는 자신의 병원을 찾아온 환자들을 중심으로 연구했기 때문에, 인간의 무의식을 성적 충동과 폭력적 충동으로 가득 찬 병리적인 관점에서만 바라보았다는 비판을 받았다. 심리학이 왜 정신적으로 이상한 환자들만을 연구 대상으로 삼아 인간의 본성을 왜곡하느냐는 반발이 일어났다.

행동주의 심리학은 인간의 심리를 연구하면서도 개나 비둘기와 같은 동물을 대상으로 한 실험 결과를 인간에게 적용하려 했다는 점에서 더욱 큰 비판에 직면했다. 많은 학자들은 인간을 동물과 동급으로 놓을 수 없으며, 인간의 존엄성과 고유성을 무시한다는 점을 지적하였다.

이러한 문제의식 속에서 등장한 것이 바로 인간중심주의 심리학이다. 인간중심주의자들은 심리학의 대상은 병적인 환자나 동물이 되어서는 안 되며, 보통의 건강한 인간을 연구해야 한다고 주장하였다. 그들은 인간이 본래 자유 의지를 가지고 있으며, 끊임없이 자기실현을 하고자 하는 능동적이고 선한 존재라고 보았다. 이러한 인간 중심의 입장을 대변하는 대표적인 심리학자가 바로 칼 로저스이다.

3) 칼 로저스

(1) 로저스의 성장 배경과 가정 환경

인간중심상담의 창시자인 칼 로저스(Carl R. Rogers, 1902~1987)는 미국 오하이오 시카고 외곽 오크 파크에서 6남매 중 넷째로 태어났다. 그의 부모는 독실한 침례교 신자로, 로저스는 엄격한 종교 규범 속에서 자랐다. 타고난 기질이 내향적이어서 혼자 있기를 좋아했지만, 가정 내의 엄격한 청교도적 윤리는 그를 더욱 고립되게 만들었다. 이러한 청교도 정신을 기반으로 한 도덕성과 성실성을 중시하는 가정 환경은 로저스의 성장에 지대한 영향을 미쳤다.

로저스는 어린 시절 가족과의 관계가 매우 긴밀했으며, 특히 어머니와는 깊은 정서적 유대감을 형성했다고 회고하였다. 반면, 일부 형제들과는 갈등과 긴장이 있었고, 그의 내성적인 성격은 종종 놀림의 대상이 되곤 했다. 청교도 정신으로 가득 찬 가족에게 배운 근면 성실과 도덕적 정직성은 훗날 그가 심리치료에서 강조하게 될 진정성(일치성)과 무조건적 긍정을 실천하는 데 중요한 기초가 되었다. 또한, 그의 어린 시절 경험과 가족 내 역동성은 복잡한 인간의 심리적 경험에 대한 깊은 이해와 공감을 키우는 토대가 되었다.

(2) 청년기의 방황과 결정적 진로 전환

로저스의 청년기 진로는 농업에 대한 관심으로 시작되었다. 아버지가 대토지를 소유한 농장주였기에, 그는 어려서부터 농작물 키우기, 곤충이나 동물 사육 등 농업에 흥미가 많아 처음에는 농과 대학에 입학하였다. 그러나 20세에 국제 기독교 프로그램을 통해 중국에 다녀온 후 그는 진로를 바꾸어 목사가 되고자 하였다. 뉴욕 유니언 신학교에서 경험한 세미나는 그에게 인간의 내면과 개인의 삶에 대한 새로운 관점을 열어주었다. 그는 신학적 관점에서 벗어나 개인의 성장과 심리적 자아실현에 관심을 두기 시작했고, 결국 심리학으로 전공을 바꾸게 되었다. 이 전환은 그의 인생에서 가장 중요한 분기점이었으며, 신앙이나 과학적 접근 대신 인간 존엄성과 자율성을 강조하는 독자적인 길을 걷게 만들었다.

(3) 가족 배경과 농장 경험이 이론에 미친 영향

로저스가 정신의학을 배우기 시작할 무렵, 당시 정신의학의 주류는 프로이트의 정신분석학이었다. 하지만 로저스는 훗날 인본주의 심리학을 주창하며 프로이트와 대립각을 세웠다.

많은 심리학자들이 어린 시절 경험에 기반한 이론을 발전시켰듯이, 로저스 역시 자신의 가정 환경과 경험이 이론의 토대가 되었음을 주목할 필요가 있다. 로저스는 인간을 한 유기체로서 존중받아야 할 존재로 여기는 가정 환경에서 자라났다. 이러한 배경은 그가 "인간은 무의식에 휘둘리는 존재도 아니고, 동물처럼 오로지 자극과 보상을 가지고 행동을 규정하거나 훈련시킬 수 있는 존재도 아니다."라는 주장을 펼치게 된 근거가 되었다.

특히, 아버지의 농장에서 농작물을 키웠던 어린 시절의 경험은 그의 이론에 깊은 영향을 주었다. 그는 하찮아 보이는 식물도 씨앗은 꽃을 피우고 열매를 맺기 위해 열심히 자신의 삶을 살아내는 것을 보았다. 하물며 인간이 하나의 유기체로서 자신을 실현하려는 경향성과 목적을 가지고 살아가는 것은 당연하다는 가치관을 확립하게 된 것이다.

(4) 비지시적 상담의 탄생과 정신분석의 거부

로저스는 뉴욕 로체스터에 있는 아동학대방지협의회 연구 부서에서 심리학자로 첫발을 내디뎠다. 이 현장 경험을 통해 그는 기존의 권위적이고 지시적인 상담 방식에 의문을 품기 시작했고, 내담자의 자율성과 자기 성장 가능성을 존중하는 상담 방식을 모색하였다. 이 과정에서 인간중심상담의 기본 원리들이 싹트기 시작했다.

칼 로저스가 정신분석 치료를 거부한 이유는 인간관과 치료관에서 근본적으로 달랐기 때문이다.

- 인간관의 차이 : 로저스는 프로이트의 정신분석이 인간을 본능과 무의식적 충동에 의해 지배되는 존재로 보고 과거 경험과 억압에 집중하는 점에 반대하였다. 그는 인간을 근본적으로 긍정적이고 성장 지향적인 존재로 보았으며, 내담자가 적절한 환경이 주어지면 스스로 문제를 해결하고 성장할 잠재력을 지녔다고 믿었다. 로저스는 인간은 과거의 상처나 문제에 상관없이 앞으로의 삶을 결정할 수 있는 주체성을 가진 존재임을 강조했다.

- 치료관의 차이 : 로저스는 아무리 상담자가 우수한 자질을 가졌다고 해도 내담자보다 우위에 있지 않다고 주장했다. 그는 상담자가 자신의 영리함, 박식함, 그리고 우월감을 드러내고자 하는 욕구를 없애야 하며, 내담자 스스로 길을 찾아갈 수 있는 존재이기에 상담자는 지시자가 아니라 단지 조력자에 불과함을 명심해야 한다고 역설했다.

  이러한 인간관을 바탕으로 로저스는 인간중심상담의 문을 열었다. 그는 정신분석 치료가 치료자의 권위, 지시, 해석에 의존하는 것과 달리, 공감, 무조건적 긍정적 존중, 진실성을 바탕으로 내담자의 주관적 경험을 존중하고 수용하는 비지시적(non-directive) 접근 방식을 취해야 한다고 주장했다. 그는 자신의 치료법이 내담자를 능동적이고 자율적인 성장 주체로 본다는 점에서, 내담자를 수동적 대상으로 만드는 정신분석과 근본적으로 다르다고 강조하였다.

(5) 인간중심 접근의 확산과 사회 참여

로저스는 상담 개인치료를 넘어 집단치료, 대면 집단(encounter groups) 등을 고안하여 교육, 종교, 조직, 갈등 해소 등 다양한 분야에 인간중심적 접근을 적용하였다. 1980년대에는 인종 간 긴장 완화와 세계 평화를 위한 사회적 노력에도 적극적으로 참여하였다. 그의 상담 철학은 심리치료뿐만 아니라 미국 내 자기 성장 운동 전반에 막대한 영향을 끼쳤다.

로저스는 늦은 나이에도 활발히 활동했으나 1987년 허리 골절과 심장 이상으로 사망하였다. 사망 직후 노벨 평화상 후보에 올랐다는 사실은 그의 인본주의적 철학이 인간과 사회에 미친 깊은 영향력을 상징적으로 보여준다.

로저스의 삶은 신학에서 심리학으로의 전환, 비지시적 상담법의 혁신, 인간 존엄성에 기초한 상담자세 확립, 그리고 사회적 갈등과 평화 문제에 적극 참여한 점들로 요약된다. 그의 인간중심상담 이론은 단순한 치료법을 넘어 인간 이해와 관계의 새로운 지평을 열었다.

2 인간중심주의 상담의 주요 개념

1) 현상적 장(Phenomenal Field)

인간중심상담에서 가장 중요한 것은 인간 그 자체이며, 따라서 이 이론은 인간관이 핵심이다. 창시자인 로저스는 인간의 심리를 행동주의 심리학에서 추구하는 방식처럼 객관적이고 과학적이며 실증적인 방법으로는 온전히 파악할 수 없다는 입장을 가졌다.

로저스가 제시한 현상적 장은 이 인간관을 대변하는 개념이다. 현상적 장이란 "세계는 나로부터 떨어져 객관적으로 존재하는 것이 아니며, 어차피 나에게 경험된 세계일 뿐이다."라는 의미를 내포한다. 따라서 세계는 객관적 실재가 아니라, 현재 나에게 지각되는 주관적인 세계일 뿐이며, 객관적인 세계란 존재하지 않는다는 것이다. 로저스는 심리학의 탐구 대상이 바로 이처럼 현재 개인에게 현상된 주관적인 세계라고 주장한다.

이러한 입장은 프로이트가 과거 사건 자체에 관심을 가졌던 것과 달리, 현재 이 사람에게 현상된 주관적인 세계를 중시한다는 점에서 알프레드 아들러(Alfred Adler) 심리학의 "현재의 인식"이 중요하다는 입장과 유사하다. 로저스는 이처럼 한 개인이 구축한 주관적인 세계의 총체를 현상적 장이라고 부른다. 현상적 장에는 자신의 생각과 이미지, 외부 대상과 타자들, 그리고 자신의 행동 또한 주관적인 세계의 결과물로 포함된다.

2) 자아(Self)의 구성과 일치의 역할

인간중심상담에서 '자기'는 개인이 경험하는 자신의 내면적 정체성을 말하며, 감정, 생각, 행동을 통합하여 이해하는 내면적인 측면을 가리킨다. 자기 개념은 개인이 자기 자신을 어떻게 인식하고 평가하는지에 관한 정신적 구조이다. 현상적 장의 중심에는 자아가 위치한다. 자아 또한 결국 주관적으로 경험되는 현상적 장의 부분일 뿐이다. 로저스는 자아를 두 가지로 나누어 설명한다.

- 현실적 자아(Real Self) : 현재 그들이 실제로 경험하고 있는 자아
- 이상적 자아(Ideal Self) : 자신이 되고자 하는 자아, 즉 열망하는 모습

물론 이 두 자아가 완전하게 일치하는 사람은 없다. 하지만 로저스는 이상적 자아와 현실적 자아가 일치하는 정도가 개인의 심리적 상태를 결정한다고 보았다. 일치하는 부분이 많은 사람은 자신에 대해 긍정적이고 자존감이 높은 사람인 반면, 일치하는 부분이 적은 사람은 부정적이고 자존감이 떨어지는 사람이다. 내담자가 가진 자기 개념이 왜곡되면 심리적 갈등과 부적응이 발생할 수 있다

인간중심상담에서 심리적 문제나 부적응은 바로 이 자기 개념의 구성 요소와 실제 경험 사이에 불일치가 발생할 때 생긴다. 예를 들어, 개인이 '나는 늘 침착해야 한다.'는 자기 개념을 가지고 있지만, 실제 경험에서는 강한 분노와 공격성을 느낄 때, 그는 그 분노를 자신의 자기 개념과 일치시키기 어려워 왜곡하거나 부인하게 된다. 이러한 자기 개념과 경험 사이의 갈등이 심리적 불안과 고통의 원인이 된다. 심리적으로 건강한 상태는 개인이 자신의 유기체적 경험을 있는 그대로 받아들이고 자기 개념에 통합할 때 발생한다. 즉, 현실적 자아와 이상적 자아 간의 괴리가 줄어들고 경험과 자기 인식이 조화로운 상태이다.

따라서 칼 로저스는 상담 과정의 목표를 내담자의 왜곡되거나 부정확한 자기 개념을 수정하여 진정한 자아를 실현하도록 돕는 데 두었다. 자기 개념의 긍정적 변화는 내담자가 자신의 경험을 수용하고 신뢰하는 자세를 포함하며, 이는 상담자가 공감과 진솔한 태도로 내담자의 내면 세계를 존중하고 이해할 때 촉진된다. 상담자는 적극적 경청과 반영을 통해 내담자의 자기이해와 자기 개념 형성을 지원한다. 이 과정에서 내담자는 자신의 진정한 감정과 욕구를 자각하며 성장의 기회를 갖는다.

3) 자아실현(Self-Actualization)으로의 경향성

칼 로저스는 인간이 본질적으로 현실적 자아와 이상적 자아를 일치시키려는 경향을 가지고 있다고 말한다. 이 경향은 곧 자신의 잠재력을 발휘하고 역량을 키우려는 경향으로 나타나며, 로저스는 이를 "자아를 실현하려 한다."고 표현한다. 로저스가 말하는 자아실현은 궁극적으로 진정한 자기 자신이 되는 것을 의미하며, 인간은 이러한 자아실현 성향을 가지고 태어난다는 것이다.

로저스는 인간이 스스로를 보전하고 유지하며 향상시키려는 강한 동기를 갖고 있다고 보았다. 이 실현 경향성(Actualizing Tendency)은 개인이 유능하고 건강하게 성장하기 위한 내적 동력이자, 자기 자신을 긍정적으로 변화시키는 원동력이다. 인본주의 심리학이 전하는 메시지는 인간이 구해야 할 궁극의 가치가 바로 자아실현이며, 이를 위해서는 무엇인가를 성취해야 한다는 것이다. 이처럼 인간의 긍정적인 측면에 주목하는 인본주의는 인간의 어둡고 부정적인 부분에만 초점을 맞췄던 정신 역동 이론과는 확연히 대비된다.

인간중심상담의 핵심 인간관은 인간이 본질적으로 선하며 스스로 성장하고 자기실현하려는 경향성을 가지고 있다는 것이다. 인간은 지니고 태어난 실현 경향성을 통해 자신의 잠재력을 발휘하려 노력하며 자기이해와 자기 조절 능력을 가지고 자유롭고 책임감 있는 존재로서 자신의 인생 목표와 행동 방향을 스스로 결정할 수 있다는 것이다.

인간중심상담에서는 내담자가 자신의 실현 경향성을 발견하고 계발할 수 있도록 안전하고 지지적인 환경을 조성하는 역할을 하는 존재가 바로 상담자라고 강조한다. 자유롭고 무조건적인 긍정적 존중 속에서 내담자는 자기 경험을 방어 없이 받아들이고 조직화하여 진정한 자기(Self)를 실현할 수 있다. 이 과정에서 왜곡된 자기 개념이 수정되고, 내담자는 자신의 내면적 자원을 최대한 발휘하며 온전히 기능하는 사람으로 성장할 수 있다.

4) 가치의 조건화

인간중심상담에서 가치의 조건화란 타인, 특히 부모나 중요한 타인들이 부여한 외적인 가치 기준에 따라 개인이 스스로의 가치를 판단하는 현상을 말한다. 예를 들어 "만약 네가 ~하면, 나는 너를 좋아할 거야." 같은 조건적인 사랑이나 존중이 어린 시절 경험으로 내면화되면서, 개인은 타인의 평가에 맞추어 행동하고 자기 자신을 평가하는 태도를 형성한다. 이는 유기체적 경험인 자기 자신에 대한 참된 인식을 왜곡시켜 심리적 갈등과 부적응을 초래할 수 있다.

가치의 조건화는 개인이 타인의 기대와 판단에 부합해야만 긍정적 자기 존중을 느끼게 하는 것이기 때문에, 이러한 조건부 존중은 내면의 자유로운 자기표현과 건강한 자기실현을 방해한다. 인간중심상담은 무조건적 긍정적 존중을 통해 이러한 가치 조건화로 인한 내적 갈등을 해소하고, 개인이 진정한 자기 자신으로 성장하도록 돕는 것을 목표로 한다.

가치의 조건화는 타인의 조건적 가치 판단이 개인 내면에 내재화되어 자기 인식과 행동을 제한하는 심리적 현상으로, 인간중심상담에서는 이를 극복하여 자기실현을 촉진하는 것이 핵심이다.

가치의 조건화 과정이 해소되어야 하는 이유는 다음과 같다.

첫째, 가치 조건화가 내담자 자신의 참된 경험과 자기(self) 인식과의 불일치를 야기하기 때문이다. 사람은 타인의 조건적 가치 판단에 따라 행동하고 자기 가치를 판단하게 되면서, 자연스러운 자기실현 경향성을 방해받게 된다. 이는 개인이 진정한 자기 자신으로서 성장하지 못하게 만들고 내면에 심리적 불편감과 갈등을 초래한다.

둘째, 가치의 조건화는 자아개념 왜곡과 부정적 자기평가로 이어져 불안, 우울 등 정신 건강 문제를 유발할 수 있다. 어린 시절부터 조건적인 긍정적 존중 아래 형성된 가치 체계는 내담자가 타인의 기대에 지나치게 의존하게 만들며, 이는 자기 결정권 약화와 역할 갈등을 심화시킨다.

셋째, 인간중심상담에서는 무조건적 긍정적 존중과 공감적 이해를 통해 가치 조건화로부터 자유로운 자기 수용과 성장 환경을 제공하는 것이 중요하므로, 조건화 과정을 해소하는 것은 내담자의 진정한 자기실현을 위해 필수적이다.

결론적으로 가치 조건화가 해소되어야 내담자가 자신의 내면적 경험과 일치하는 자기 개념을 형성하고, 건강한 자아실현과 삶의 질 향상을 이룰 수 있다.

5) 충분히 기능하는 사람

인간중심상담에서 '충분히 기능하는 사람'이란 자신의 내면 경험을 솔직히 받아들이고, 자기 자신의 잠재력과 가능성을 최대한 발휘하며, 삶을 적극적이고 창조적으로 살아가는 사람을 말한다. 칼 로저스에 따르면, 충분히 기능하는 사람의 주요 기준은 다음과 같다.

- 경험에 대해 개방적이다 : 자신의 감정, 생각, 경험을 왜곡하거나 회피하지 않고 솔직하게 받아들인다.
- 자기 자신에 대해 신뢰한다 : 자신의 유기체적 경험과 내면의 소리에 귀 기울이며 자율적으로 삶을 선택한다.
- 자기표현에 자유롭다 : 감정을 자연스럽게 표현하며 자기 자신으로서 진솔하게 행동한다.
- 현재의 순간을 충실히 산다 : 과거나 미래에 매이지 않고 지금 이 순간을 경험하고 존중한다.

- 책임감 있게 행동한다 : 자신의 선택과 행동에 대해 책임을 지며 그 결과를 수용한다.

- 자기실현을 추구하며 성장에 개방적이다 : 끊임없이 자신을 발전시키고 성장하려는 경향이 강하다.

이러한 사람은 자기 내면과 외부 현실 사이의 불일치가 적고, 심리적 건강이 좋으며, 타인과의 관계에서도 무조건적인 긍정적 존중과 공감을 경험하고 있다. 충분히 기능하는 사람은 자기 자신과 세계를 진실하게 받아들이고 창조적으로 대처하며, 인간중심상담이 지향하는 이상적인 인간상이다.

3 인간중심주의 상담 기법

인간중심주의 상담 기법은 상담자가 내담자에게 무조건적 긍정적 존중, 공감적 이해, 그리고 일치성(진실성)을 제공하는 것이다. 상담자는 자신이 수련한 태도를 가지고 내담자를 대하는 것이다.

첫째, 무조건적 긍정적 존중은 내담자의 행동이나 생각이 어떠하든 그 자체를 전적으로 수용하고 존중하는 태도이다. 이를 통해 내담자는 타인의 조건적 평가에서 벗어나 스스로를 수용하는 경험을 하게 된다.

둘째, 공감적 이해란 내담자의 주관적 경험과 감정을 상담자가 깊이 있고 민감하게 이해하고 반영하는 것이다. 이러한 이해는 내담자가 자신의 내면 세계를 안전하게 탐색하도록 돕는다.

셋째, 일치성은 상담자가 자신의 감정을 진솔하게 표현하고 상담 관계에서 진정성을 유지하는 것이다. 상담자의 진솔함은 내담자가 자기표현에 자신감을 갖고 탐색하도록 촉진한다.

이 세 가지 태도와 기법이 내담자의 내면적 가치 조건화를 완화하고, 자기 실현을 촉진하는 근본적 환경을 마련해 준다. 이제 무조건적 긍정적 존중, 공감적 이해, 그리고 일치성에 대해 자세히 알아보자.

1) 무조건적 긍정적 존중(Unconditional Positive Regard)

무조건적 긍정적 존중은 인간중심상담에서 내담자를 평가하거나 조건 없이 있는 그대로 받아들이고 존중하는 태도를 의미한다. 이 태도는 상담자가 내담자의 모든 감정과 경험을 차별 없이 수용하고, 그 존재 자체를 긍정하는 데 중점을 둔다. 상담자는 내담자를 판단하거나 비판하지 않고 전적으로 수용하며, 그 결과 내담자는 자신을 자유롭게 표현할 수 있고 내면의 진정한 모습을 탐색하며 성장할 수 있는 안전한 환경이 마련된다.

이 같은 무조건적 존중은 로저스가 강조한 인간중심상담의 핵심적, 치료적 조건 중 하나이다. 상담자가 내담자에게 진정성과 일치성을 가지고 무조건적인 존중을 지속적으로 보여주면, 상담자와 내담자 사이에 신뢰가 형성되고 내담자는 자신에 대한 긍정적 자아 개념을 구축하게 된다. 이 과정에서 내담자는 자신의 가치와 가능성을 스스로 인식하며 심리적 안정과 변화를 경험한다.

무조건적 긍정적 존중은 단지 내담자의 행동이나 생각을 무비판적으로 수용하는 것이 아니라, 내담자를 한 인간으로서 온전히 인정하는 것이다. 즉, 내담자의 부정적인 면조차도 포함하여 전인적으로 이해하고 존중한다. 이를 통해 내담자는 자신에 대한 수용과 자기 존중감을 높이며, 대인 관계와 사회생활에서도 건강한 태도를 갖출 수 있다.

마지막으로 인간중심상담에서 이 태도는 상담자가 내담자의 내면 세계를 깊이 공감하며, 내담자가 자신을 변화시키고 성장할 수 있도록 돕는 필수적 기반으로 작용한다. 무조건적 긍정적 존중 없이는 내담자가 자기 탐색 과정에서 불안과 방어 기제를 넘어서기 어렵기 때문에, 상담의 성공과 지속적인 변화에 결정적인 영향을 미친다.

따라서 무조건적 긍정적 존중은 상담자가 내담자를 편견 없이 받아들이고 전적인 이해와 애정을 가지고 임하는 자세로, 내담자가 심리적 안정감을 느끼고 자기 실현의 길을 걸을 수 있도록 하는 인간중심상담의 본질적 요소이다.

2) 진실성(일치성, Congruence)

진정성은 인간중심상담에서 상담자의 내면적 경험과 외적 표현이 일치하는, 진솔하고 진실성 있는 태도를 의미한다. 이는 로저스가 제시한 세 가지 핵심 조건 중 하나로, 상담의 효과와 내담자의 성장에 필수적인 요소이다.

진정성이란 상담자가 자신의 진짜 감정과 생각을 숨기거나 꾸미지 않고 솔직하게 드러내는 상태를 말한다. 상담자는 내담자와의 상호 작용에서 거짓이나 가식 없이 행동하며, 자신의 감정과 반응을 자연스럽게 표현함으로써 신뢰를 형성한다. 이 과정에는 상담자 스스로 자신의 내적 경험, 심지어 불편한 감정까지도 인정하고 수용하는 노력이 포함된다.

상담자가 진실되게 자신의 경험을 인식하고 개방할 때, 내담자 역시 그 진정성을 느끼고 상담자를 신뢰하게 되어 상담 관계가 깊어진다. 내담자는 상담자가 신뢰할 만한 사람임을 느끼며, 자기 탐색과 변화를 위한 안전한 환경을 경험하게 된다.

이러한 진정성 있는 태도는 내담자가 자신의 내면 세계를 자유롭게 탐색하고, 왜곡된 자기 개념을 수정하여 진정한 자기 자신을 발견하는 데 결정적인 도움을 준다. 반면, 상담자가 가식적으로 행동하면 내담자는 마음을 닫고 상담에 저항할 수 있다.

다양한 연구 사례들은 상담자의 진정성이 내담자의 신뢰도 향상, 상담 과정에 대한 적극적 참여, 자기이해 증진, 문제 해결 능력 향상 등 치료 효과에 직접적으로 기여함을 밝히고 있다. 따라서 상담자의 진정성은 내담자의 자기 성장과 치유를 지원하고 긍정적 변화를 이끄는 결정적 요인으로 작용한다.

3) 공감적 이해(Empathic Understanding)

공감적 이해는 인간중심상담에서 상담자가 내담자의 경험과 감정을 깊이 있고 민감하게 이해하고, 그 이해를 내담자에게 정확히 전달하는 능력이다. 이는 칼 로저스가 제시한 세 가지 핵심 조건 중 하나이다.

공감적 이해는 단순히 내담자의 말을 듣거나 추측하는 것을 넘어, 상담자가 내담자의 주관적 세계에 들어가 그가 경험하는 감정, 생각, 경험을 마치 자신의 것처럼 깊이 느끼고 파악하는 것을 의미한다. 상담자는 내담자가 표현하는 언어뿐만 아니라 비언어적 표현이나 미묘한 감정 변화까지 주의 깊게 관찰하여, 내담자가 표현하지 않은 부분까지 정확하게 파악하고 이를 내담자에게 적절히 전달한다. 이러한 공감을 통해 내담자는 자신의 내면이 진정으로 이해받고 있음을 느끼며, 심리적 안정과 자기 탐색, 그리고 성장을 위한 안전한 환경을 경험한다.

한편, 공감적 이해와 더불어 필수적인 개념인 무조건적 긍정적 존중은 구별된다. 공감이 내담자의 감정을 '함께 느끼고 이해하는' 과정이라면, 무조건적 긍정적 존중은 상담자가 내담자의 행동이나 생각에 관계없이 그 존재 자체를 평가나 판단 없이 온전히 수용하고 존중하는 태도이다.

두 개념은 서로 다르지만 보완적으로 작용한다. 상담자가 진정성, 공감적 이해, 그리고 무조건적 긍정적 존중을 조화롭게 보일 때, 내담자는 심리적 안전감을 얻고 자기 자신을 비판 없이 받아들여 자기이해와 심리적 치유를 경험하며 상담의 효과가 극대화된다.

4 인간중심 집단상담

인간중심상담은 개인 내면의 자기실현과 성장을 촉진하는 관계 중심 상담법이며, 집단상담은 다양한 개인이 모여 상호 작용하며 서로를 지원하는 동적 과정이다. 이 둘의 결합인 인간중심 집단상담은 안전한 집단 환경에서 자기 탐색과 상호 수용을 동시에 경험할 수 있도록 돕는다.

인간중심 집단상담은 로저스 이론에 근거해 집단 내에서도 상담자의 핵심 태도들이 적용되며, 집단원들이 서로 무조건적 수용과 공감을 경험하면서 각자의 성장을 촉진한다. 집단의 상호 작용을 통해 내담자들은 자기방어를 줄이고 자아실현 경향성을 드러내게 된다.

1) 상담자의 역할

인간중심 집단상담에서 상담자는 전문적 개입보다는 진실한 태도와 수용적 분위기 조성에 중점을 두며, 집단 내 상호 작용을 촉진하고 각 구성원의 자기실현을 돕는 촉진자 역할을 수행한다.

상담자는 일치성(진실성), 무조건적 긍정적 존중, 공감적 이해 등의 치료적 태도를 바탕으로 집단 내 치료적 분위기를 조성한다. 집단 내 갈등이나 저항에 대해 판단이나 평가 없이 탐색 중심의 피드백을 제공하며, 집단 성장과 개인 변화를 지원한다.

- 최소한의 개입과 촉진자 역할
  - 인간중심 상담자는 집단의 자연스러운 성장과 변화를 최대한 존중하며, 직접적인 문제 해결보다 집단 내 건강한 관계 형성과 생산적 분위기 조성에 집중한다. 지도자라기보다 촉진자 역할을 하며 집단 내 신뢰와 안전감을 형성하고, 집단원의 내적 경험에 초점을 맞춰 상호 작용을 촉진한다. 집단에서 자

신의 감정을 솔직하게 나누도록 격려해 정서적 해소와 자기 수용을 도모한다. 상담자가 집단 과정의 중요성을 인식하고 현재의 상호 작용에 주목하도록 집단원들을 유도할 때, 집단원들은 자신의 행동과 감정을 객관적으로 성찰하며 성장한다. 상담자의 반응과 태도 변화가 집단원의 수용성과 자기 탐색을 높인다.

- 진솔성 유지

– 상담자는 자신의 내면 경험과 외적 표현을 일치시켜 진실된 모습을 보이며 집단원의 신뢰를 얻고, 개인과 집단 모두의 성장에 기여한다. 상담자가 진솔하게 자신을 드러내고 개방적이고 수용적인 태도를 보이며 집단원 개개인을 민감하고 정확하게 이해할 때, 집단 내 심리적 안전감과 신뢰가 형성된다. 이는 집단 역동을 긍정적으로 활성화시키고 집단 효과를 높이는 핵심 요인이다.

- 무조건적 긍정적 존중과 공감적 이해 제공

– 각 집단원의 경험과 감정을 평가하거나 판단하지 않고 전면적으로 수용하며, 깊이 있는 공감으로 내담자의 자기 탐색과 자기 수용을 촉진한다. 또한 개방형 질문을 통해 내담자가 자신의 감정과 생각을 스스로 탐색하도록 돕는다. 상담자는 내담자의 경험과 감정을 공감적으로 이해하고, 그 내용을 다시 말해줌으로써 내담자의 자기이해를 돕는다.

- 집단 내 안전한 환경 조성

– 집단원들이 정직하고 자유롭게 자신의 감정을 표현할 수 있도록 따뜻하고 수용적인 공간을 마련한다. 신뢰와 관용의 분위기를 만들고, 집단 내 갈등이나 저항이 있을 때 비판 없이 탐색하며 자연스러운 문제 해결을 촉진한다.

● 집단 내 개인과 전체 균형 맞추기

– 상담자는 개별 내담자의 성장뿐 아니라 집단 전체의 역동성을 관찰하고 조절하여, 집단원 간 상호 작용이 긍정적으로 이루어지도록 돕는다. 상담자의 태도가 개인과 집단 양쪽에 균형 있게 관심을 가지고 조율할 수 있을 때, 집단은 각 구성원의 요구를 충족시키면서도 집단 전체의 조화로운 발전을 이룬다.

● 전문가가 아닌 한 사람으로서의 존재

– 집단상담에서 인간중심 상담자는 전문적 치료자보다 한 사람으로서의 진솔한 존재감을 강조하며, 집단원이 자신의 변화와 성장을 주도하도록 신뢰한다. 상담자가 내담자를 이끌기보다는 내담자가 스스로 문제를 탐색하고 해결하도록 지원하는 자세를 유지한다. 상담자가 자신의 감정과 생각을 진솔하게 드러내고, 집단원들의 자발적 표현과 상호 작용을 적극적으로 지지하면 집단원들은 더 깊이 몰입하고 변화에 동기 부여를 받는다.

2) 인간중심이 집단상담에 미치는 영향

● 집단 내 심리적 안전감과 신뢰 형성

– 인간중심상담에서 강조하는 무조건적 긍정적 존중, 진실성(일치성), 공감적 이해라는 태도가 집단 내에 자연스럽게 형성되면, 구성원들은 자신의 감정을 자유롭게 표현하고 방어적 태도를 줄이게 된다. 이로 인해 집단 내 신뢰와 심리적 안전감이 증진된다.

● 자기실현 경향성 촉진

– 인간은 본래 자기실현을 향해 성장하는 존재라는 인간중심상담의 기본 가정은 집단상담에도 적용된다. 내담자들은 집단 환경에서 자신과 타인의 긍정

적 면을 인정하고, 서로의 성장 동기에 자극받아 개인적 발전을 경험한다.

● 개인의 내적 탐색과 표현 촉진

– 집단상담 과정에서 개인이 자신의 주관적 경험을 탐색하고 솔직하게 표현하는 과정이 강화된다. 이는 집단의 상호 작용을 통해 확대되어, 방어벽이 허물어지고 진정한 자기표현과 정서적 해소가 이루어진다.

● 상호 수용과 지지 경험

– 집단 내에서 무조건적 수용과 깊은 공감을 경험하면서, 개인은 자신뿐 아니라 타인에 대해서도 수용적 태도를 갖게 되고, 이를 통한 상호 지지가 치료적 자원이 된다.

● 집단 내 변화의 확산

– 인간중심상담이 집단에 적용되면, 개인의 변화가 단발적이지 않고 집단 전체로 확산되어 지속적인 집단 역동과 성장으로 이어진다. 집단원들은 개인의 경험들을 통해 서로 배우고, 생활 속 다른 영역에도 긍정적인 영향을 미치게 된다.

이처럼 인간중심상담은 집단상담 내에서 내담자들의 자기실현과 성장, 상호 신뢰 및 지지 경험을 촉진하여 심리적 안정과 긍정적 변화를 이루도록 돕는 중요한 이론적 및 실천적 기반으로 작용한다.

3) 집단 내에서 자기실현 경향성 표출하기

집단상담에서 실현 경향성을 촉진하는 사례는, 집단 내에서 내담자들이 자신의 감정과 경험을 솔직하게 표현하고 서로 지지받는 분위기가 조성될 때 잘 관찰된다. 예를 들어, 집단상담자가 집단원들에게 무조건적인 긍정적 존중과 공감을 일관되게 제공하며, 집단원들이 서로 비슷한 고민과 감정을 나누면서 '보편화'의 경험을 하게 한다. 이는 각자가 자신의 문제를 혼자가 아니라는 인식 속에서 수용하고 성장하려는 내적 동기를 북돋운다.

또한 상담자가 집단원 개개인의 진솔한 자기 개방을 격려하고, 서로 피드백하며 직면하는 경험을 모색하게 함으로써 자기이해와 자기 수용을 심화시킨다. 이러한 과정에서 내담자는 자신의 실현 경향성을 발견하고 발휘하며, 자기 방향성을 스스로 설정하여 행동 변화를 시도하는 모습을 보인다.

실제로, 한 집단원은 초기에는 자신의 감정 표현에 서툴렀으나 집단의 지지와 격려 속에서 점점 자신의 내면을 개방하고, 자신의 문제를 주도적으로 해결하려는 태도로 변했다. 이러한 사례는 집단에서 실현 경향성이 촉진됨에 따른 긍정적 변화의 좋은 예이다.

집단상담에서 실현 경향성은 개방적이고 지지적인 집단 분위기, 상호 지지와 피드백, 무조건적 긍정적 존중을 통해 자연스럽게 촉진되며, 내담자들이 자신의 성장 동기를 발현하고 자기 자신으로서 변화해 나가는 과정에서 관찰된다.

Red herring 6

시기심과 질투의 이중주

프로이트는 인간 본성에 대해 뼈아픈 진실을 말했습니다. "인간은 자신들이 생각하는 것보다는 더 도덕적이지만, 자신들이 상상하는 것보다는 훨씬 더 비도덕적이다." 이 비도덕성의 영역에서 가장 뜨겁게 타오르는 감정이 바로 시기심과 질투입니다. 이 두 감정은 사실 나 자신과의 은밀한 경쟁에서 시작됩니다.

시기심(Envy)은 '내가 가진 것이 아닌, 다른 사람이 가진 것을 세는 기술'입니다. 남이 잘되는 것을 셈하고 미워하는 마음이죠. 시기심은 비교에서 태어납니다. 나와 별반 다르지 않다고 여겼던 사람이 대상이 될 때, 그 불꽃은 가장 크게 부풀어 오릅니다. 그가 잘 되면 운이 좋았을 뿐이고, 내가 못 하면 세상이 불공평하다고 여깁니다.

여자의 시샘은 세밀하며 일상적인 것에 집중되는 경향이 있는 반면, 남자의 시샘은 거칠고 과장된 환상의 영향을 많이 받습니다. 우리는 이 세상의 모든 것, 젊음, 용모, 성공을 다 가지기를 원하지만 그것은 불가능합니다. 그러니 시기심과 질투는 피할 수 없는 인생의 동반자이며, 뜨거운 피가 흐르는 인간이라면 안고 살아야 하는 그림자입니다.

시기심의 본질 속에는 악의가 숨어 있습니다. 이 악의적이고 파괴적인 에너지는 결국 부메랑처럼 시샘하는 사람에게 반드시 돌아오게 되어 있습니다. 왜냐하면, 그 마음이 결국 그 사람의 성격을 거칠게 만들고, 그를 파괴하기 때문입니다. 남을 해치려고 품었던 독이 결국 자신의 마음을 태우는 꼴입니다.

하지만 시기심에 좋은 의미도 있습니다. '좋은 의미의 시기심'은 남의 좋은 점을 본뜨려고 하는 마음, 즉 발전의 촉매 역할을 합니다. 시기심은 세상을 다른 눈으로 보게 하고, 새로운 출발의 방향을 잡도록 도와주기도 합니다. 이 긍정적인 변화를 통해 자신을 향상시킬 수도 있지만, 부정적인 노력으로 시기의 대상을 바닥으로 끌어내리려 할 때는 그 결과가 아주 달라집니다.

누가 시기심에 빠지기 쉬울까요? 사랑을 많이 받고 자란 사람이든, 부족하게 자란 사람이든 시기심이라는 감정은 사라지지 않습니다. 오히려 나를 절대적으로 만족시켜 주는 사람이 있다면, 우리는 그 사람을 시기할 가능성이 높습니다. 왜냐하면 '내 능력으론 그렇게 할 수 없다.'는 자각이 찾아오기 때문입니다.

마크 트웨인의 씁쓸한 농담이 있습니다. "내가 이룬 성공 속에는 항상 나의 제일 친한 친구들조차 언짢아하는 그 무엇이 있다." 또한, "가장 친한 친구가 겪는 불행한 일에서 우리는 싫지 않은 무엇인가를 느낀다."는 말은 인간의 복잡한 이기심을 보여줍니다.

질투(Jealousy)는 부러움이나 시기심보다 훨씬 더 강력한 감정입니다. 질투는 사람과 사람의 관계를 부식시켜 버리는 성질을 가지고 있습니다. 감정에는 늘 동전의 양면처럼 앞과 뒤가 있습니다. 앞면에 열광적인 사랑이 있다면, 그 뒷면에는 파괴적인 사랑이 숨어 있습니다. 질투는 바로 이 파괴적 사랑의 메신저입니다.

부러움이나 시기심은 물질이나 성취에 대한 것으로 바뀔 수 있지만, 질투는 100% 사람을 대상으로 합니다. 질투는 '나에게 소중한 사람을 다른 사람이 빼앗을지도 모른다.'는 두려움에서 시작되며, 그래서 다른 어떤 감정보다 행동으로 격렬하게 나타납니다.

윌리엄 셰익스피어의 비극 〈오셀로(Othello)〉는 질투가 어떤 행동을 불러일으키고 그 끝이 어디인지를 보여주는 이야기입니다. 질투의 끝은 결국 소중한 사람을 잃어버리는 고통을 피하려다가 결국 실패하는 게임입니다.

시기심과 질투, 부러움은 모두 비교에서 시작됩니다. 정신분석적 입장에서 보면 시기심은 평등 의식과 민주적인 질서를 만드는 데 도움이 된다는 의견도 있습니다. 시기심이 긍정적으로 변형되면 자신을 발전시키지만, 악의로 남아 있으면 남을 힘들게 하다가 결국 나를 해칩니다.

우리 모두는 자기애가 강합니다. '자기만 중요하다.'는 생각이 깊숙이 박혀 있어, 남이 나를 피곤하게 하면 잘못은 남에게 있고 그 사람 성격이 안 좋다고 생각하기 쉽습니다. 내가 남을 피곤하게 하면 그것은 '당연히 있을 수 있는 일'로 치부합니다. 이런 자기애적 사고는 내 입장에서 생각하는 것이 편하기 때문에 쉽게 바뀌지 않습니다.

하지만 손목도 마주쳐야 소리가 나는 법입니다. 시기심은 직장과 사회에 적응해 가면서 우리가 배출하는 배기가스와 같습니다. 이 시기심이 뿜어대는 유독가스로 인해 직장과 나 자신이 그을립니다. 시기심이 본격적으로 모습을 드러낼 때, 그 시나리오의 파트너는 열등감과 분노입니다. 가벼운 시기심은 정상 반응이지만, 시기심이 커져서 나를 집어삼키게 된다면, 그것은 이제 경계해야 할 마음의 질병이 됩니다.

Group Counseling

CHAPTER 07

합리적 정서적 행동치료

1 합리적 정서적 행동치료(REBT)의 개념과 배경

2 REBT의 주요 개념

3 REBT 상담 이론

4 REBT 상담 과정과 기법

5 집단상담과 합리적 정서적 행동치료

1 합리적 정서적 행동치료(REBT)의 개념과 배경

1) REBT 정의

19세기 후반까지 인류는 '인간은 이성적 존재'라는 믿음 속에서 살아왔다. "나는 생각한다, 고로 나는 존재한다"는 말처럼, 인간을 만물의 영장으로 여기며 합리적인 사고 능력을 최고 가치로 두었다. 그러나 프로이트의 등장으로 이러한 인식에 큰 변화가 일어난다. 그는 인간이 이성적이기보다 무의식에 휘둘리는 존재이며, 어쩌면 가장 비합리적이고 비이성적일 수 있다는 새로운 관점을 제시한다.

합리적 정서적 행동치료(Rational Emotive Behavior Therapy, REBT)의 주창자인 앨리스는 아직도 자신을 철저히 이성적이라고 믿는 이들에게 "당신은 여전히 비합리적인 사고 속에 있군요."라고 지적할 것이다.

실제로 우리는 스스로 생각하는 것보다 훨씬 더 자기중심적이다. 자신의 생각을 바꾸기보다 기존의 관성대로 살기를 고집하고, 객관적인 사실을 외면한 채 심지어 자신을 해치는 행동을 하기도 한다. 대부분의 신경증은 자신의 주관적 생각을 맹목적으로 옳다고 믿는 데서 시작된다. 타인에게는 비이성적이고 불편한 행동일지라도, 당사자는 이를 자신의 신념으로 굳게 믿으며 고집하는 독특한 경향을 보인다.

이 장에서 우리가 공부할 REBT는 인간을 합리적이고 이성적인 사고와 비이성적 사고 및 신념을 동시에 가질 수 있는 복합적인 존재로 정의한다. 인간에게는 자신을 보호하고 행복을 추구하며, 타인과 소통하고 스스로를 성장시키려는 자아실현 욕구가 있다. 동시에 스스로를 파괴하고, 일을 미루며, 허황된 미신을 믿고, 자신의 성장 가능성을 회피하려는 부정적인 경향 또한 가지고 있다.

이러한 인간의 왜곡된 사고는 생물학적 영향과 더불어, 특히 유아기에 양육자에게 전적으로 의존하는 과정에서 비논리적으로 학습된 결과일 수 있다. 아이들은 양육자의 영향을 받으며 자라나기 때문에, 이 과정에서 합리적인 생각뿐만 아니라 비합리적인 사고방식도 함께 형성하게 된다.

그러나 인간은 자기와 대화하고 스스로를 평가하며 유지할 수 있는 존재이다. 성인이 되면 대부분 어린 시절의 비합리적인 사고나 태도를 합리적인 것으로 교정하며 성숙하게 변화해 간다. 물론 그렇지 못하고 비합리적인 사고를 그대로 지니고 살아가는 사람도 있다.

REBT는 바로 이러한 비합리적인 신념을 교정하는 데 중점을 둔다. 이를 통해 자신과 타인에게 불편함을 유발했던 기존의 신념을 사회 내에서 상식적으로 용인될 수 있는 생각과 행동으로 변화시키고자 한다.

앨리스는 "사람마다 세상을 바라보는 안경이 있는데, 일상생활에서 불편함을 겪는 사람들은 비합리적인 안경을 소유하고 있다. 이 안경을 합리적이고 이성적인 것으로 바꾸면 훨씬 더 편안하고 만족스러운 삶을 살 수 있다."고 말한다.

이제 REBT, 합리적 정서적 행동치료에 대해 알아보기로 하자.

2) 앨리스

(1) 앨리스는 누구인가

"인간은 스스로 생각을 바꿈으로써 감정과 행동을 변화시킬 수 있다."는 믿음을 전 세계에 전파하기를 원했던 앨버트 앨리스(Albert Ellis, 1913~2007)는 1913년 미국 뉴욕에서 태어났으며, 가정 형편이 어려운 환경에서 자랐다. 어린 시절 그는 만성 신장염과 수많은 병치레로 병원 생활을 자주 했고, 부모는 정서적으로 무관심했다고 알려져 있다. 이런 경험은 그에게 감정의 독립성과 자기 인식의 중요성을 일찍 깨닫게 했다.

그는 뉴욕 시립대학교에서 경제학을 전공한 후, 컬럼비아 대학교에서 임상심리학으로 석사·박사 학위를 받았다. 졸업 후 뉴저지 정신위생클리닉에서 근무하며 상담 경험을 쌓았고, 초기에 정신분석학의 영향을 받았으나 점차 그 한계에 회의를 품게 되었다.

1950년대 초, 앨리스는 프로이트식 정신분석보다 더 즉각적이고 논리적인 심리치료 방법을 찾기 시작했다. 그 결과 1955년 합리적 정서적 행동치료(이하 REBT)를 발표했다. 그는 인간의 감정문제가 외부 사건이 아닌, 사건에 대한 비합리적 신념에서 비롯된다고 보았다. 이 이론은 후에 인지치료의 발전에 결정적인 토대를 제공했다.

앨리스는 평생 세 번의 결혼을 했으나 모두 짧게 끝났고, 자녀는 없었다. 그는 인간적으로 솔직하고 유머러스했으며, 상담 현장에서도 유쾌하고 직설적인 화법으로 유명했다. 또한 자신이 주장하는 "수치심 극복 훈련(shame attacking exercises)"을 직접 실천하는 등 행동 중심적 철학을 몸소 증명했다.

그는 1959년 뉴욕에 앨버트 앨리스 연구소(Albert Ellis Institute)를 설립하고, REBT의 이론 교육과 치료를 선도했다. 1982년 미국·캐나다 심리학자 조사에서 역사상 두 번째로 영향력 있는 심리치료사로 선정되었으며, 칼 로저스가 1위, 지그문트 프로이트가 3위를 차지했다. 2007년 93세로 타계할 때까지 강연과 집필을 이어가며 700편 이상의 논문과 60권 이상의 저서를 집필하였다.

(2) 앨리스의 브롱크스 식물원 데이트 사건

앨버트 앨리스가 브롱크스 식물원에서 100명의 여성에게 데이트를 신청한 일화는 단순한 '실패담'이 아니라, 그의 인생과 REBT의 핵심 철학이 태동한 사건이었다. 젊은 시절 앨리스는 내성적이고 여성에게 다가가는 걸 두려워한 사람이었다. 19세 무렵, 그는 자신의 대인공포증과 수줍음을 극복하기 위해 의도적인 '노출 훈련'을 하기로 결심했다. 이때 선택한 장소가 뉴욕 브롱크스 식물원이었고, 그는 한 달간 매일 이곳을 찾아 100명의 여성에게 말을 걸어 데이트를 신청했다. 그중 한 명만이 데이트를 수락했지만, 그 여성도 약속 날 나타나지 않았다. 겉보기에는 100% 실패였지만, 앨리스는 그 경험을 통해 "거절당해도 세상은 무너지지 않는다."는 사실을 체득했다고 회고한다.

이 경험은 REBT의 핵심 원리–생각이 감정을 결정한다–를 실생활에서 직접 검증한 사례로 평가된다. 앨리스는 이 사건을 통해 두려운 상황에 반복적으로 자신을 노출하면 감정과 행동이 변화할 수 있다는 확신을 얻었고, 그 깨달음이 훗날 REBT 이론의 기초가 되었다. 즉, 식물원 실험은 단순한 용기 시험이 아니라, "비합리적 신념을 실천 경험으로 논박"한 REBT의 탄생 현장이었다고 할 수 있다.

앨버트 앨리스가 브롱크스 식물원에서 100명의 여성에게 데이트를 신청한 실험을 통해 얻은 교훈은 '두려움의 근원은 사건이 아니라 그것을 해석하는 비합리적 신념'이라는 깨달음이었다. 그는 자신의 경험을 이렇게 정리했다. 대가다운 풍모다. 자신의 수치스러운 경험을 바탕으로 이렇게 멋진 이론을 발표했으니 말이다.

- 거절당해도 세상은 무너지지 않는다

앨리스는 100번 모두 거절당했지만, 그 경험을 통해 "거절은 수치가 아니라 단지 하나의 사건일 뿐"임을 직접 체험했다. 그는 사건(A) 자체보다 그것을 받아들이는 신념(B)이 정서적 결과(C)를 결정한다는 ABC 모델의 핵심 원리를 확신하게 되었다.

- 두려움을 직면하면 불안이 줄어든다

그는 반복적인 노출을 통해 '수치심'과 '부끄러움'이라는 감정이 사라지는 것을 경험했다. 이로부터 그는 REBT의 주요 훈련 기법인 "수치심 극복 훈련(shame attack exercise)"을 만들어, 내담자들이 두려운 상황에 직접 부딪히며 감정의 변화 과정을 체험하도록 지도했다.

- 외적 인정보다 내적 성취가 중요하다

앨리스는 사회적 칭찬이나 성공이 아닌, '스스로 도전했다는 내부의 성취감'이 인간 행동을 강화시킨다는 점을 깨달았다. 즉, 외적 보상 없이도 자신의 가치 있는 목표에 행동으로 나서는 것이 진정한 자기 강화라는 것이다.

● 변화를 원하면 행동부터 바꿔라

그는 "행동하지 않으면 사고도 변하지 않는다."는 점을 깨닫고, REBT 치료에서 내담자가 생각만 바꾸는 데 그치지 않고 실제 행동 실험을 병행해야 한다고 강조했다.

앨리스는 이 실험을 통해 '불합리한 신념을 논박하고 행동으로 검증하는 용기'가 심리적 회복의 핵심임을 배웠다. 이 경험은 훗날 REBT의 철학과 치료 기법 전체를 형성하는 중요한 전환점이 되었다.

3) 에픽테토스

REBT의 기초에 깔려있는 앨리스의 통찰에 지대한 영향을 끼친 사람이 있다. 그는 고대 그리스 철학자인 에픽테토스다.

에픽테토스는 누구일까? 에픽테토스는 기원전 50년경 프리기아의 히에라폴리스(현재 튀르키예 지역)에서 노예로 태어난 고대 그리스의 스토아 철학자였다. 어린 시절 로마에서 노예 생활을 했지만 스토아 철학을 공부했고, 후에 자유민이 되어 철학을 가르쳤다. 그는 외부 사건이 아니라 그 사건에 대한 자신의 태도와 판단이 사람을 괴롭힌다고 보았고, 통제할 수 없는 것과 통제할 수 있는 것을 구분해 내면의 평화에 집중하는 '통제의 이분법' 개념을 내세웠다. 에픽테토스의 철학은 감정 조절과 자기 책임 강조를 중심으로 현대 심리치료인 REBT에도 큰 영향을 끼쳤다.

REBT에 큰 영향을 준 에픽테토스의 견해는 "사람을 괴롭히는 것은 사건이 아니라, 그 사건에 대한 자신의 판단"이라는 인식에서 출발한다. 에픽테토스는 인간이 겪는 감정적 고통과 불행이 외부 현실 그 자체가 아니라, 그 현실에 대해 우리가 내리는 해석과 평가 때문이라고 강조했다. "사람을 괴롭히는 것은 사건이 아니라, 사건에 대한 자기 자신의 판단이다." 이 관점은 앨리스의 REBT에서 '감정적 책임의 원리(Principle of Emotional Responsibility)'로 계승되어, 감정적 반응이 자동적이고 수동적으로 일어나는 것이 아니라 개인의 신념이나 사고방식에 영향을 받는다는 주장으로 발전했다.

에픽테토스는 "생각대로 일이 풀리길 바라지 말고, 일이 전개되는 대로 받아들이라. 이것이 평화에 이르는 길이다."라고 했고, REBT 역시 바꿀 수 없는 현실은 받아들이지만, 필요하다면 현실을 변화시키기 위한 적극적 노력과, 변하지 않는 부분에 대한 건설적인 적응을 강조한다.

또한 에픽테토스는 "행동으로 이어지지 않는 배움은 쓸모없다."라고 말하며, 실제 삶 속에서 합리적인 태도를 반복적으로 실천하고 내면화하는 중요성을 강조했다. REBT도 상담실에서 배운 합리적 태도를 실제 생활에서 반복적으로 연습하고, 비합리적 신념이 감정을 어떻게 왜곡하는지 스스로 성찰하도록 지도한다.

2 REBT의 주요 개념

1) 인간관

합리적 정서적 행동치료 이론의 가장 기초적인 토대를 이루는 인간관을 살펴보자.

앨리스는 그의 이론을 정립하기 위해 인간을 다음과 같이 규정하였다.

- 인간은 생득적으로 비합리적 사고를 하는 경향이 있다.
- 인간은 외부의 어떤 상황보다는 자기 스스로 정서적 장애를 일으키는 여건을 만든다.
- 인간은 비합리적 사고를 바꾸기 위해 노력하는 생득적 경향성을 가지고 있다.
- 인간은 자신의 인지적 정서적 행동적 과정을 변화시킬 수 있는 능력이 있다.

- 인간은 성장과 자아실현 경향성이 있다.
- 인간은 자신에게 정서적 장애를 일으키는 신념을 만들어낸다. 그리고 자신이 만든 정서장애를 유지하고자 한다.
- 인간의 사고와 정서, 그리고 행동은 서로 영향을 미친다.

앨리스는 프로이트의 인간관과 유사하게 인간은 비합리적이며 불완전한 성격적 특성을 가지고 있다고 보았다. 하지만 인간 본성에 대한 긍정적 시각도 가지고 있었다. 인간은 자신의 삶을 스스로 선택할 수 있고 긍정적 변화와 성취를 향해 적극적이고 끊임없이 나아갈 수 있다고 본 것이다.

2) 비합리적 신념

앨리스는 사람들이 정서적 문제를 겪는 이유는 일상생활에서 겪는 구체적인 사건들 때문이 아니라 그 사건을 합리적이지 못한 방식으로 지각하고 받아들이기 때문이라고 주장한다. 즉 어떤 사건을 자신이 가지고 있는 비합리적인 사고방식으로 해석하기 때문에 정서적 문제를 경험하게 된다는 것이다.

예를 들어보자. 친구와 만날 약속을 했는데 그 친구가 약속 시간을 어긴 경우, 약속을 어긴 사건을 어떻게 받아들이는가에 따라 화가 날 수도 있고 화가 나지 않을 수도 있다고 본다. 친구가 약속을 어긴 일로 화가 나는 사람은 친구가 약속 시간을 어겼다는 사실보다 약속 시간을 어기는 일이란 절대 있을 수 없다는 생각을 가지고 있기 때문에 화가 날 수 있다. 사람들은 이와 같이 비합리적 신념을 스스로 계속 되뇌고 확인함으로써 느끼지 않아도 될 불쾌한 정서를 만들어내고 유지한다.

1989년, 앨리스는 사람들이 가지고 있는 열한 가지 비합리적 신념에 대해 다음과 같이 정리했다.

- 나는 내가 만나는 모든 사람에게 사랑이나 인정을 받아야 한다고 생각한다.
- 나는 완벽할 정도로 유능하고 합리적이며 가치 있고 성공한 사람으로 인식되어야 된다.
- 어떤 사람들은 나쁘고 사악하고 악랄하기 때문에 비난과 벌을 받아야 한다.
- 내가 원하는 대로 일이 되지 않는 것은 내 인생에서 큰 실패를 의미한다.
- 불행은 내가 통제할 수 없는 상황에 의해 발생한다.
- 위험하거나 두려운 일들이 내게 일어나 큰 해를 끼칠 것이 항상 걱정된다.
- 어떤 난관이나 책임을 부딪쳐 해결하기보다 피하는 것이 더 쉽다.
- 나는 다른 사람에게 어느 정도는 의존해야 하며 나를 돌봐줄 수 있는 사람들이 주위에 있어야 한다.
- 과거의 영향은 결코 사라지지 않고 과거의 경험과 사건들은 현재 나의 행동을 결정한다.
- 나는 다른 사람들의 문제나 고통을 나 자신의 일처럼 아파해야 한다.
- 모든 문제는 완벽한 해결책이 있으므로 그 해결책을 찾아야 한다. 그렇지 않으면 결국 큰 혼란이 생길 것이다.

앨리스는 이러한 비합리적 신념을 부적응 행동과 심리적 장애의 원인으로 보았다. 개인의 왜곡된 지각과 잘못된 생각의 뿌리에는 비합리적이고 자기 패배적인 관념들이 깔려 있으며 사람들은 이와 같은 비합리적 신념들을 자기 스스로 계속 되뇌고 확인함으로써 느끼지 않아도 될 불쾌한 정서를 만들어내고 유지하게 된다는 것이다.

3) 자기 수용

REBT에서 자기 수용(Self-Acceptance)은 건강한 심리 상태를 유지하고 정서적 문제를 극복하는 데 핵심적인 개념이다. 이것은 완벽주의나 자기 비하를 유발하는 "무조건적인 자기-평가"를 거부하는 것에서 시작한다.

REBT는 인간이 본질적으로 실수하고 불완전할 수 있는 존재임을 인정한다. 따라서 자기 수용은 자신의 행동, 생각, 감정 등 특정 측면을 평가할 수는 있지만, 자신이라는 전체적인 존재 자체에는 점수를 매기거나 가치를 부여하지 않는 태도이다. 이것은 "나는 나의 불완전함에도 불구하고 가치 있는 존재이다."라는 합리적인 신념을 내면화하는 과정이다.

자기 수용은 흔히 혼동하는 자기-존중(Self-Esteem)과는 구별된다. 자기-존중은 "내가 잘했기 때문에 나를 가치 있게 느낀다."는 조건적인 평가에 기반하는 반면, 자기 수용은 외적인 성취나 결과에 관계없이 자신을 무조건적으로 받아들이는 것이다. 즉, "나의 행동이나 결과가 부정적이더라도, 나는 여전히 인간으로서 온전한 수용을 받을 자격이 있다."는 철학적 관점이다. 이 관점은 개인이 실패나 비판에 직면했을 때도 자신의 가치를 지키고 건강하게 대처하도록 돕는다.

3 REBT 상담 이론

앨리스는 개인의 심리적 문제에 영향을 끼치는 요인들을 생물학적 사회적 요인에 따른 정서적 혼란으로 보았으며 이를 ABC 이론으로 설명했다. 이 이론은 내담자의 감정과 사고, 사상, 행동 등을 이해할 수 있는 유용한 틀을 제공한다는 점에서 REBT 이론과 실제의 핵심이다.

1) ABC 모델

REBT 과정에서 ABC 모델은 내담자의 신념과 정서를 체계적으로 이해하고 치료하는 데 중요한 원리이다. 각 단계는 다음과 같은 의미를 가진다.

- A(Activating event, 촉발 사건) : 내담자에게 부정적 감정을 유발하는 실제 사건이나 상황
- B(Belief, 신념) : 그 사건에 대해 내담자가 가지는 신념으로, 합리적이거나 비합리적일 수 있음
- C(Consequence, 결과) : 신념에 의해 발생하는 정서적, 행동적 반응

2) 무조건적 자기 수용(USA), 타인 수용(UOA), 삶의 수용(ULA)

REBT에서 "무조건적 자기 수용(USA)", "무조건적 타인 수용(UOA)", "무조건적 삶의 수용(ULA)"은 정서적 건강을 위한 핵심 철학적 태도로, 인간의 존엄성과 가치, 관계, 삶 전체에 대한 조건 없는 긍정과 인정을 강조한다.

- 무조건적 자기 수용(Unconditional Self-Acceptance, USA)

자신의 성취나 실패, 단점과 상관없이 '있는 그대로' 자신을 존중하고 받아들이는 태도이다. 자신의 가치가 성취·타인의 인정·행동의 옳고 그름과 무관하게 본질적으로 존엄하다고 여긴다. 즉 자신의 가치를 행위나 결과에 의존하지 않고 인정하는 것을 의미한다.

예를 들면 "나는 시험에서 떨어졌지만, 그렇다고 내가 가치 없는 사람은 아니다. 나는 그 자체로 귀하고 중요한 존재다." 이런 수용은 자기 비난과 낮은 자존감, 완벽주의적 고통에서 벗어나는 데 도움을 준다.

● 무조건적 타인 수용(Unconditional Other Acceptance, UOA)

타인의 행동이나 성격의 좋고 나쁨에 관계없이 그 사람 자체를 존중하고 받아들이는 태도이다. 타인의 잘못을 용납하는 것이 아니라, 그 사람을 인간으로서 인정하는 것이다. 타인의 실수나 잘못에 대해 그들의 인격 자체를 비하하거나 경멸하지 않는다.

무조건적 타인 수용은 분노, 적대감, 독선적 판단, 미움 등 비합리적 감정의 완화에 효과적이다. 예를 들어 "그 사람은 때때로 무례하게 굴지만, 그럼에도 불구하고 그 사람 자체로 인정받을 가치가 있다."는 태도이다.

● 무조건적 삶의 수용(Unconditional Life Acceptance, ULA)

삶의 불확실성, 실패, 고통, 어려움 등을 조건없이 인정하고 받아들이는 태도이다. 삶이 항상 원하는 대로 흘러가지 않는다는 현실을 받아들이는 것이다. 삶이 원하는 대로만 흘러가야 한다는 강박적 신념에서 벗어나, 인생의 불완전함과 고통, 예측할 수 없는 점을 인정하는 태도이다. "유토피아적 삶은 불가능하다."는 점을 인정하며, 삶의 조건이 힘들거나 불공평해도 그것을 조건 없이 받아들이려 노력한다. 삶에서 좋은 것과 나쁜 것 모두를 있는 그대로 수용하면 스트레스를 줄이고 심리적 복원력을 촉진할 수 있다 "내가 계획한 대로 일이 진행되지 않아도, 삶이 항상 완벽할 수는 없다는 것을 받아들인다."는 태도이다.

이 세 가지 수용(USA, UOA, ULA)은 REBT 상담에서 내담자가 합리적·비합리적 신념을 점검하는 중요한 기준이자, 삶의 다양한 심리적 고통을 극복하는 근원적 힘이 된다. 자기 수용이 기초가 되면 타인 수용과 삶의 수용이 더 자연스럽게 이루어진다. 나를 무조건 수용할 수 있어야 남과 삶의 불완전함도 이해하고 받아들일 수 있는 마음의 여유가 생긴다.

REBT에서는 이 세 가지 무조건적 수용을 통해 비합리적 신념과 부정적 정서 반응을 줄이고, 심리적 안정과 성장을 도모한다.

4 REBT 상담 과정과 기법

1) 상담 목표

REBT에서는 내담자가 가지고 있는 증상을 없애는 데에만 관심을 가지는 것이 아니라 문제를 일으키는 내담자의 신념과 가치 체계를 새로 학습시키는 것을 목표로 한다. REBT에서 지향하는 세부 목표는 자신에 대한 관심, 사회적 관심, 자기결정, 인내성, 융통성, 불확실한 것에 대한 수용, 헌신, 과학적 사고, 자기 수용, 위험 감수, 낙원지상주의에서의 탈피, 좌절에 대한 높은 수준의 인내심, 목표에 대한 책임 수용 등이다. 이와 같은 목적은 비합리적 신념의 수정을 통해 이루어질 수 있다.

상담 초기에 상담자들은 REBT 이론을 설명하고 내담자가 진행 과정에 익숙해지도록 돕는다. 또한 상담이 진행되는 동안 A, B, C, D, E, F로 표현된 여섯 가지 구조화된 형식을 사용하는데 이 과정에서 자기 도움 양식이나 태도 및 신념 척도 등의 양식이 활용되기도 한다. A, B, C에 대해서는 전술한 바가 있으므로 D, E, F에 대해서 설명하고자 한다.

- D(Dispute, 논박) : 비합리적 신념을 논리적, 경험적, 실용적으로 반박하는 과정
- E(Effect, 효과) : 논박을 통해 내담자가 갖게 되는 새로운 합리적 신념이나 인지 변화
- F(Feeling, 감정) : 새로운 신념에 따라 형성되는 건전하고 적응적인 감정 상태

상담이 종료될 때까지 내담자들은 다양한 전략을 사용하여 그들 자신의 신념을 평가 논박하는 방법을 배우게 되고 나아가 자신의 삶 안에서 이러한 과정들을 스스로 적용할 준비를 하게 된다.

2) 상담 기법

앨리스는 적극적이고 지시적이며 활기찬 전략들이 보다 빠른 내담자의 변화를 이끈다고 믿었는데 구체적으로 논박, 과제 제시, 독서법, 자기 진술 수용 등과 같은 접근 기술이 있으며 이들은 다른 접근에 비하여 보다 설득적, 지시적, 교수적인 것이 특징이다.

REBT는 다양한 인지적, 정서적, 행동적 기법을 내담자 특성에 따라 적절하게 적용하지만 정서적 기법보다는 인지적 기법과 행동적 기법을 더 강조한다. 이러한 기법들은 불안, 우울, 분노, 부부 갈등, 대인 관계 기술 부족, 양육 실패, 성격장애, 강박장애와 같은 일반적인 임상 문제 영역을 상담하는 데 적용되고 있다.

앨리스가 제시한 중요한 인지적, 정서적, 행동적 기법들을 간략하게 요약하면 다음과 같다.

(1) 인지적 기법

① 비합리적 신념 논박하기

상담자는 내담자가 가지고 있는 비합리적 신념을 반박하여 어떤 사건이나 상황 때문이 아니라 그 사건이나 상황에 대한 내담자의 지각과 자기 진술 때문에 장애를 느낀다는 것을 그들에게 보여준다.

상담자는 내담자의 비합리적 신념을 탐색하기 위해 내담자로 하여금 자신의 생각을 구체적으로 이야기하도록 유도하고, 그 내용에서 비합리적 신념의 단서, 예를 들면 '반드시', '절대적' 등 강박적 표현을 찾는다. 그런 다음 "그 생각의 근거는 무엇인가요?", "왜 그렇게 당연하다고 생각하나요?", "그것이 항상 사실이라고 확신할 수 있나요?" 같은 질문으로 신념의 논리성과 현실성을 점검한다.

이러한 비합리적 신념에 대한 탐색이 왜 중요한가 하면 내담자의 말을 통해 내담자가 순간순간 떠올리는 자동적 사고들을 관찰하고, 그 밑에 놓인 핵심 신념 또는 도식을 찾아낼 수 있기 때문이다.

② 인지적 과제 주기

인간은 때로 부정적이고 자기 충족적인 예언을 만들며 자신이 그렇게 될 것이라고 스스로에게 말하기 때문에 실패한다는 가정 아래 상담자는 내담자로 하여금 자신의 문제 목록표를 만들고 절대적 신념을 밝히며 그 신념을 논박하게 한다. 이를 위해 상담 과정 중 상담자는 내담자로 하여금 일종의 과제를 수행하게 하는데, 여기에는 상담 기간 동안에 어떤 책을 읽게 하는 등의 특수한 과제 이행이나 REBT의 ABC 이론을 일상생활에 적용하는 활동, 또 내담자가 "실수를 하면 나는 무가치하다."는 신념을 "나는 인간이기 때문에 실수할 수 있지만, 나는 여전히 가치 있는 존재다."로 바꾸도록 스스로 노력하는 자기 도움 문항 작성 등이 포함된다.

③ 내담자의 언어를 변화시키기

REBT에서는 부정확한 언어가 왜곡된 사고를 일으키는 원인 중에 하나라고 보기 때문에 상담자는 내담자들의 언어 패턴에 특별한 주의를 기울여야 한다. '당연히 해야 한다.'는 말을 내담자가 습관적으로 내뱉는다면 '그렇게 되면 더 좋을 것 같다.'로, '그런 일이 일어난다면 끔찍스러울 것'이라는 말은 '그런 일이 일어나면 좀 불편할 수 있겠다.'라는 말로 상담자가 대치해 준다면 내담자의 변화가 시작될 수 있기 때문이다. 즉, 무력하고 자책하는 방식의 언어를 사용하는 내담자들이 새로운 자기 진술 방식을 학습하게 되는 것이다.

④ 자기방어의 최소화

내담자가 비록 여러 가지 실수를 저질렀다 하더라도 이것 때문에 내담자가 경멸당하거나 저주받을 이유는 결코 없다는 것을 보여주어야 한다. 이러한 자기 수용은 내담자의 방어 욕구를 최소화시켜 준다. 내담자들에게는 자신이 가지고 있다고 생각하는 것보다 더 많은 선택들이 가능한 경우가 종종 있다. 따라서 상담자들은 내담자에게 모든 가능한 대안들을 찾아 보도록 도울 수 있으며 더 나아가 내담자 스스로 대안을 찾아내도록 격려할 수 있다.

⑤ 유머 사용

앨리스는 문제 상황으로 이끄는 과장된 사고를 누그러뜨리는 수단으로 유머 사용을 강조하고 있다. 지나치게 진지하고 심각한 생각과 태도를 반격하고 경직된 생활 철학을 논박하도록 조언하는 데 유머를 사용하는 것이다. 상담자가 유머의 능력을 가지는 것이 중요하다. 내담자가 외길보기로 세상을 바라보고 있다면 두길보기 세상도 있다는 것을 알려주어야 하는데 이 과정에서 사용할 수 있는 기법이 바로 유머 사용이기 때문이다.

⑥ 합리적 정서 상상 기법

이 기법은 새로운 정서 패턴을 만드는 데 도움이 되도록 설계된 강력한 정신적 실행 방법이다. 상담자는 내담자로 하여금 그들에게 일어날 수 있는 최악의 상황 중 하나를 상상하게 하여 상황과 맞지 않는 부적절한 감정이 적절한 감정으로 변화될 수 있도록 한다. 예를 들어, 실패 상황을 상상하며 느끼는 좌절감 대신, "나는 실패했지만 여전히 나 자신을 존중하고 앞으로 나아갈 수 있다."는 긍정적 정서를 심상 속에서 경험하게 하는 것이다. 이 기법은 문제가 될 수 있는 대인 관계 상황에 유용하게 적용될 수 있다. 앨리스는 합리적 정서 상상 기법을 실시하게 되면 개인은 더 이상 비합리적 신념들 때문에 혼란을 느끼지 않을 것이라고 했다.

⑦ 부끄러움 제거 연습

이 기법에는 정서적, 행동적 요소 두 가지가 모두 포함된다. 앨리스는 정서장애의 중요한 핵심 중 하나는 부끄러움 혹은 자기 비난이라고 주장하였다. 따라서 상담자는 내담자로 하여금 창피하거나 부끄럽게 느껴지는 행동을 해보도록 과제를 부여한다. 이러한 과제를 통해 내담자는 자신이 생각했던 것만큼 사람들이 다른 사람에 대하여 관심을 두지 않으며, 따라서 다른 사람들의 비난에 대해 과도하게 평가할 필요가 없다는 것을 깨닫게 된다. 앨리스는 자신의 과거 브롱크스 식물원 경험을 통해 자신이 어떻게 부끄러움을 극복했는지를 잘 보여주었다.

(2) 행동적 기법

① 강화와 보상 기법

바람직한 행동의 빈도를 증가시키는 자극은 바람직한 행동을 수반하게 된다. 이 기법은 내담자가 목표로 하는 긍정적이고 적절한 행동을 성공적으로 실천했을 때 보상을 제공하여 그 행동의 빈도를 증가시키는 방법이다. 보상은 내담자가 원하는 긍정적인 자극(예 : 칭찬, 격려, 작은 선물, 휴식 등)을 의미하며, 행동을 강화하는 역할을 한다.

② 역할 연기

상담자는 내담자가 스트레스 상황에서 무엇을, 어떻게 느끼는가를 알아보기 위해 그 행동을 시연해 보게 할 수 있다. 역할 연기를 할 때에는 먼저 상담자가 내담자 역할을 하면서 내담자가 심리적인 장애를 느끼는 이유가 무엇인지 파악한 것을 바탕으로 이 사건에 대한 합리적인 자기 진술을 하고 적절한 행동을 해 보인다. 그런 다음에 역할을 바꿔서 내담자에게 문제가 되고 있는 사건에 대한 합리적 진술과 행동을 해보게 하는데 이때 상담자는 내담자가 적극적으로 역할 연기를 할 수 있도록 격려한다. 역할 연기를 통해 내담자는 자신이 할 수 있는 행동이 무엇인지를 분명하게 인식한다.

③ 활동 과제 부가

상담 장면이 아닌 상황에서 구체적인 행동을 해보도록 행동 지향적인 과제를 부가하는 것으로 이때 과제는 보통 내담자가 어려워하거나 두려워하는 내용을 택하되 난이도가 서서히 높아지는 일련의 점진적인 과정들을 포함한다. 내담자가 실생활에서 새로운 행동의 시도를 통해 새로운 경험을 함으로써 비능률적인 습관을 버리도록 돕는 것이다. 교정적 정서체험이 아니라 교정적 행동체험을 하도록 돕는다고 할 수 있겠다.

3) REBT 장점과 단점

REBT의 다양한 상담 기법들은 불안, 우울, 적대감, 각종 약물중독, 성 문제, 공포증을 가진 사람들의 사고, 감정, 행동을 변화시키는 데 효과적이라는 것이 입증되어 왔다. 또한 논리적 설명과 간결하고 짧은 상담 기간은 복잡한 현대인의 성향과 비교적 잘 맞는 이론이라는 평가를 받고 있다.

REBT의 장점 중 하나는 상담자의 직접적 개입 없이도 스스로 짧은 자기 긍정 진술이나 합리적 대처문을 작성하고 반복적으로 연습하기, 긍정적 사고를 불러 일으키는 테이프 듣기나 관련 책 읽기, 행동하고 사고하는 것 기록하기, 워크숍 참석하기 등과 같은 보충적 접근을 통해 내담자 스스로 치료를 이행할 수 있는 방법을 교육함으로써 상담자에게 지나치게 의존하지 않고 스스로 변화할 수 있게 된다는 점이다.

REBT의 치료적 효과에 대해 의문을 제기하는 이들은 REBT 접근 방식에서 가장 중요하게 여기는 합리적 신념과 비합리적 신념이 무엇인가에 대한 명확한 규정과 평가가 부재하다고 지적한다. 또한 합리적 사고를 강요하는 상담자의 권한이 남용될 수 있다는 한계가 있다. 앨리스는 이 접근의 적극적이고 지시적인 성격 때문에 내담자가 자신의 가치 체계를 자신의 사고 틀에서보다는 상담자가 원하는 목표와 가치를 채택하도록 강요받는다는 느낌을 가질 수 있음을 인정하였다.

여타 다른 치료법들과 마찬가지로 REBT 역시 상담의 성공은 내담자와의 관계이다. 특히 REBT는 상담자와 내담자 사이의 관계에서 전이를 다루지 않고 있기 때문에 치료적 동맹이 형성되지 않았을 때 이루어지는 성급한 충고나 권면들은 관계를 해칠 수 있으므로 치료에 있어 신뢰 관계 형성이 매우 중요하다고 할 수 있다.

5 집단상담과 합리적 정서적 행동치료

1) REBT 집단상담에서 상담자의 역할

REBT 집단상담에서 상담자는 적극적이고 지시적인 상담자로서의 역할을 감당해야 한다. 상담자는 집단원의 비합리적 신념을 신속하게 포착하고 논박하는 인지적 기법을 핵심으로 활용할 수 있다. 이는 집단원이 자신의 신념을 객관화하고 합리적으로 재구성하여 심리적 변화를 이루도록 돕는 과정이다. 상담자의 역할을 탐색해 보자.

- 언어와 표현의 변화 관찰 : 집단 내에서 집단원들의 언어 표현과 정서 반응을 주의 깊게 관찰하며 비합리적 사고를 식별하고, 이를 집단원과 함께 분석 및 논박한다.

- 반복적 탐색과 피드백 : 비합리적 신념 탐색은 상담 초기뿐 아니라 세션마다 지속적으로 이루어지며, 집단원 간의 피드백과 도전을 통해 더욱 명확해진다. 피드백은 한 번에 끝나지 않고 반복적으로 이루어지며, 자기 성찰과 행동 변화 과정을 지원한다. 또한 집단 내 동료 피드백도 활성화시킨다.
  그러기 위해서 상담자는 집단원 간 신뢰와 안전감 조성에 유의해야 한다.

피드백 주기 전에 집단원이 편안함과 신뢰를 느낄 수 있도록 심리적 안전감을 조성한다. 피드백은 상대방의 감정을 존중하고 공감하는 태도로 전달해야 한다. 부정적인 감정 표현이나 방어적 태도에 대해서도 수용적 반응을 보여주어야 한다. 지나간 사건보다는 현재 상황과 행동에 대한 피드백을 중심으로 한다. '여기-지금'에 초점을 맞춰 실질적인 변화를 촉진한다.

개인의 특성이나 인격에 대한 일반적 평가보다는 특정 행동이나 말에 대해 구체적으로 피드백 한다. 예를 들어, "네가 말할 때 목소리가 너무 높았어." 대신 "오늘 토론 중 네가 이야기를 할 때 목소리가 높아서 다른 사람들이 듣기 어려웠어."와 같이 구체화한다.

부정적 피드백은 긍정적 피드백과 함께 균형을 이루도록 한다. 긍정적인 면을 먼저 언급하고 개선할 점을 말하는 '샌드위치 방법'을 사용할 수 있다. 이 방법은 피드백을 받는 사람이 방어적이지 않고 열린 태도로 받아들이도록 돕는 역할을 한다. 상대방의 입장에서 듣고 반응할 수 있도록 격려하며, 피드백이 변화와 자기 성장을 위한 정보임을 강조한다.

이와 같이 집단상담에서 신념 도전 시 피드백은 신뢰와 공감을 바탕으로 구체적이고 현재 지향적이며, 긍정적 측면과 함께 제공되어야 하며, 수용적 자세를 유도하는 과정이 필수적이다.

- 논박적 질문법 활용 : 상담자는 집단원들이 가진 비합리적 신념의 근거와 타당성을 적극적으로 질문하며 도전한다. 예를 들어, "왜 반드시 그렇게 해야만 한다고 생각하나요?", "이 신념이 항상 사실이라고 확신할 수 있나요?" 같은 질문을 통해 신념의 절대성을 흔든다.

- 인지적 논박 적용 : REBT에서 가장 핵심적인 전략으로, 부정확하거나 비현실적인 신념을 논리적, 경험적, 기능적 관점에서 입증하거나 반증하는 과정을 반복한다. 상담자는 사례, 사실, 논리 등을 활용해 신념의 오류를 지적한

다. 예를 들어, "그 생각의 근거는 무엇인가요?", "왜 그렇게 당연하다고 생각하나요?", "그것이 항상 사실이라고 확신할 수 있나요?" 같은 질문으로 신념의 논리성과 현실성을 점검한다. 집단원들에게 자신의 생각을 구체적으로 이야기하도록 유도하고, 그 내용에서 비합리적 신념의 단서(예 : '반드시', '절대적' 등 강박적 표현)를 찾는다.

- 소크라테스식 질문법 : 집단원 스스로 자신의 신념을 탐색하고 비판적 사고를 하도록 유도한다. 이는 상담자의 직접적 명령보다는 질의응답 방식을 통해 자기 인식을 증진시키는 효과적 방법이다.

- 역할극과 시뮬레이션 : 내담자가 스스로 비합리적 신념을 인지하기 어려운 경우, 비합리적 신념을 표현하거나 체험하는 상황을 역할극으로 재현하며, 그 신념의 문제점과 부정적 결과를 집단원들이 직접 체감하도록 돕는다. 이를 통해 신념 변화를 촉진한다.

- 대안 신념 및 행동 모색 : 비합리적 신념에 대응하는 합리적이고 현실적인 대체 신념을 찾고, 그에 기반한 행동을 계획하도록 유도한다. 집단원들이 이를 함께 공유하고 지지함으로써 실천력을 높인다.

- 감정적 수용과 자기 개방 촉진 : 신념 도전 과정에서 발생하는 심리적 불편과 갈등을 인정하고 수용하도록 돕는다. 상담자와 집단원이 솔직한 자기 개방으로 신뢰감과 안전감을 유지한다.

이와 같이 REBT 집단상담에서는 적극적이고 지시적인 상담자로서 상담자가 비합리적 신념을 신속하게 포착하고 논박하는 인지적 기법을 핵심으로 활용한다. 이는 내담자가 자신의 신념을 객관화하고 합리적으로 재구성하여 심리적 변화를 이루도록 돕는 과정이다.

2) REBT 집단상담 진행 단계

REBT(합리적 정서적 행동치료) 집단상담 세션의 일반적 순서와 단계는 다음과 같이 구성된다.

- 초기 단계 : 신뢰 형성, 집단 정체성 확립, 감정 인식 및 자기이해 증진이 이루어진다. 집단원 스스로 문제와 감정을 인지하는 과정이다. 집단원들이 서로 소개하고 상담 목적과 집단 규칙을 공유하며 신뢰감을 형성한다. 상담자는 REBT의 기본 개념과 세션 진행 방식을 설명하여 참여 의욕을 높인다.

- 작업 단계 : 비합리적 신념을 논박하고, 인지적 재구성과 정서적 수용을 통해 신념과 감정을 변화시킨다. 집단 내 상호 작용과 역할 연기를 활용한다. 각 집단원이 경험하는 정서적 문제와 관련된 비합리적 신념을 탐색한다. 상담자는 질문과 토론을 통해 비합리적 인지와 신념을 드러내고 집단원들이 인지적 인식을 갖도록 돕는다. 또한 집단 내에서 합리적이고 현실적인 신념으로 비합리적 신념을 대체하는 작업이 이루어진다. 역할극, 질문, 토론 등의 기법을 활용하여 각자의 신념을 재구성하도록 한다.

- 정서 조절 및 정서적 사고 강화 단계 : 부정적 감정을 표현하고, 합리적 정서 및 자기 수용을 강화하는 연습을 하며 정서적 안정감을 증진시킨다. 상담자는 정서적 재구성 기법과 긍정적 재인식을 유도한다.

- 행동 변화 계획 수립 및 실천 단계 : 새로운 합리적 신념에 기반한 행동 목표를 설정하고, 구체적인 행동 계획을 세운다. 집단 내에서 계획 실천 의지를 공유하며 실행 결과를 피드백 받는다.

- 종결 및 유지 단계 : 상담 결과를 요약하고 긍정적 변화를 유지하기 위한 전략을 논의하며, 집단 내 지속적인 지원 체계 형성을 제안한다.

이와 같은 단계들은 REBT의 인지·정서·행동 통합 접근을 반영하여 집단원들이 자기의 신념과 정서, 행동을 체계적으로 탐색하고 변화시켜 나가도록 돕는다. 성공적인 REBT 집단상담은 체계적인 단계별 접근과 상담자의 적극적 역할, 집단원 간 신뢰 및 지지, 구체적 행동 목표 수립과 실천, 그리고 지속적 피드백과 자기 평가를 통해 심리적 변화를 촉진하는 데 초점이 맞춰져 있다.

Red herring 7

나는야 팔랑귀

창조성에 대한 이야기는 결국 우리 마음 깊은 곳에 숨겨진 비밀을 여는 열쇠입니다. 우리 인간은 참으로 흥미로운 존재입니다. 우리는 내면에서 일렁이는 정서(감정)를 단순한 느낌이 아닌, 외부 환경에 대한 '정보'로 받아들입니다. 마치 컴퓨터가 코드를 읽듯이, 우리의 뇌는 감정이라는 코드를 해독하여 행동의 지침을 내립니다.

만약 가슴에서 기분 좋은 긍정의 물결이 인다면, 뇌는 이렇게 속삭입니다. '좋아, 지금은 안전해. 이 안락한 기분을 바탕으로 새로운 모험을 시도해도 괜찮을 거야. 틀에서 벗어나 생각해도 안전해.' 이 신호가 바로 창조성의 문을 여는 열쇠입니다. 반면, 불안이나 두려움 같은 부정적 정서가 스며들면, 뇌는 즉시 경보를 울립니다. '위험해! 몸을 사려야 해. 익숙한 길만 걸어야 해.'

그러니 리더가 조직에 창조의 불꽃을 지피고 싶다면, 방법은 간단합니다. 사람들의 가슴이 기분 좋은 방향으로 요동치도록 만들어 주면 됩니다. 안전함 속에서 자유로워지는 모험을 허락하는 것입니다.

우리가 사는 세상은 모든 것을 '단순하게, 심플하게' 정리하라고 재촉하지만, 우리의 감정만큼은 복잡할 때 비로소 정상입니다. 우리는 어떤 사람이나 사물에 대해 딱 한 가지 느낌으로 정의할 수 없는 복잡하고 모순된 감정의 실타래를 가집니다. 아버지를 깊이 사랑하면서도 마음 한구석에 두려움을 품고, 존경하는 동시에 자신을 알아주지 않는 무심함에 깊은 분노를 느낍니다. 담배가 해롭다는 것을 머리로는 알기에 피울 때마다 양심의 가책과 걱정을 느끼면서도, 피우고 나면 마음이 차분해지고 일이 잘되는 기묘한 경험에 결국 "죽을 때 죽더라도 이것만은 못 끊겠다."고 고집합니다.

이처럼 한 존재 안에 상반된 감정이 공존하는 것은 지극히 자연스러운 인간의 모습입니다. 우리는 마음이 '뻥 뚫리듯 홀가분해지기를' 바라지만, 감정은 절대 그렇게 깔끔하게 정리되지 않습니다. 그러나 이 복잡함 속에 인간의 위대한 힘이 숨어 있습니다. 우리가 가장 깊은 절망의 구덩이 속에서도 희망이라는 작은 별을 볼 수 있는 것은, 마음이 두 가지 모순된 감정을 함께 느끼기 때문입니다. 가장 높은 희망의 절정에서도 두려움의 그림자를 감지하기 때문에 자만하지 않고 겸손할 수 있습니다. 마음이 심란하여 괴로운 날도 있지만, 한 곳으로만 치우치지 않고 복잡하게 얽혀 있는 덕분에 삶의 균형을 잃지 않고 앞으로 나아갈 수 있습니다.

감정이 이랬다저랬다 복잡하게 춤을 추는 것, 그것은 오히려 우리의 뇌 속 자동 조절 장치가 건강하게 작동하고 있다는 증거입니다. 우리의 감정은 단조로운 악보가 아니라, 다양한 음계가 어우러져 가장 풍부하고 창조적인 음악을 만들어내는 교향곡과 같습니다. 변덕이 심하다고 스스로를 자책하셨나요? '나는야, 팔랑귀'라고 조금은 쑥스러운 듯 말하였나요? 이제 그 어리석은 자책을 털어버리세요. 오히려 당신은 정신적으로 건강한 사람입니다.

Group Counseling

CHAPTER 08

현실치료

다양한 심리치료 기법을 배우던 시절, 교수님이 이런 질문을 던졌다. "나는 즐겁게 사는 사람인가?" 만약, '아니다.'라는 대답이 금세 나온다면 나를 즐거움으로부터 가로막고 있는 실체는 무엇인지 스스로에게 물어보라고.

현실치료(Reality Therapy)를 처음 만났던 기억이다. 현실치료의 창시자인 윌리엄 글래서(William Glasser)는 "우리에게 언제나 선택의 여지가 있고, 좋은 선택을 할 수 있다면 행복한 삶을 살 수 있다"고 말한다. 행복도 불행도 우리가 선택하는 거라던 선택이론의 가르침은 암흑 속에서 번지는 갑작스러운 빛무리처럼 번쩍이며 다가왔다. 그 당시 나는 상담치료 기법에 대해 대략 열두 가지 정도를 익히고 있었는데 가장 마음에 와닿았던 것이 바로 현실치료이다.

내가 현실치료에 푹 빠져들었던 계기가 된 이야기가 있다. 1980년대 초반, 미국의 레이건 대통령을 저격했던 존 힌클리 사건이다. 힌클리는 자신이 정신병력이 있다고 주장했고, 영화배우 조디 포스터의 관심을 끌기 위해 저격했다고 진술했다. 힌클리 사건은 미국 형사 사법 체계에 큰 논란을 불러일으켰다. 왜냐하면 1982년 재판에서 힌클리는 정신 이상으로 판정받아 무죄가 선고되었기 때문이다. 그는 유죄 판결 대신 워싱턴 D.C.의 성 엘리자베스 병원에 수용되어 치료 감호를 받게 되었다. 이 판결은 미국 사회에 큰 충격을 주었고, '정신 이상으로 인한 무죄' 제도를 둘러싼 격렬한 논쟁을 촉발했다. 현실치료의 주장은 힌클리가 정신병을 주장하든 말든 그것에 관계없이, 그가 총을 쏴서 사람들이 죽거나 다친 행동에 대해서는 책임을 져야 한다는 입장이었다. 최근의 조현병 청년 사건도 마찬가지이다. 식당에서 조현병을 앓는 청년이 유아용 의자를 잡아당겨 아이가 크게 다쳤던 사건인데, 현실치료는 그가 조현병이든 아니든 아이를 넘어뜨린 행동의 잘못에 대해 분명하게 책임을 져야 한다고 이야기하는 치료법이다.

현실치료의 창시자인 윌리엄 글래서가 지은 『당신의 삶을 누가 통제하는가(*Control Theory: A New Explanation of How We Control Our Life*)』(1984)라는 책이 현실치료의 기본을 담고 있다. 현실치료에 대해 더 많이 알고 싶다면 이 책을 읽어보는 것을 권한다. 그러나 개인적으로 내가 정말 좋아하는 책은 우혜령 작가가

쓴『사랑의 선택』이다. 이분은 소설가로 유명하지만 미국에서 간호사 생활을 오래 하면서 현실치료를 접하고 공부한 결과를 그의 책에 잘 녹여냈다.『사랑의 선택』,『자유의 선택』,『행복의 선택』등 '선택 시리즈'를 많이 냈는데, 이 키워드들(사랑, 힘, 행복, 자유)이 바로 현실치료에서 말하는 핵심 키워드들이다. 나는 개인적으로『사랑의 선택』을 이백여 권 넘게 사서 집단이 끝난 후 집단원들에게 나눠줄 정도로 이 책을 좋아했다. 내용이 쉽고 재미있으며 삶에 도움을 많이 준다. 이 글을 읽는 여러분에게도 일독을 권한다. 나는 상담이론을 공부하는 사람들이 선택이론과 현실치료에 대한 관심이 커지길 소망한다. 선택이론을 바탕으로 한 현실치료 기법들이 상담의 현장에서 활발하게 사용되기를 원한다. 그 간절한 마음으로 현실치료 기법을 소개하고자 한다.

1 현실치료 개요

1) 현실치료란 무엇인가?

현실치료는 윌리엄 글래서가 창시한 심리치료법으로, 선택이론에 기반한다. 이 이론에 따르면 모든 인간 행동은 다섯 가지 기본 욕구(생존, 사랑과 소속, 성취, 자유, 재미)를 충족시키기 위한 자발적 선택으로 설명된다. 현실치료는 과거나 환경에 얽매이지 않고 현재의 행동과 선택에 집중하여, 내담자가 자신의 욕구를 책임감 있게 충족시키도록 돕는 것을 목표로 한다. 치료자는 내담자가 자신이 원하는 것을 명확히 인식하고, 그에 맞는 효과적인 행동을 선택하며 실행할 수 있게 지원한다. 특히 현실치료는 현재와 미래에 초점을 두고, 내담자의 자기 책임과 자기 평가를 강조하며, 과거의 변명이나 책임 전가를 최소화한다.

간략하고 쉽게 다시 풀어 설명해 본다. 현실치료를 맨 처음 주창한 윌리엄 글래서는 정신의학을 전공한 의사로서 정신병동에서 환자를 만나고 있었다. 그 당시에는 프로이트 이론에 기반한 정신분석 치료가 득세하던 시기였기에 주로 환자의 과거로 돌아가서 과거에 집중해서 치료하고 약물치료를 하는 것이 일반적이었다. 그런데 글래서는 인간에게 중요한 것은 과거의 사건이 아니라 아직 오지 않은 미래라고 생각했다. 행복한 미래를 맞이하려면 현재가 중요하다. 과거의 큰 상처가 있다 할지라도 그것에 매달리기보다 지금, 여기에 집중하면서 행복한 삶을 설계해 보자는 것이 그의 생각이었다. 과거는 과거대로 묻어두고 흘려보낼 건 흘려보내고 오늘의 현실에 집중해서 행복한 생활을 모색해 보자는 것이 그의 가르침이었다. 그래서 이름도 현실치료다.

현실치료에서는 이렇게 말한다. 우리가 외부에서 얻을 수 있는 것은 단지 정보일 뿐이다. 그 정보 자체가 행복하게 하거나 불행하게 만들지는 않는다. 우리에겐 그 정보를 해석하고 반응할 자유가 있다. 정보는 주로 인간관계에서 오는데 이 정보를 받은 사람이 그 정보를 통제하려고 비난하고 탓하고 불평하기를 선택한다고 가정해 보자. 그렇다면 그의 삶은 행복할 수가 없다.

현실치료는 인간이 행복하게 살아가기 위해서 가장 중요한 것은 인간관계라고 생각하는데 이러한 인간관계를 탓하고 비난하고 불평하면서 만들어가는 사람들이 많다. 그러니 행복할 수 있겠는가. 우리에겐 그것을 통제할 만한 능력이 있다. 그 능력을 키워나가자고 하는 것이 현실치료의 핵심이다. 탓하고 불평하고 원망하기를 선택한다면 우리의 삶이 그런 방향으로 흘러가겠지만 만약 우리가 불평하기를 그치고 이해하고 감사하고 관용하기를 선택한다면 전혀 다른 삶을 살 수 있다고 주장하는 것이다.

현실치료, 즉 선택이론에서 주장하는 모토는 '모든 것은 우리가 선택한다.'는 것이다. 어떤 선택을 하든지 그 선택권은 자신에게 있다는 것이다. 비난하고 불평하고 누군가를 탓하는 것도 내가 선택한 감정이고 또 거기에 대한 행동이라는 것이다. 그런데 그 행동이 우리를 행복하게 만드는가? 만약 그게 아니라면 우리의 선택을 바꿔보자는 것이 이 이론의 핵심이다.

2) 윌리엄 글래서

윌리엄 글래서(William Glasser, 1925~2013)는 미국의 정신과 의사이자 심리학자로, 현실치료와 선택이론을 창안한 인물이다. 그는 1925년 오하이오주 클리블랜드에서 태어났다. 어린 시절 글래서는 가정 환경이 평탄치 못했다. 부모는 동유럽 이민자 출신이었는데 아버지는 자주 폭력을 행사하였고, 어머니는 매우 지배적이고 통제적인 성향이 강했다고 한다. 그의 회고록에 따르면 어린 시절부터 부모의 극심한 불화를 경험하며 자신은 부모와는 다르게 살겠다고 결심했다. 부모의 엄격함에서 비롯된 '타인에게 피해를 끼치지 말라.'는 가르침은 그의 상담 철학과 현실치료 이론의 근간이 되었지만 가정 내에서 보여주는 부모의 불화는 그의 결혼관에도 큰 영향을 미쳤다. 글래서는 첫 번째 부인과 사별한 후 두 번째 결혼을 하고자 할 때 자신의 선택이론을 적용하여 결혼 상대방과 자신의 욕구 강도를 서로 탐색한 후에 결혼했다고 한다. 욕구 강도가 비슷해야 행복할 수 있다는 선택이론을 그는 결혼 생활을 통해 증명해 보였다.

글래서는 처음에는 케이스 웨스턴 리저브 대학교에서 화학공학을 전공했다. 그는 한때 엔지니어로 일했으나 화학공학 분야에 만족하지 못하고 심리학과 의학 쪽으로 진로를 바꾸었다. 이처럼 이과 출신이지만 인문학적 감성도 겸비한 독특한 배경이 그의 상담이론 발전에 영향을 미쳤다.

글래서는 군 복무 중 유타주 더그웨이 시험장에 배치되었는데, 군 생활을 하면서 인간 행동과 심리에 관한 관심이 더욱 깊어졌고, 이후 정신과 의사가 되려고 결심하게 된다.

글래서는 UCLA와 재향군인병원에서 정신과 레지던트 과정을 밟으며 전통적인 프로이트 정신분석 치료를 배웠으나, 무의식 같은 심층 심리 분석에 회의를 느꼈다. 그는 감정과 정신장애의 원인이 과거나 외부 환경에 있는 것이 아니라 현재 자신에게 있다고 보았고, 치료의 해법도 현실에서 찾아야 한다고 주장했다.

이러한 그의 생각은 당시 주류였던 정신분석 진료소 내에서 받아들여지지 않았고, 선임 의료진과 맞서게 되면서 갈등이 심화되었다. 결국 그는 재향군인병원에서 기존 정신분석 치료 방식과 달리 행동 선택과 책임을 강조하는 독자적 치료법을 고수한 이유로 해고당했다. 이 사건 이후 글래서는 비행 청소년 학교 등에서 임상 경험을 쌓으며 현실치료를 발전시켜 나갔다.

글래서는 청소년 교정기관과 정신병원 등에서 일하며 비행 청소년을 대상으로 현실치료를 적용했고, 상담과 치료에서 개인이 자신의 행동과 선택에 책임을 져야 한다고 강조하였다. 그는 인간의 기본 욕구 충족을 위해 스스로 선택하는 행동에 초점을 맞추는 선택이론을 발전시켰으며, 치료자가 내담자와 진실성 있는 관계를 맺고 현재 행동에 집중하도록 돕는 현실치료를 제시했다.

글래서는 정신과 진료와 이론 개발뿐 아니라 1967년 현실치료 연구소를 설립하여 교육과 연구를 지속했으며, 평생 교육과 상담 분야에 큰 영향을 끼쳤다. 2013년 로스앤젤레스에서 폐렴으로 사망했다.

2 현실치료 주요 개념

현실치료의 주요 개념을 설명하기 전에 먼저 현실치료의 기반이 되는 선택이론과 선택이론을 바탕으로 한 현실치료란 무엇인지 간단하게 알아보고 선택이론의 주요 개념들에 관해 공부하기로 하자.

1) 선택이론과 현실치료

선택이론(Choice Theory)은 인간 행동의 근본 원리와 동기를 설명하는 이론적 뼈대로, 모든 행동이 다섯 가지 기본 욕구(사랑과 소속, 권력과 성취, 자유, 즐거움, 생존)를 충족하고자 하는 개인의 선택임을 강조한다. 이 이론은 인간이 자신의 행동에 대해 전적으로 책임이 있으며, 외부 강요가 아닌 내부 욕구 충족을 위해 행동을 선택한다고 본다.

현실치료(Reality Therapy)는 선택이론을 기반으로 한 구체적인 상담 기법 및 치료 접근법이다. 현실치료는 내담자가 현재 자신의 행동을 인식하고, 보다 효과적이고 책임 있는 선택을 하도록 돕는 데 초점을 맞춘다. 과거의 경험이나 외부 상황보다는 현재와 미래에 집중하여 내담자의 행동 변화를 촉진한다. 즉, 선택이론이 원리와 이론적 틀이라면, 현실치료는 그 이론을 실제 상담에서 적용하는 실천적 방법이다.

쉽게 비유하자면, 선택이론은 현실치료가 작동하는 '선로'이고, 현실치료는 그 위를 달리는 '기차'와 같다고 할 수 있겠다. 선택이론은 왜 인간이 특정 행동을 선택하는지의 이론적 설명을 제공하고, 현실치료는 내담자가 더 나은 행동 선택을 하도록 도와주는 구체적인 상담 기술과 과정이다.

그럼 이제부터 현실치료의 기반을 제공하는 선택이론의 주요 개념에 대해 알아보자.

2) 기본 욕구

상술한 대로 선택이론은 모든 생명체의 심리적, 신체적 행위를 설명하는 심리학적·생물학적 이론이다. 이 이론은 우리가 하는 모든 행동이 내부에서 유발된 선택의 결과라고 주장하며, 우리의 행동은 모두 우리가 충족시키고자 하는 다섯 가지 기본 욕구(사랑과 소속, 힘과 성취, 자유, 즐거움, 생존)를 충족시키기 위해 우리가 선택하는 것이라고 설명한다.

현실치료가 강조하는 것은 올바른 선택을 하는 것이다. 우리가 어떤 선택을 하느냐에 따라 우리의 삶이 완전히 달라진다고 본다. 우울해서 침대에 머물기로 선택하든, 우울함에도 불구하고 밖에 나가 사람을 만나기로 선택하든, 그 모든 것이 우리의 인생을 이끈다는 것이다. 그렇다면 어떤 선택이 올바른 선택일까? 현실치료는 선택을 할 때 반드시 고려해야 할 세 가지 기준을 제시한다. 이 세 가지에 충족되는 선택을 하면 삶을 좋은 방향으로 이끌 수 있다고 본다.

- 현실성(Reality) : 그 선택이 현실적으로 실효성이 있고 유효한가? 엉뚱한 환상이 아닌, 현재의 삶에서 의미나 가치를 가질 수 있는가를 본다.
- 책임감(Responsibility) : 그 행동에 대해 내 책임 하에서 행동할 수 있는가? 어떤 선택을 하든 그 결과에 대해 내가 책임질 수 있는가를 판단한다.
- 옳고 그름(Right and Wrong) : 그 행동이 도덕적으로 옳은가? 옳으냐 그르냐를 판단하는 것이다.

어떤 행동을 선택하든, 현실성, 책임감, 옳음 이 세 가지 기준으로 판단하면 그 행동은 어긋날 수가 없다는 것이 현실치료의 주장이다. 행동은 내적인 것에 의해 동기화되지만, 그 선택에 따라 우리의 인생이 결정된다는 것이다.

(1) 다섯 가지 기본 욕구와 문제행동

현실치료는 인간에게 다섯 가지 기본 욕구가 있다고 본다. 이는 매슬로우의 욕구처럼 우리 행동을 동기화하는 근본적인 힘이다. 글래서는 이 다섯 가지 욕구 중 소속감(사랑의 욕구)을 가장 중요하게 봤다. 사랑과 소속감이 채워지면 사람은 엉뚱한 방향으로 가지 않는다고 본 것이다. 윌리엄 글래서가 정신과 의사로서 내린 결론은, 정신질환은 결국 이 다섯 가지 기본 욕구를 충족시키는 데 실패했거나, 특정 욕구를 과도하게 강조하고 다른 욕구를 무시했기 때문에 생긴다는 것이다. 특히 사랑과 소속감의 욕구가 채워지지 못했을 때 정신질환이 광범위하게 일어난다고 보았다. 따라서 정신 건강이란 이 다섯 가지 기본 욕구가 성공적으로 충족된 상태를 말한다.

이제 다섯 가지 욕구에 대해 더 자세히 알아보자.

- 생존 욕구 : 인간이 살아가기 위해 반드시 충족해야 하는 기본적인 생리적 욕구로, 음식, 물, 공기, 안전, 건강, 편안함 등을 포함한다. 이는 가장 근본적이고 필수적인 욕구이다. 이 생존 욕구가 충족되지 못하거나 과도하게 집착될 때 나타나는 문제행동에는 음식을 지나치게 탐하거나 거부하는 식이장애, 수면 부족, 건강 관리 태만, 위험하거나 비위생적인 환경에 무분별하게 노출되는 행동 등이 있다.

- 사랑과 소속 욕구 : 가족, 친구, 사회집단 등의 타인과 관계를 맺고 사랑받으며 소속감을 느끼고자 하는 욕구이다. 우정, 돌봄, 관심, 사회적 연결이 이 욕구에 포함된다. 이 욕구가 충족되지 못하거나 과도하게 집착될 때 나타나는 문제행동들은 타인과의 관계없이 고립되거나 친구 및 가족과의 관계 회피, 과도한 집착이나 의존, 사회적 불안감으로 인한 대인 관계 문제, 따돌림 및 소외감 경험 등이 포함된다.

- 힘(권력)과 성취 욕구 : 자신의 능력을 발휘하고 목표를 달성하며 자신감과 자기 존중감을 높이고자 하는 욕구이다. 인정, 존중, 기술 습득과 성취를 통해 내적 통제감과 자존감을 확보하려는 욕구이다. 이 욕구가 충족되지 못하거나 과도하게 집착될 때 나타나는 문제행동들은 과도한 경쟁적 태도, 권력 남용, 자기 과시에 의한 갈등, 실패에 대한 지나친 두려움이나 무기력, 인정 욕구 충족을 위한 부적절한 행동 등이 나타난다.

- 자유 욕구 : 자신의 삶을 스스로 선택하고 통제하고자 하는 욕구로, 독립성과 자율성, 선택의 자유를 중시한다. 이는 외부의 강요 없이 내적으로 자유로워지고자 하는 성향이다. 이 욕구가 충족되지 못하거나 과도하게 집착될

때 나타나는 문제행동들은 규칙이나 권위에 대한 반항적 태도, 무책임한 행동, 독립성을 과도하게 추구하여 타인과의 협력 부족, 자유가 제한된 상황에서의 분노나 좌절감 등이 나타날 수 있다.

- 재미와 쾌락 욕구 : 놀이, 웃음, 즐거움, 새로운 경험 등을 통해 활력을 얻고 삶을 즐기려는 욕구이다. 재미와 쾌락은 삶의 활력을 불어넣는 중요한 심리적 동기이다. 이 욕구가 충족되지 못하거나 과도하게 집착될 때 나타나는 문제행동들은 중독성 행동(알코올, 도박, 게임 등), 충동적 행동, 심심함이나 불안으로 인한 파괴적 행동, 즐거움 추구를 위한 부적절한 위험 감수 등이 대표적이다.

이 다섯 가지 욕구는 인간 행동의 동기이며, 각 개인은 이 욕구들을 충족시키기 위해 자신의 행동을 선택하고 조절한다. 개인은 자신의 행동을 스스로 선택하고 그에 대한 책임을 진다. 이러한 다섯 가지 욕구를 바탕으로 선택이론은 내적 통제와 자유 의지를 강조한다. 인간 행동은 개인 내적 동기에 의해 선택되고 통제되며, 외부의 강요나 통제는 효과적이지 못하다고 본다. 그래서 선택이론은 행동과 결과를 분리한다. 행동 그 자체와 행동의 결과를 분리하여 이해하며, 원하는 목표 달성을 위해 행동을 책임지고 조절해야 한다고 강조한다. 결국 선택이론은 인간은 자신의 삶을 스스로 선택하며, 행복과 자기만족을 추구하는 존재라는 철학적 전제를 기반으로 한다.

(2) 외부통제와 내부통제

선택이론은 인간 행동을 이렇게 설명한다. 인간의 행동은 외부 작용이 아니라 내부 작용 때문에 행해지며, 모든 행동은 자신의 욕구 충족을 위한 선택이라는 점이다. 우리가 외부에서 얻을 수 있는 것은 단지 정보일 뿐이다. 정보 자체가 우리를 행복하게 하거나 불행하게 만들지 않는다. 우리에겐 그 정보를 어떻게 해석하고 반응할 자유가 있다.

외부통제의 가장 파괴적인 세 가지 측면은 다음과 같다.

- 비난하기
- 탓하기
- 불평하기

성공적인 삶을 사는 데 가장 중요한 것은 인간관계이다. 성공적인 삶을 행복한 삶이라고 규정한다면 인간이 행복하기 위해서는 여기, 즉 인간관계에 초점을 두어야 한다고 선택이론은 주장한다. 인간관계 중 가장 중요한 네 가지는 부부, 부모와 자녀, 교사와 학생, 관리자와 근로자의 관계이다. 프로이트식으로 말하자면 일과 사랑 측면이다.

선택이론은 "모든 것은 우리가 선택한다."에 이론의 뿌리를 두고 있다. 그런데 우리는 스스로 우리 삶의 대부분을 통제하고 있다고 생각하지만 그 통제는 효율적이지 못하다. 즉 우리를 행복하게 만들지 못한다. 여기에 문제가 있다. 예를 들어보자. 만약 자녀를 못마땅하게 여기기로 우리가 선택하면 소리 지르고 위협하기를 선택할 것이다. 그러면 자녀와의 관계는 어떻게 될까? 효율적인 통제를 한다는 것은 자녀나 다른 사람들과 관계를 맺을 때 더 나은 선택을 할 수 있다는 의미이다.

선택이론을 배우는 가장 좋은 방법은 "일어나 버린 것 같은 불행을 왜 우리가 선택했는지"에 초점을 맞추는 것이다. 자녀에게 소리 지르는 행동으로 자녀를 통제하기로 마음먹는다면 그 행동은 관계를 깨는 결과를 가져올 것이다. 누구도 원하지 않는 불행이 찾아온 것이다. 불행을 원치 않는다면 소리 지르는 행동을 바꿔야 한다.

다음은 고통에 관한 것이다. 우리는 고통에 대해 아주 많은 통제력을 가지고 있음을 기억해야 한다. 선택이론은 과거에 일어난 일로 인해 희생자가 될 필요는 없다고 한다. 프로이트식 접근법에 대한 비판적 견해이다. 선택이론이 주장하는 새로운 견해는 지금 우리가 겪고 있는 불행의 씨앗은 나는 나에게뿐만 아니라 타인에게도 무엇이 좋은지 잘 알고 있다고 확신하고 있다는 데서 출발한다는 것이다. 선택이론은 "나는-네게-무엇이-옳은지-잘 알고 있다."라는 고전적인 전통에 대한 도전이다. 자신이 옳다고 생각하는 것을 타인이 그렇게 하도록 밀어붙이는 사람은 대부분 자신이 사랑하는 사람들, 잘 지내고 싶어 하는 사람들과 잘 지내지 못하고 불행을 호소한다.

관계를 파괴하는 통제는 우리가 원하지 않는 것을 하게 하려는 시도인데 이것을 외부통제 심리학이라 부를 수 있다. 외부통제 심리학의 전제는 "잘못하는 사람들을 처벌하라! 그러면 그들은 우리가 옳다고 하는 것을 따르게 될 것이다. 잘 따르면 상을 주라. 그러면 그 일을 계속하게 될 것"이라는 것이다.

그동안 외부통제 심리학이 주류였던 이유는 권력자들의 의지가 반영되었기 때문이라고 선택이론은 주장한다. 즉, 기득권자들은 그대로 질서가 유지되기를 바란다. 통제하고 강요하고 힘을 사용하는 심리학은 불행을 가져오는데 이것이 지속하는 이유는 효과가 있기 때문이다. 통제당하는 이는 자신도 언젠가는 힘을 얻어서 다른 사람을 통제할 수 있으리라는 희망을 품는다.

외부통제 심리학의 세 가지 믿음에 대해 요약해 보자.

- 외부의 자극에는 무조건 반응해야 한다.
- 나는 다른 사람들이 원하지 않더라도 내가 원하는 일을 그들이 하도록 만들 수 있다.
- 내가 하라고 하는 일을 상대방이 하지 않았을 때, 위협하고 처벌하거나, 하라는 일을 했을 때, 보상을 주는 일은 옳은 것이며 심지어 도덕적 의무이기조차 하다.

선택이론은 외부통제 심리학을 걷어차는 내부통제 심리학이다. 공부하지 않고 게임에만 빠져 있는 10대 자녀의 경우를 생각해 보자. 게임 중지 및 외출 금지가 효과가 있을까? 처벌은 관계 단절을 가져올 뿐이다. 당장 공부야 하겠지만 부모와는 대화하지 않으려고 할 것이다. 심리학이든 상식이든 관계를 파괴하는 것이라면 그것을 버려야 한다. 버려둔다고 제멋대로 사는 것은 아니다. 누구나 자신의 인생은 잘 살고 싶어 하는 욕구가 있기 때문이다.

좋은 관계를 유지하는 부부의 특징은 "우리는 서로 통제하려 드는 것을 포기했지요."라고 말한다는 점이다. 교향악단이 지휘자의 통제에 따르는 것은 연주하도록 강요받아서가 아니라 그렇게 하는 것이 그들에게 이익이 되기 때문이다.

교육 취약 계층 학생들의 출석률과 성취도에 영향을 미치는 것은 부모의 경제력이 아니라 교사와의 관계임이 연구결과로 밝혀졌다. 교사들과 잘 지내게 되면 결국 다른 학생들처럼 잘 배울 수 있게 되는 것이다.

생각해 보면 우리는 좋은 친구들에게는 외부통제 심리학을 거의 사용하지 않는다. 소유 의식에 대한 명료한 판단이 있어야 한다. 왜 우리는 자기도 잘살고 남도 잘살게 하지 않는가? 전화벨이 울릴 때 받는 것은 우리의 선택이 되어야 한다. 무조건적 반응으로 전화를 받는 것은 우리가 외부적으로 동기화되어 있다는 방증이다. 이것이 외부통제 심리학의 주장이다. 받은 공을 꼭 다시 던질 필요는 없다.

선택이론은 우리가 외부적이 아니라 내부적으로 동기화되어야 한다고 주장한다. 즉, 전화를 받을 것인지는 내가 스스로 판단한다는 사실을 명심하라는 것이다. 우리가 필요로 하는 관계를 성취하기 위해 하는 일을 생각해 보라. 강요, 힘, 복종, 처벌, 보상, 조작, 지배, 동기화, 비난, 탓, 불평, 잔소리, 괴롭히고, 억누르고, 등급 매기고, 특권 빼앗기인가? 아니면, 돌보고, 경청하고, 신뢰하고, 수용하고, 환영, 존중, 인정, 격려, 친구 되기를 하고 있는가. 선택이론은 사람들과 잘 지내는 것이 행복의 제일 조건이라고 주장한다. 중독에 탐닉하는 사람들을 보라. 그들은 인간관계가 서툴다. 그래서 인간관계가 없는 즐거움을 추구한다.

(3) 좋은 세계(quality world)

현실치료에서 주장하는 독특한 개념 중 하나가 바로 좋은 세상이다. 좋은 세상은 우리가 태어나면서부터 기억 속에 창조하고 재창조하는 세계이다. 우리는 대개 '다정한 가정 안에서 살고 싶다.', '친구들과 사이좋게 지내고 싶다.', '모두가 서로를 위해 주는 사회에서 살고 싶다.'는 개념을 가지고 있다. 따라서 우리는 이 좋은 세상을 이루기 위해 끊임없이 노력한다. 우리가 소유하고자 하는 것, 심지어 소유할 수는 없지만 매우 좋아한다고 생각되는 것들과 관계를 맺어가면서 이 세상을 만들어가려 애쓰는 것이다.

좋은 세계란 각자 자신의 내면에서 만족스러운 상태를 뜻하기에 현실치료에서는 사람마다 좋은 세계가 다르다는 것을 전제로 한다. 우리가 현실을 각각 다르게 받아들이는 이유는 각자의 좋은 세계가 다르기 때문이다. 그렇다면 좋은 세계란 무엇일까?

- 같이 있고 싶은 사람들
- 갖고 싶거나 경험하고 싶은 일들
- 행동을 주관하는 아이디어나 신념, 가치 체계, 신앙 등

이러한 것들이 개개인이 독특하게 소유하고 있는 좋은 세계를 만들어낸다. 그래서 각각의 좋은 세계는 다를 수밖에 없다. 우리가 각자의 좋은 세계 속에 살고 있을 때 우리는 행복할 수 있다. 그래서 자신의 좋은 세계는 소중한 것이다.

그런데 우리는 모두 자신의 좋은 세계 안에 자신을 지지해 줄 행복한 사람들이 필요하다. 로빈슨 크루소의 예가 좋은 경우이다. 로빈슨 크루소는 영국 작가 대니얼 디포가 1719년에 발표한 장편 소설이자 그 소설 속 주인공의 이름이다. 선원이었던 로빈슨 크루소는 원주민과 교역하려다 노예가 되었다. 우여곡절 끝에 탈출하였지만, 무인도에 조난되어 혼자 28년간 생존하는 이야기이다. 비록 혼자였지만 무인도에서 나름의 삶을 잘살고 있던 로빈슨 크루소에게 프라이데이가 나타난

다. 식인종이었지만 마음은 선한 프라이데이가 로빈슨 크루소의 생존에 꼭 필요한 사람은 아니지만 로빈슨 크루소는 프라이데이와 함께 살게 된 것을 매우 기뻐하며 그에게 여러 가지 문명 생활 습관과 언어 등을 가르치며 함께 지낸다. 누군가와 함께 있고 싶어 하는 것이 우리의 기본 욕구다. '혼자서 장군하랴'는 속담이 적절한 비유가 될 것이다.

그러나 우리가 자신의 좋은 세계를 타인과 나누려 하지 않는 이유는 타인에게 비난과 지지받지 못할 것을 두려워하기 때문이다. 선택이론은 좋은 세계가 내 인생의 핵심이라고 가르친다. 좋은 세계가 현실적이어야 하는 이유가 여기에 있다. 우리는 사회 안에서 살아야 하고 타인 없이는 존재할 수 없다. 좋은 세계는 현실 속의 세계다. 현실 감각이 없는 좋은 세계는 존중받지 못할 수도 있다.

(4) 전행동(total behavior)

우리가 태어나서 죽을 때까지 하는 것은 행동하기이다. 선택이론에서는 모든 형용사나 명사를 동사로 바꾼다. 동사로 바꾸는 이유는 지금 내가 한 선택이 곧바로 행동으로 나타난다는 것을 자각시키기 위함이다. 나는 우울한 것이 아니고 우울하기를 선택한 것이고 나는 무기력해서 침대에 누워있는 것이 아니라 누워있기를 선택한 것이다. 부부 관계를 예로 들어보자. 불화가 있는 부부의 문제 해결은 다음과 같은 방법으로 가능하다.

- 내가 원하고 있는 것 바꾸기
- 상대방을 대하는 방식 바꾸기

선택이론에서는 이것을 전행동이라고 설명한다. 전행동은 다음의 네 가지 방식으로 이루어진다.

- 활동하기
- 생각하기

- 느끼기
- 신체 반응

이 네 가지는 거의 동시에, 또 한꺼번에 일어난다. 전행동의 예를 생각해 보자. 우리 생활에서 효율적인 통제를 못 할 때마다 우리는 어릴 때부터 익혀온 생존의 욕구를 발동한다. 그것은 화내기이다. 우리의 좋은 세계가 무너지려고 할 때 우리는 화내기를 선택하는 경우가 많다. 화내기는 두통을 예방한다. 그런데 화내기가 효과가 없으면 두통이 오기 시작한다. 두통은 화가 복받쳐서 격분과 폭력으로 들어가는 것을 막아준다. 이러한 전행동은 좋은 세계가 무너질 때마다 반복된다. 어쩌면 순간의 파국을 막는 방어 기제일지도 모르지만 우리의 감정과 행동과 몸의 반응은 한꺼번에 일어난다.

한 예를 보자. 부모의 분노는 과연 누구를 위한 선택인가? 자녀가 "나 공부하기 싫어." 하고 컴퓨터 게임에 빠져 있다. 부모로서 우리는 대부분 화를 내거나, 왜 공부해야 하는지 잔소리를 하거나, 심지어 스마트폰이나 컴퓨터를 집어 던지면서 공부를 억지로 강요할 것이다. 당연히 관계는 나빠질 것이다. 그럼 왜 우리는 관계가 나빠지는 행동을 선택할까? 부모의 입장에서는 아이가 공부를 안 하면 좋은 대학, 좋은 직장을 얻을 수 없으니 밥벌이도 못하고 사회성도 떨어진다는 두려움을 느낄 것이다. 더 나아가, 혹시 '내가 아이를 잘못 키웠다.'는 주변의 비난이나 양육에 대한 책임감에서 자유롭지 못함을 느낄 것이다. 그런 두려움으로 인하여 부모는 대개 "애를 이대로 놔둬선 안 돼. 내가 압력을 가해야 해!"라고 통제하는 행동을 선택하는 것이다. 하지만 현실치료는 이 통제가 "다 쓸데없다."고 단호하게 주장한다. "저 아이가 공부를 안 하는 것은 저 아이의 선택이다. 그런데 지금 당신(부모)이 아이를 통제하려고 하는 행동은 과연 아이를 위한 것인가, 아니면 당신 자신의 불안과 책임감(비난에 대한 두려움)을 회피하기 위한 것인가를 먼저 생각해야 한다!"는 것이다.

즉, 부모가 아이에게 뭔가를 강요하는 행동은 대부분 비난받기 싫은 나 자신을 위한 선택일 때가 많다는 것이다. 현실치료는 이 비난을 피하려 하지 말고, 내가 아이에게 강요를 선택할 것인지, 아니면 아이를 즐거운 세계로 인도하는 다른 행동을 선택할 것인지 판단하고, 그 행동에 대한 책임을 내가 지면 된다고 주장하는 것이다.

결국 현실치료는 우리 모두가 '보다 좋은 세상'을 만들기 위해, 우리가 일상에서 마주치는 모든 감정과 행동 앞에서 잠시 멈춰 "내가 지금 이 행동을 선택하는 이유는 무엇인가?"를 스스로 묻고, 책임감 있는 선택을 하도록 돕는 이론이다.

현실치료는 이론으로만 존재하는 것이 아니다. 카톨릭에서 운영하는 양업 고등학교라는 곳이 바로 이 현실치료에 기반을 둔 학교로 유명하다. 이 학교는 "대학 가려면 여기 오지 마세요."를 모토로 삼는다. 현재의 교육 과정에서 대학 진학을 최우선으로 하는 학생 대신, 스스로 행동하고 책임지는 힘을 기르는 데 집중한다. 학교는 학생들의 선택을 존중한다. 밤 12시까지 공부를 하고 싶다면 학교가 적극 지원하고, 다른 공예나 예술 활동을 하고 싶다면 그 역시 적극 지원한다. 핵심은 모든 것을 학생 스스로의 선택에 맡기고, 그 행동에 대한 책임은 본인에게 지운다는 점이다. 만약 부모가 "저렇게 놔두면 엉뚱한 길로 간다."고 우려하여 이 학교를 선택하지 않는다면, 그것 또한 부모 자신의 올바른 선택이 될 것이다. 모든 것을 자기 자신에게 책임지도록 하라는 현실치료의 모토에 충실한 학교이다.

(5) 욕구 강도

선택이론은 욕구 강도에 주목하라고 말한다. 상술한 대로 인간은 다섯 가지 기본 욕구 중 하나 이상을 충족시키기 위해 행동하는데 그 행동을 유발하는 것은 우리가 가지고 있는 욕구라는 것이다. 그런데 이 욕구는 대부분 유전적인 것일 수 있다. 타고나는 것이다. 부부가 좋은 관계를 유지하는 가장 좋은 조건은 욕구 강도가 비슷한 경우이다. 자폐증의 아이일 경우 유전적으로 사랑과 소속의 욕구가 없다. 그래서 그는 관계 맺기에 무관심한 것이다. 글래서의 경우도 자신의 부모가 욕구 강도가 맞지 않아 평생을 싸웠다고 한다. 욕구가 충돌할 때 남은 것은 타협이다. 바꿀 수는 없다. 욕구는 타고난 것이기에 선택이론은 타협을 권유한다. 바꿀 수 없으니 적절한 선에서 서로 이해하고 타협하며 살라는 것이다. 선택이론은 서로의 원 안으로 들어와 의자를 놓고 앉아야 한다고 말한다. 원 밖에 의자를 두면 관계의 개선을 끌어낼 수가 없다. 욕구 강도는 우리가 무엇을 받고 싶은가 보다 우리가 무엇을 주고 싶은가로 측정된다. 우리 대부분은 실제로 가능한 사랑보다 더 많은 사랑을 원하기 때문이다. 해결의 원 안에 들어갈 때 부부는 무엇을 원하는지 이야기하지 말고 무엇을 줄 수 있는지 이야기하여야 한다. 선택이론은 자신의 행동만을 통제할 수 있음을 명심하라고 말한다. 만약 부부가 모두 힘의 욕구와 자유의 욕구가 낮은 강도를 가지고 있다면 이 부부는 무난한 삶을 살아갈 수 있다.

오 헨리(O. Henry)의 단편소설 『크리스마스 선물(*The Gift of the Magi*)』(1906)에서 선택이론의 좋은 예를 찾을 수 있다. 소설의 주인공 델라와 짐은 가난한 부부다. 크리스마스를 맞아 서로에게 특별한 선물을 준비하지만, 따로따로 가장 소중하게 여기는 것을 희생하여 상대방의 선물을 위해 팔아야 하는 아이러니한 상황에 부닥친다. 델라는 긴 머리카락을 팔아 남편의 시곗줄을 샀고, 짐은 소중한 시계를 팔아 아내의 머리빗을 샀다. 남편과 아내는 서로 자신이 가진 것을 주려고 한다.

선택이론은 행복하기를 원하거든 자기가 줄 수 있는 것을 먼저 주라고 권유하는 것이다. 선택이론은 충고가 아니다. 가능한 현실을 받아들일 수 있도록 하는 것이다. 그 현실 안에서 해결책을 찾는 것이다. 자기가 통제할 수 있는 대상은 오직 자기 자신에 불과하다는 것을 자각하면서 타인을 통제하겠다는 생각을 내려놓고 외부통제를 포기하는 순간 행복은 시작된다. 조르기, 비난, 불평, 깔보기 등이 타인을 통제하고자 하는 가장 좋은 예이다. 결혼이 불쾌해지는 것은 부부 중의 한 사람이 외부통제이론으로 전환하기 때문이다. 따라서 선택이론을 기반으로 한 현실치료는 치료보다는 예방에 더 큰 방점이 찍혀 있다. 선택이론이 알려주는 자녀 양육의 두 원칙이 있다. 많이 사랑하기와 처벌하지 않기. 당근을 먹기 싫어하는 아이에게 세상 끝까지 좇아가서라도 당근을 먹이고야 말겠다는 책임감으로 무장한 엄마들을 본다. 당근을 먹어서 나쁠 것은 없지만 당근으로 인해 아이와의 관계를 깨서는 안 된다고 선택이론은 가르친다. 어릴 때 당근을 먹지 않아도 건강하게 잘 자랄 수 있다.

3) 현실치료 핵심 가정

선택이론의 기본 주장을 그대로 치료의 현장에 적용하는 현실치료는 현재와 책임에 초점을 둔다. 현실치료는 과거나 외부 환경보다 현재 내담자가 어떤 선택을 하고 있는지, 그리고 그 선택이 욕구 충족에 얼마나 효과적인지를 주목한다. 치료자는 내담자가 현재 행동을 자기 평가(self-evaluation)하도록 돕고, 비효율적 행동을 인식할 때만 변화가 시작된다고 본다. 내담자가 자신의 '좋은 세계'를 구체화하고, 현재 행동이 그 상태에 얼마나 이바지하는지를 평가하게 하며, 더욱 효과적인 행동 계획을 세우도록 지도한다.

4) WDEP 모델

현실치료 과정에서 사용되는 주요 기법은 WDEP 모델로, 네 가지 단계로 구성되며, 각 단계는 내담자가 자신의 욕구와 행동을 인식하고 평가하며 책임 있는 계획을 세워 실행하도록 돕는 과정이다. 내담자의 욕구(Want), 현재 행동(Doing), 자기 평가(Evaluation), 행동 계획(Planning)을 각각 탐색하고 발전시키는 단계적 과정인데 그 단계별 예시는 다음과 같다.

● Want(욕구와 바람 파악)

상담자가 "무엇을 진정으로 원하나요?"라고 질문하여 내담자가 자신이 충족시키고자 하는 욕구(예 : 사랑, 인정, 자유)를 탐색하도록 돕는다.

● Doing(현재 행동 탐색)

"지금 당신은 어떤 행동을 하고 있나요?"라고 질문하여 내담자가 자신이 욕구 충족을 위해 현재 어떤 행동을 하고 있는지 자각하도록 한다.

● Evaluation(자기 평가)

"당신의 현재 행동이 욕구를 충족시키는 데 도움이 되나요?" 등으로 내담자가 자신의 행동에 대한 효과성을 스스로 평가하도록 유도한다.

● Planning(행동 계획 수립)

내담자가 실현 가능하고 구체적인 행동 계획을 만들고 실행할 수 있도록 지원한다.

이 WDEP 체계는 내담자가 자신의 행동에 대한 책임감을 느끼고 스스로 변화를 끌어내도록 하는 현실치료의 핵심 상담 기법이다. 상담자는 내담자와 신뢰 관계를 형성하며, 유머와 직면 등의 기법을 적절히 활용해 상담 동기를 높이고 내담자가 현실적이고 긍정적인 변화를 만들게 돕는다.

상담자는 내담자와 함께 구체적인 행동 계획을 세워 이를 실제 생활에 적용하여 변화를 실현하도록 지원한다. 현실치료는 내담자의 자발적 변화를 중시하며, 변화는 강요가 아닌 내담자가 자기 삶의 주체임을 인식하고 스스로 더 나은 선택을 하도록 하여 이루어진다고 본다.

3 현실치료 진행 과정과 실제

현실치료는 선택이론의 다섯 가지 기본 욕구에 기반을 둔 상담이론이기에 상담의 개입 전략은 다음과 같이 구성할 수 있다.

1) 욕구 개입 실제

● 생존 욕구 상담 개입

생존 욕구와 관련된 문제는 주로 건강 관리 및 안전 문제에 집중된다. 상담자는 내담자의 생활 습관을 점검하고, 기본적 건강 욕구가 충족되지 않는 이유를 함께 탐색한다. 규칙적인 식사, 수면, 운동을 유지하도록 동기를 부여하며, 위험한 행동이나 환경에 노출되는 것을 줄이기 위해 현실적인 대안과 계획을 수립한다. 또한, 스트레스 관리 방법을 교육하고, 필요한 경우 건강 전문가와의 연계를 도모한다.

● 생존 욕구 개입 전략

예시 : 내담자가 불규칙한 식습관과 수면 부족으로 건강 문제를 겪는 경우, 상담자는 먼저 생활 패턴을 점검하고 식사 및 수면 일정을 만들도록 돕는다. '하루 세 끼 규칙적으로 식사하기', '매일 7시간 이상 수면하기'와 같은 구체적 목표를 설정하고, 달성 여부를 기록하게 하여 점검한다. 필요시 스트레스 관리법과 안전한 환경 유지 방안도 교육한다. 예를 들어, 술이나 담배 남용이 있다면 줄이는 계획도 포함해 상담자가 건강 전문기관 연계도 모색한다.

● 사랑과 소속 욕구 상담 개입

이 욕구의 문제행동은 고립, 관계 회피, 사회적 불안 등이 많다. 상담자는 내담자가 타인과의 긍정적 관계를 회복하고 유지할 수 있도록 사회적 기술 훈련, 의사소통 기술 향상, 감정 표현 연습 등을 제공한다. 내담자의 사회적 네트워크를 분석하여 지지 자원을 확장하도록 돕고, 가족이나 또래 관계에서의 소통 문제를 해결하는 중재자 역할을 한다. 자기 존중감을 높이고 건강한 애착을 형성하도록 지원한다.

● 사랑과 소속 욕구 개입 전략

예시 : 대인 관계에 어려움이 많은 내담자에게는 사회적 기술 훈련과 의사소통 연습을 적용한다. 예를 들어, '친구에게 자신의 감정을 표현하는 연습하기' 혹은 '주 1회 가족과 대화 시간 갖기'와 같은 과제를 주는 것이다. 또한 가족이나 또래 집단과 함께하는 상담 세션을 통해 긍정적 상호 작용을 경험하도록 한다. 내담자가 느끼는 고립감이나 소외감을 표출하고 이를 상담자가 공감해 주는 것도 중요하다.

● 힘과 성취 욕구 상담 개입

이 영역에서는 자기 효능감 향상과 현실적인 목표 설정이 핵심이다. 상담자는 내담자의 강점과 과거 성취 경험을 강조하며, 비현실적이거나 과도한 경쟁 심리를 완화하도록 돕는다. 실패에 대한 두려움을 줄이고, 실패를 학습 기회로 인식하도록 긍정적 재해석 기법을 활용한다. 성공 경험을 통한 자기 존중감 회복과 인정 욕구를 충족시킬 수 있는 건설적인 방법을 모색한다.

● 힘과 성취 욕구 개입 전략

예시 : 부적절한 경쟁심과 자기 과시로 문제를 겪는 내담자에게는 현실적 목표 설정과 자기 효능감 향상을 집중적으로 돕는다. 상담 초기에는 내담자의 강점과 성공 경험을 탐색하여 긍정적 자아상을 강화하고, '이번 주에 할 수 있는 작은 목표 3가지 정하기' 등의 과제를 제공한다. 실패와 좌절 경험에 대한 긍정적 재해석 기법을 활용하여 위축되지 않도록 지지한다. 또한, 타인과 건설적으로 경쟁하고 협력하는 방법도 지도한다.

● 자유 욕구 상담 개입

자유 욕구가 충족되지 않는 경우 상담자는 내담자가 자율성과 선택권을 느낄 수 있도록 목표 설정에 참여시키고, 선택 가능한 다양한 행동의 대안을 탐색하게 한다. 규칙과 한계에 대한 반항적 태도를 보인 내담자에게는 규칙의 의미와 필요성을 인지시키며, 스스로 통제 가능한 영역 확대를 도와 자기 결정감을 증진한다. 무책임한 행동은 분명하게 지적하되, 존중과 수용의 태도로 접근한다.

● 자유 욕구 개입 전략

예시 : 권위에 대한 반항적 태도를 보인 청소년에게는 자율성 존중과 동시에 책임 의식을 높이는 접근을 사용한다. 상담 과정에서 '내 선택에 대한 책임 다짐하기'와 같은 언어적 다짐과 함께, 선택 가능한 여러 행동 대안을 내놓고 스스로 선택하도록 지도한다. 규칙의 필요성을 교육하며, 내담자가 통제할 수 있는 선택 영역을 넓히도록 계획을 수립한다. 예를 들면, '내가 주말에 할 수 있는 활동 목록 만들기' 같은 구체적 활동이 포함된다.

● 재미와 쾌락 욕구 상담 개입

재미와 쾌락 욕구와 관련된 과도한 중독이나 충동성 문제에는 대체 활동 개발과 자기 조절 기술 훈련이 중요하다. 상담자는 내담자가 건전하고 의미 있는 즐거움을 찾고, 스트레스와 불안을 건강하게 해소할 수 있도록 격려한다. 충동적 행동 통제법, 긴장 완화법, 인지재구성 기법을 활용하며, 중독 대상과 관련된 환경적 요인을 조절하는 전략을 제공한다. 긍정적 사회 활동 참여를 장려하여 삶의 활력을 높인다.

● 재미와 쾌락 욕구 개입 전략

예시 : 도박이나 게임 중독 문제를 가진 내담자에게는 건전한 대체 활동 발굴과 충동 조절 훈련을 제공한다. '주 3회 운동이나 취미 활동 참여하기' 같은 실천 과

제를 약속하고, 충동 발생 시 사용할 자기 통제 기술을 교육한다. 상담자는 긴장 완화법, 깊은 호흡법 등 즉각적으로 감정을 조절할 수 있는 방법도 지도한다. 또한 문제행동의 결과와 장점·단점을 인지하도록 도와 자기 인식을 높인다.

각 욕구별 개입은 내담자가 자신의 욕구를 긍정적이고 책임 있는 방식으로 충족시키도록 돕는 데 초점을 두며, 내담자의 개인적 상황과 특성을 고려한 맞춤형 상담 전략이 바람직하다. 상담자는 내담자의 선택과 행동에 대한 책임감을 고취하고, 지속적인 자기 성찰과 행동 변화를 유도함으로써 전인적 성장과 심리적 안정에 기여할 수 있다. 이러한 전략들은 현실치료와 선택이론 상담의 핵심 원리에 부합하며, 내담자가 자신의 삶을 보다 만족스럽고 의미 있게 이끌도록 지원하는 데 효과적이다.

2) 현실치료 기법 적용

● 현재 행동에 초점 맞추기

상담자는 내담자가 지금 하는 행동과 선택에 집중하도록 돕는다. "지금 무엇을 하고 있나요?", "어떤 행동이 당신의 문제에 영향을 미치고 있나요?"와 같은 질문을 통해 내담자가 자신의 행동을 명확히 인식하도록 한다.

● 책임감 강조와 변명 허용하지 않기

내담자가 자신의 선택에 대한 책임을 지도록 격려하며, 행동에 대한 변명이나 회피를 줄이도록 돕는다. 이를 통해 내담자가 자신의 삶을 주도적으로 관리할 수 있게 한다.

● WDEP 체계 활용

욕구(Wants), 행동(Doing), 평가(Evaluation), 계획(Planning)의 순서로 내담

자가 자신의 욕구를 인식하고, 현재 행동을 평가하며, 현실적이고 구체적인 행동 계획을 세우도록 안내한다.

- 지지적이고 도전적인 상담 분위기 조성

상담자는 내담자에게 지지와 공감을 제공하되, 동시에 현실적이고 구체적인 도전을 통해 내담자가 문제 해결을 위한 행동 변화를 하도록 유도한다.

- 행동 중심 질문과 자기 평가

내담자가 자신의 행동을 객관적으로 평가하고, 그 행동이 자신의 욕구 충족에 얼마나 도움이 되는지 성찰하도록 질문한다. 이를 통해 내담자가 더 효과적인 행동 선택을 하도록 돕는다.

- 감정보다는 행동 변화에 초점

상담 과정에서는 내담자의 감정을 인정하고 수용하되, 궁극적인 상담 목표는 행동 변화와 자기 통제력 향상에 맞춘다. 감정 논의가 행동 및 사고와 연결되지 않을 경우 비생산적일 수 있음을 인식한다.

- 실행 계획과 지속적 점검

내담자가 설정한 구체적 행동 계획을 실행하도록 돕고, 집단 세션에서 계획 이행 상황을 점검하며 조언과 격려를 제공한다.

이와 같이 현실치료 기법은 내담자가 자신의 현재 선택과 행동에 책임을 지며 실질적 변화를 이루도록 돕는 실천적이고 행동 중심적인 접근으로 활용된다.

4 현실치료 상담의 효과와 유용성

1) 현실치료 상담의 효과성

이러한 선택이론을 기반으로 하는 현실치료가 상담 현장에서 두드러지는 효과는 무엇일까?

- 현실치료는 내담자가 자신의 행동을 객관적으로 평가하고, 욕구 충족에 실패하는 행동을 바람직한 행동으로 수정할 수 있게 하여 심리적 안정과 삶의 만족도를 향상시킨다.
- 정신과적 진단 없이 행동 변화에 초점을 맞추어 내담자의 자조 능력과 자기 통제력을 높이는 데 효과적이다.
- 다양한 생활 문제, 청소년 비행, 우울 및 불안, 중독 문제 등에서 긍정적인 치료 효과를 입증받았다.

2) 현실치료의 유용성

- 단기 치료로도 성과를 내기 용이하며, 치료자가 현재 행동과 선택의 중요성을 강조함으로써 상담 과정이 실용적이고 직접적이다.
- 상담자가 내담자와 함께 구체적 행동 계획을 세우고 실천하게 함으로써 행동 변화가 비교적 빠르게 나타난다.
- 전통 정신분석 상담에 비해 과거보다는 지금 여기의 문제에 집중하며, 책임감 있는 선택과 행동을 강조해 현실적 문제 해결에 매우 적합하다.

그렇다면 현실치료에 적합한 상담 현장은 어디일까?

학교, 교정시설, 심리상담실, 가족 및 부부 상담 등 다양한 임상 및 교육 현장에 적용 가능하며, 개인 심리적 성장 및 긍정적 삶의 변화 도구로 널리 활용되고 있다.

5 현실치료 집단상담

현실치료의 WDEP 시스템은 구체적으로 집단 내에서 다음과 같이 활용될 수 있다.

- 욕구(Wants) 탐색

상담자는 집단원 각자에게 "무엇을 원하는가?", "당신이 진정으로 바라는 것은 무엇인가?"라는 질문을 던져서 그들의 내재된 욕구와 목표를 탐색한다. 예를 들어, 반항적 행동을 보이는 10대에게 "부모님이 바라는 것은 무엇이라고 생각하니?" 혹은 "네가 진짜 원하는 것은 뭐니?"라고 물어 자신의 욕구를 명확히 하도록 돕는다.

- 행동(Doing)과 방향(Direction) 점검

현재 자신의 행동과 그 행동이 원하는 욕구 충족에 얼마나 도움이 되는지 성찰하게 한다. 집단 내에서 각자의 행동을 솔직히 공유하고, 행동의 방향성을 함께 평가한다. "지금 하고 있는 행동이 당신이 원하는 것을 이루는 데 도움이 되는가?"라는 질문을 통해 행동과 결과를 객관적으로 바라보게 한다.

- 평가(Evaluation) 수행

집단원들이 자신의 행동을 객관적으로 평가하도록 장려한다. 이는 집단 토의와 피드백 과정을 통해 강화되며, 서로의 평가가 자기 성찰과 개선을 위한 자극이 된다. 예를 들어, "당신의 행동이 현실적인가? 당신이 원하는 것에 기여하고 있는가?"라는 질문으로 자신을 검토하고 동기를 부여한다.

● 계획(Planning) 수립 및 실천 독려

자신의 욕구를 충족시키기 위한 효과적인 행동 계획을 구체적으로 세우고 실행하도록 돕는다. 집단 내에서 계획 실행에 대한 점검과 격려가 이루어진다. "앞으로 어떤 행동을 할 계획인가? 어떻게 실천할 것인가?" 같은 질문이 해당된다.

이와 같이 WDEP 시스템은 집단구성원 각각이 자신의 욕구와 행동을 명확히 인식하고, 함께 평가하며 구체적 계획을 세우고 실행할 수 있도록 체계적으로 지원하는 현실치료의 핵심 기법으로 집단상담에 적용할 수 있다.

Red herring 8

“내 속에 내가 너무도 많아”

“내 속에 내가 너무도 많아.” 시인과 촌장의 노래, 그리고 조성모가 리메이크해 큰 인기를 얻었던 〈가시나무〉 노래의 이 구절은 정신 건강적 측면에서 보면 이보다 더 정확한 진단이 없습니다. 우리 마음의 상태를 완벽하게 표현하는 말이기 때문이죠.

인간은 다양한 역할, 관계, 행동, 상황을 경험하며 그 속에서 자신을 복합적으로 개념화합니다. 우리의 자기 개념은 단순한 한두 가지 요소로 이루어지지 않으며, 오히려 상호 모순된 요소가 모여 복잡하게 구성되는 것이 보편적입니다.

남편 앞에서는 순한 집토끼 같던 아내가 아들을 가르칠 때는 돌변하여 호랑이가 됩니다. 아내에게는 늘 퉁명스러운 남편이지만, 회사 여직원들에게는 세상 다정다감한 부장님이 됩니다. 교회에서 이웃을 사랑하겠다고 기도하고 맹세하면서도, 길바닥에 쓰러진 사람을 보고는 그냥 지나치기도 합니다.

우리의 마음은 이처럼 단순하고 일관성 있게 움직이는 것이 아니라, 모순된 방향으로 왔다 갔다 합니다. 누군가를 ‘이중적이다.’, ‘겉과 속이 다르다.’, ‘응큼하다.’고 욕할 필요가 없습니다. 이것이 바로 보통 사람의 보편적인 심정입니다.

우리는 모두 자신이 한결같은 사람이라고 믿고 싶어 하지만, 그런 사람은 세상에 존재하지 않습니다. 자신의 장점과 단점, 성격, 취미, 직업, 가치관 등 다양한 영역에서 서로 다른 자기 측면이 드러나는 것이 정상입니다. 맥락에 따라 ‘진짜 자기’가 달라지기 때문에, 단 하나의 정체성으로 자기를 규정한다는 것은 불가능하며, 오히려 정신적으로 해롭습니다.

극단적으로 정체성이 급작스럽게 변하고 그 경험을 전혀 기억하지 못하는 해리성 정체감 장애(Dissociative Identity Disorder) 같은 경우를 제외하고는, 내면에 여러 자아가 존재하는 것이 자연스러운 현상입니다. 상황에 따라 자기를 다르게 드러내는 것은 사회적 적응을 위한 자연스러운 방식이며, 복잡한 현실에서 마음 편하게 살아가기 위해서는 일관된 정체성보다 다양한 자기 개념을 복합적으로 갖고 있는 편이 훨씬 유리합니다.

여기서 핵심 개념인 자기 복잡성(Self-Complexity)이 등장합니다.

자기 복잡성은 자신에 대한 인식이나 평가를 얼마나 다양하고 분별력 있게 드러내는가의 정도를 의미합니다. 자기 복잡성이 높은 경우는 자기 개념을 구성하는 요소가 많고, 각 자기 개념 간의 경계가 분명하여 서로 영향을 적게 미칠수록 복잡성이 높아집니다.

예를 들어 누군가의 아내이자 엄마인 여성이 여가 시간을 활용해 학생으로서 전문적인 공부를 하고, 추가로 봉사 활동도 하며 동호회 회장 역할까지 수행한다면, 그녀의 자기 복잡성은 매우 높습니다.

반면 자기를 구성하는 측면이 단조로울 뿐만 아니라 여러 역할이 중첩되어 있으면 복잡성은 낮아집니다. 예를 들어 대학교수인 남자가 집에서도 '교수 역할 놀이'에 빠져 아이와 아내를 가르치려 하고, 다른 취미 생활 없이 휴일에도 연구실에만 박혀 있다면 그의 자기 복잡성은 굉장히 낮은 상태입니다.

자기 복잡성이 높은 사람일수록 긍정적으로 세상을 살아갈 확률이 높습니다. 자기 복잡성이 높으면 설령 직장에서 큰 스트레스를 받더라도, 그 스트레스가 자신에 대한 전반적인 인식과 평가(자아상)에 미치는 부정적 영향이 적습니다. 직업과 관련된 자기 개념에는 영향을 받더라도, '아내', '엄마', '학생', '봉사자'와 같은 다른 측면들이 완충 역할을 해주기 때문입니다.

자기를 오직 '직업인'과 동일시하는 사람은 다른 곳에서 에너지를 얻을 수 없어 정서적으로 쉽게 소진됩니다. 반면, 복잡한 자아를 가진 사람은 '빈 둥지 증후군' 같은 삶의 큰 변화 앞에서도 무너지지 않을 힘을 가집니다.

"단순하게 사는 것이 좋다."고 하지만, 우리의 감정은 복잡하게 흐르고, 자아는 복잡하게 구성될수록 건강합니다. 심플하게 살겠다며 자신을 하나의 역할로 단순하게 만들어 버리면, 스트레스에 대한 면역력을 기를 수 없습니다. 우리가 힘든 것은 삶이 복잡하기 때문이 아니라, 단 하나의 역할만 하도록 강요받기 때문일 수 있습니다. 학생이라면 오직 성적으로, 회사원이라면 오직 실적으로, 사업가라면 오직 매출로 규정하는 세상은 우리의 자아를 병들게 합니다.

진정한 행복을 위해서는 인맥 관리를 명목으로 만나는 사람이나 스트레스를 해소하기 위해 무작정 사 모으는 물건을 정리하는 '외면의 심플함'은 필요합니다. 하지만 내면의 복합성이 줄어든다는 것은 마음이 죽어간다는 증거일 뿐입니다. 인간은 본질적으로 단순하지 않으며, 단순하게 만들어질 수도 없습니다.

내 안에 내가 복잡할 정도로 많아야 회사에서 잘리고 동료가 배신하고 애인이 떠나더라도 무너지지 않고 나를 지킬 수 있습니다. 회사 일이 풀리지 않아도 "자식 농사 하나는 잘 지었지."라고 생각할 수 있어야 합니다. 직장 상사에게 욕을 먹어도 "그래도 회식 자리에서는 내가 분위기 메이커잖아."라고 생각할 수 있어야 합니다. 애인과 헤어져도 "네가 아니어도 만날 사람 많아."라고 털고 일어설 수 있어야 합니다.

주식은 분산 투자를 해야 하듯이, 우리 에너지도 다양한 자기 개념에 골고루 나누어 주어야 합니다. 단 하나의 자기 상에만 매달려 살아가는 삶은 위험합니다. 복잡하게 사는 것이 바로 복잡한 세상 속에서 가장 안전하고 건강하게 살아가는 방법입니다.

Group Counseling

PART IV

집단상담 진행 단계

Group Counseling

CHAPTER 09

참여 단계

1 집단 형성 전 상담자가 해야 할 일

2 오리엔테이션과 집단상담자의 역할

3 집단의 기본 규칙과 목표 설정

집단상담의 발달 단계와 과정은 상담집단이 형성되고 해체될 때까지의 심리적·사회적 변화를 체계적으로 설명하는 틀이다. 대개 ① 도입 단계, ② 갈등 단계, ③ 작업 단계, ④ 종결 단계로 나눈다. 경우에 따라서는 ① 집단의 시작, ② 갈등과 대기, ③ 응집성의 발달과 생산, ④ 종결로 구분하거나, ① 탐색, ② 전환, ③ 작업, ④ 종결과 같이 구분하기도 한다.

이 책에서는 일반적으로 참여(또는 초기) → 전환(또는 과도기) → 작업 → 종결의 네 단계로 구분하며, 각 단계별로 상담자와 집단원이 수행해야 할 과업이 다르기 때문에 그 과업을 충실히 이행할 수 있는 기술에 대해 알아보도록 하자.

1 집단 형성 전 상담자가 해야 할 일

집단의 인도자가 된 이상 상담자는 집단의 목적을 분명히 하고, 목적에 따라 집단원을 선정해야 하며 크기와 일정, 장소, 상담 시간 및 횟수, 집단의 형태 등 집단에 대한 구체적인 계획을 세우고 준비해야 한다. 집단상담이 본격적으로 시작되기 전 상담자가 해야 할 준비 사항(형성 전 해야 할 일)은 다음과 같다.

- 집단상담의 목적과 성격 명확화
  - 집단상담의 이론적 근거와 목표, 기대 효과를 분명히 하여 집단 설계의 기초를 마련한다.

- 집단 운영 계획 수립
  - 집단의 주제, 진행 방식, 지속 기간, 회기 수 등 구체적 계획을 수립한다.

- 집단원 모집 및 선정
  - 집단 목표에 적합한 대상자를 모집하고 선발한다.
  - 집단원 특성의 동질성·이질성을 고려하여 집단의 균형과 역동성을 설계한다.

- 사전 오리엔테이션 및 준비 면담 실시
  - 사전 면담을 통해 참가자의 기대, 불안, 동기 등을 탐색한다.
  - 집단상담의 기본 원리, 규칙, 참여자 역할 등을 안내하여 심리적 준비를 돕는다.

- 집단 환경 및 물리적 조건 점검
  - 집단상담 장소가 집단 규모에 적합하며, 방해 받지 않는지 점검한다.
  - 의자 배치, 조명, 소음, 녹음 장비 등 환경적 요소를 체크하여 안전하고 편안한 분위기를 조성한다.

- 기타 행정적·실무적 준비 사항
  - 집단 참여에 따른 동의서 작성, 비밀 보장 및 윤리적 문제 안내 등 법적·윤리적 절차를 준비한다.

이러한 준비 과정을 통해 상담자는 집단의 안정적인 출발과 원활한 진행을 돕고, 집단원의 심리적 안전과 효과적 성장 환경을 조성할 수 있다. 미리 체계적으로 준비된 집단은 참가자들이 불안감을 줄이고 신뢰를 바탕으로 적극 참여할 수 있도록 하여 집단상담의 성공적 수행 가능성을 높일 수 있다.

1) 접수 면접

접수 면접은 매우 중요하다. 왜냐하면, 함께 집단상담을 진행하게 될 집단원을 선택하는 과정이기 때문이다. 집단원 개개인이 집단상담의 역동성에 미치는 영향이 대단히 크다. 어떤 내담자를 집단원으로 받아들일 것인가가 매우 중요한 문제이며, 사실상 이 접수 면접에서 집단상담의 성패가 갈릴 수도 있다.

집단구성원은 비슷한 사람끼리 모여 이루어지기도 하고, 아주 다양한 특성을 가진 사람들로 이루어지기도 한다. 상담자는 집단 구성을 선택하기 위해 성별, 연령, 성격 구조 등을 고려해야 한다.

2) 집단원 선발

집단상담은 우울증이라든가 정신병리적인 문제가 없는 내담자들이 함께하는 장이다. 왜냐하면 심리적으로 개인이 문제를 겪고 있는 사람이 집단이 들어오면 그 사람 때문에 집단 역동이 일어나지 않기 때문이다. 우울증이 있다든지 아니면 기분장애를 겪고 있다든지 집단에 참여할 수 없을 만한 개인적인 병력이 있다면 그로 인해서 집단의 역동이 손상이 되기 때문에 항상 집단상담을 이끌어갈 때 가장 중요한 것은 '집단을 구성할 어떤 내담자를 선택해야 하는가'이다.

다시 말하면, 집단상담은 심리적인 문제가 없는 내담자들이 집단을 형성하여 집단상담 전문가의 도움을 통해서 집단구성원들 사이, 역동적인 상호 작용을 통하여 자신의 행동, 생각, 감정 등을 변화시켜 직접적인 문제를 해결해 나갈 수 있는 잠재적 능력을 찾도록 도와주는 과정이기 때문에 집단 참여자는 일상적인 생활이 가능한 사람이어야 한다.

상담자는 참여하고자 하는 내담자들을 미리 한 명씩 면담하여 집단의 목표와 내담자의 개인적인 목표 일치 여부, 내담자의 개인 생활 배경과 성격 특성에 따른 집단의 적응 여부 및 집단 응집성의 기여도 등을 고려하여 어떻게 집단을 구성할 것인지 결정한다.

만약 집단원 가운데 자기 본위의 생각만 하는 사람이 끼어 있으면 굉장히 어려워진다. 예를 들어, 친구 두 사람이 유명 화가의 아틀리에 방문을 했다. 방금 완성된 유화 그림이 있는데 너무 잘 그린 거라 감탄하면서 한 친구가 그 그림을 손을 들어 만져보려고 했다. 곁에 친구가 깜짝 놀라며 "잠깐, 그 그림에 손대지 마. 아직 안 말랐잖아." 그랬더니, "괜찮아, 나 장갑 끼고 있잖아."라고 말하는 사람은 그림이 상할 것을 염려하는 친구의 마음은 전혀 고려하지 않고 오직 자기 손에 페인트가 묻을까 봐 걱정하는 자기중심적인 태도를 보이는 것이다.

우리 주변에도 남을 배려한다고 하지만, 사실은 자기 확신에 사로잡혀 상대방이 아주 소중하게 여기는 무언가를 마구 훼손하면서 살고 있는 사람이 많다. 식당에서 음식에 떨어진 단추를 보고 웨이터에게 따졌을 때, 웨이터가 "제 걱정 안 해주셔도 됩니다. 저 단추 많아요. 또 달면 됩니다."라고 한다면 기가 막힐 것이다. 이처럼 다 자기 본위로, 자기 위주로만 생각하는 사람이 집단구성원으로 선택되면 매우 어렵다.

따라서 접수 면접 시에 이런 분들을 잘 걸러내야 한다. 집단구성원 선택은 신중할 수 밖에 없는 작업이다.

3) 집단 참여자 선발을 위한 질문

집단 참여자 선발 면담 시 질문의 우선순위는 면담 목적과 대상자의 특성에 따라 달라질 수 있으나, 일반적으로 구조화되고 효과적인 면담을 위해 다음과 같은 우선순위로 정리할 수 있다.

- 기본 정보 확인

  – 인적 사항(이름, 나이, 연락처 등)과 건강 상태, 생활 환경에 대한 기초 정보를 파악하여 면담과 집단상담 적합성 평가를 위한 기초를 둔다.

- 참여 동기 및 기대 탐색

  – 집단상담 참여 이유, 기대하는 바, 목표나 희망 사항을 확인한다. 참여 의지와 동기 부여 정도를 면밀히 평가하여 참여 적합성을 판단한다.

- 과거 상담 경험 및 정신 건강 상태 확인

  – 이전 상담이나 치료 경험, 현재의 정신적 건강 상태를 점검하여 집단 참여 시 안전성과 적합성을 검토한다.

- 위험 요인 체크

– 위험 요인(자살, 폭력성, 급성 정신 증상 등) 유무도 체크한다.

- 현재 생활 문제 및 스트레스 요인 파악

– 일상에서 경험하는 주요 문제, 스트레스 원인, 대처 방식 등을 확인하여 상담 내용과 집단 구성에 반영한다.

- 대인 관계 및 사회적 지원 체계 평가

– 대인 관계 특성, 가족 및 사회적 지지 여부를 평가하여 집단 내 관계 형성과 적응 가능성을 검토한다.

- 참여자의 강점과 자원 탐색

– 개인적 강점, 특성, 관심사, 지원 가능한 자원을 확인하여 긍정적 개입 계획에 활용한다.

- 예상되는 문제 및 상담 환경 적응력 판단

– 집단 내에서 예상되는 어려움에 대한 인식과 대처 태도를 탐색한다.

- 이해도 확인

– 집단 과정에 대한 이해도와 수용 태도를 확인한다.

- 기타 주의 사항 및 특이 사항

– 언어, 문화, 신체적 특성 등 상담 과정에 영향을 줄 수 있는 특수 사항을 점검한다.

이러한 우선순위에 따라 질문을 체계적으로 준비하고, 면담 진행 중 상황에 맞춰 유연하게 보충 질문을 하며 심화할 수 있어야 한다. 참여자 구성이 중요한 이유는 참여자에 따라 집단의 성패가 좌우되는 일이 빈번하기 때문이다. 학교 폭력의 피해자라던가 혹은 학교생활 부적응 같은 청소년들을 대상으로 할 때는 참여자의 목표가 뚜렷하지만 자기 성장, 자기 발전 혹은 현재 자신이 가지고 있는 문제 해결 등을 목적으로 모인 집단이라고 한다면 참여자의 형편이 각각 다르기 때문에 어떤 문제가 등장할지 모르기에 상담자의 순발력이 중요한 문제가 된다. 집단상담은 여러 사람이 모여 탐색하는 작업이기 때문에 구성원 한 사람 한 사람이 많은 영향을 미친다.

4) 집단의 장소 및 크기

집단상담의 장소는 너무 크지 않으며 외부에 방해를 받지 않을 수 있도록 조용하고 물리적으로 편안한 곳이어야 된다. 상담에 몰입하기 위해서는 웬만하면 일상의 현장에서 떠나있는 게 좋다. 또한 모든 집단원들이 서로 잘 볼 수 있고 또 이야기를 잘 들을 수 있는 공간 구성을 하는 것이 좋다. 마치 강강수월래를 하듯이 둥글게 앉는 것이 서로의 표정도 잘 읽을 수 있고 주의 집중하기도 좋다. 접근성 역시 중요한 고려점이다. 대중교통으로 접근하기 쉬운 곳을 택해야 한다. 아무리 시설이 좋은 곳이라도 접근성이 떨어지면 집단에 결석하는 집단원이 생겨나기 마련이다. 접근하기 편한 공간, 하지만 외부하고는 단절된 그리고 조용한 공간, 집단원 간 이야기를 편안하게 주고받을 수 있어야 한다.

집단상담에 적합한 장소 선정 기준을 요약 정리하면 다음과 같다.

- 적정한 크기와 구조
  - 집단 규모에 맞도록 너무 크지 않고 아늑한 공간이어야 하며 모든 집단원이 원형으로 앉을 수 있어 서로의 얼굴을 쉽게 볼 수 있는 구조가 좋다.

- 심리적 안전감 제공
  - 외부의 방해나 소음이 없고, 집단원이 심리적으로 안심할 수 있는 환경이어야 하며 친밀감 형성에 도움이 되는 따뜻하고 편안한 분위기를 조성해야 한다.

- 편의 시설과 환경 조건
  - 적절한 조명과 온도, 환기 시설이 갖춰져 있어야 하며 가급적 등받이가 있는 의자를 사용하고, 필요시 녹음 또는 기록 시설도 마련해 두어야 한다.

- 접근성과 프라이버시
  - 참여자들이 쉽게 접근할 수 있는 위치여야 하며, 개인 정보 보호를 위한 분리된 공간이어야 한다.

- 기타 환경적 요소
  - 안전시설, 휴식 공간, 화장실 등의 부대시설 이용이 편리해야 한다.

집단상담 장소는 집단원 모두가 편안하고 안전하게 느끼면서 활발하게 상호 작용할 수 있도록 아늑하고, 원형 구성 가능한 공간이어야 하며, 외부 간섭 없이 심리적 안정감을 줄 수 있는 환경이어야 한다.

5) 집단의 크기와 모임 횟수 및 시간

상담자는 집단을 구성하고 구조화해야 한다. 이는 몇 회기로 할 것인지, 어떤 연령대로 모일 것인지, 모임의 주제는 무엇인지, 모임은 몇 번이나 하고 시간을 어떻게 가질 것인지, 그리고 폐쇄집단으로 갈 것인지 개방집단으로 갈 것인지 등을 전체적으로 그림을 그릴 수 있어야 한다.

집단의 크기는 일반적으로 6명에서 12명의 집단구성원이 바람직하다. 10명에서 15명 사이도 좋다. 너무 적으면(6명 이하) 집단구성원들의 상호 교류 및 행동의 범위가 좁아져 새로운 주제나 피드백이 활발하지 못하고 같은 주제가 반복될 수 있다. 또한 너무 친밀해져 상담인지 사교 모임인지 모를 정도로 흘러갈 수 있기 때문에, 적당한 긴장감을 갖고 새로운 이야기를 들으려면 10명에서 15명 수준이 적절하다.

개인적인 경험담을 소개한다면 내 경우엔 성인의 경우 10명 정도, 2시간 내외가 집단 역동이 일어나기 좋은 규모와 시간이었다. 수가 많다 보면 아무래도 시간이 좀 길어야 한다. 수가 적으면 회기 내에 모두 참여할 수 있는 기회가 생기지만 수가 많아지면 한 마디도 못하고 돌아가는 내담자가 있다. 집단상담 시 내담자가 모두 다 한마디씩 해야 하는 것은 아니지만 집단상담에 참여했는데 같이 동참하지 못한다면 집단상담에 참여한 의미도 퇴색되고 내담자는 참여 목적을 못 이루게 되는 경우가 있다.

집단상담은 일반적으로 주 1회, 한 회기당 이 시간 범위 내에서 진행된다. 집중적으로 이루어지는 집단은 하루에 여러 세션으로도 운영될 수 있지만, 일정 간격을 두어 집단 경험을 개인 생활에 적용할 시간을 주는 것이 효과적이다.

6) 개방집단과 폐쇄집단

집단상담에서 개방집단과 폐쇄집단은 집단구성원의 가입과 탈퇴 허용 여부에 따라 구분된다.

- 폐쇄집단(Closed Group) : 집단을 시작할 때 참여한 집단구성원들만으로 끝까지 가는 형태이다. 새로운 집단구성원을 받지 않는다.

- 개방집단(Open Group) : 계속해서 새로운 인원을 받아들이는 형태이다. 결원이 생기거나 필요 인원이 있을 때 확장해 나갈 수 있다.

집단상담 시 개방집단은 상담 진행 도중 새로운 구성원을 받아들일 수 있는 형태의 집단을 의미한다. 즉, 집단 회기가 계속되는 중간에 기존 구성원이 상담을 마치고 나가면 그 결원을 새로운 멤버로 채울 수 있다. 이런 개방집단은 주로 유치원, 초등학교 저학년 집단, 또는 장기적인 치료집단에서 적합한 형태로, 참가자의 중간 참여와 이탈이 자연스러운 상황에서 활용된다. 또한, 사회적 기술 향상이나 또래와의 상호 작용을 목표로 할 때 폐쇄집단보다 효과적일 수 있다.

폐쇄집단은 집단상담이 시작되면 새로운 멤버를 받지 않고, 초기 구성원이 끝까지 참여하는 형태의 집단이다. 구성원이 고정되어 있어 집단 리더가 운영하기 쉽고, 집단원 간 친밀감과 신뢰가 깊어지는 장점이 있다. 집중적이고 단기적인 상담 목표를 달성하는 데 적합하며, 안정성과 응집력이 강한 특징이 있다. 반면, 구성원이 도중에 탈락하면 집단 크기가 줄어들 수 있고, 새로운 정보를 받지 못해 효율성이 떨어질 수 있다.

폐쇄집단은 학교 집단상담이나 특정 목표가 분명한 집단에서 주로 사용되며, 집단원들 간 상호 작용이 안정적이고 예측 가능해진다. 이러한 점이 폐쇄집단의 대표적 강점으로 꼽힌다.

상담이나 사회복지 현장에서 우리가 주로 경험하는 집단은 폐쇄집단으로 운영하는 것이 좋다. 왜냐하면 폐쇄집단은 상담 시작 시 정해진 구성원으로만 진행되어 응집력과 안정성이 우수하며, 집단 경험의 일관성과 깊이를 확보하기 용이하기 때문이다. 집단상담의 성패는 집단 응집력과 역동에 좌우되는 경우가 많은데 개방집단보다는 폐쇄집단이 응집력과 역동성을 확보하기 좋기 때문이다.

집단상담을 인도하면서 경험한 개방집단의 예를 소개하자면 회기가 3회 정도 진행되었는데 두 사람의 집단원이 새로 들어오게 되었다. 기존의 집단원들이 어느 정도 친밀감을 쌓고 자기 이야기를 꺼내기 시작했는데 새로운 집단원을 탐색하다 보니 마치 처음 회기 같은 분위기가 되어 버렸다. 그리고 모든 관심이 새로온 집단원에게 집중되다 보니 진척되었던 사례도 사라지게 됨을 경험했다. 집단원을 구성할 때는 10명 내외로 해서 한두 사람 중도 탈락자가 생기더라도 처음부터 함께 참여했던 집단원으로만 집단을 계속해 나가는 것이 집단 응집력을 위해서는 좋다는 결론을 내리게 됐다.

7) 집단 경험 보고서

집단 경험 보고서는 회기가 끝난 다음에 각 집단구성원이 그날의 집단 경험에 대해서 일기를 쓰는 것이다. 그리고 다음 모임 때 서로 이것을 공유한다. 느낌이나 이런 것들을 기록하고, 집단상담을 하기 전후의 변화 과정 등을 기록하면 훨씬 더 풍성해진다.

집단상담자가 이를 통해 격려할 수도 있고, 강화해 줄 수도 있으며, 반영(거울)해 줄 수도 있고, 명료화시켜 줄 수도 있다. 이러한 기록(집단 경험 보고서)을 통해 차후 추수 효과(Follow-up effect)까지 얻을 수 있기 때문에, 집단상담을 할 때 상담자가 이것을 요구하기도 한다.

2 오리엔테이션과 집단상담자의 역할

집단상담 시 오리엔테이션 단계에서 상담자가 해야 할 일은 집단원이 상담 과정에 잘 적응하고, 집단의 목표와 규칙을 충분히 이해하며 신뢰를 형성할 수 있도록 안내하고 지원하는 것이다.

상담자 역할은 다음과 같다.

- 집단 소개 및 구조화

– 집단상담의 목적, 성격, 방법, 시간, 장소, 회기 수 등을 명확히 안내한다.

- 상담자 본인과 상담자의 역할을 소개하여 신뢰감을 준다.

- 집단원 상호 소개와 참여 동기 탐색

– 집단원들이 서로 친숙해질 수 있도록 자기소개 및 참여 동기를 공유하게 하며 별칭 짓기 등 집단 친밀감을 높이는 활동을 포함하기도 한다.

- 집단 내부의 기본적인 규범과 비밀 보장 원칙을 분명히 한다.

- 예상되는 참여 불안과 두려움을 개방적으로 논의하여 불안을 완화한다.

- 수용적이고 신뢰로운 분위기 조성

– 적극적 경청과 공감적 이해를 통해 안정된 집단 분위기를 만든다.

- 참여와 자기 개방을 촉진하며, 집단원들이 안전함을 느끼도록 돕는다.

- 집단 활동과 과정에 대한 기대 조정

– 집단상담에서 일어날 수 있는 다양한 감정과 갈등 상황에 대해 미리 안내해야 한다. 또한 집단 경험에 대한 현실적인 기대를 설정하게 하며, 성장 가능성에 대한 긍정적인 전망을 제공해야 한다.

- 참여자가 집단에 최대한 효과적으로 적응하고 성장할 수 있도록 지원하는 역할을 한다.

참여 단계는 집단의 첫 인상과 분위기를 형성하는 중요한 시기로, 상담자의 역할 수행이 향후 집단 역동과 상담 성과에 큰 영향을 미친다. 초기 오리엔테이션이 잘 이루어지면 집단원이 신뢰를 형성하고, 자기 개방과 상호 작용에 적극적으로 참여하여 집단상담 효과를 극대화할 수 있다.

집단상담이 처음 시작되면 집단원들은 생소한 집단상담이 어떻게 진행되는지 무엇을 어떻게 해야 하는지에 대한 기대와 함께 예기불안을 경험하게 된다. 상담자도 어떻게 집단을 시작하고 집단의 방향 설정과 집단으로 이끌지에 대해 중요하게 생각하고 있으며 집단원들과 함께 예기불안을 경험하게 된다. 하지만 집단원들은 상담자에게 전적으로 의존하는 경향이 있기 때문에 상담자 역할은 아주 중요하며 집단원에게 영향력을 행사한다고 볼 수 있다.

따라서 상담자는 이해성, 온전성, 신뢰성을 집단원에게 전달함으로써 집단원들이 집단에 대해서 또 상담자에 대해서 좋은 인상을 갖도록 하는 것이 중요하고 이 집단에서 도움을 받을 수 있을 것 같은 느낌을 경험하도록 하는 것이 필요하다. 그러기 위해서 상담자는 집단원들의 긴장을 풀어주고 신뢰롭고 안정된 분위기를 만들어주는 데 힘써야 한다.

이제 오리엔테이션 시간에 집단상담자가 해야 할 일에 대해 구체적으로 알아보기로 하자.

1) 집단에 대한 설명(Information)

상담자는 집단상담 장면에서 무엇이 일어날 것인지를 명시하고, 집단상담의 장단점을 설명해야 한다. 예를 들어, 학교 폭력이나 왕따 경험이 있는 청소년들을 대상으로 한다면 다음과 같이 설명할 수 있다. “우리는 지금 여러분이 직면하고 경험했던 아픈 기억들을 이 집단상담을 통해 치유하고자 합니다. 나만 그런 아픔을 겪은 것이 아니라 다른 친구들도 함께 겪었던 상황들을 통해서, 우리가 어떻게 상처를 치유하고 더 나은 방향으로 나아갈 것인지, 학교생활에 어떻게 더 잘 적응할 수 있을 것인지 등을 목표로 문제를 풀어보겠습니다.”

또한 집단상담자는 집단상담에 대해 주의할 점도 설명해 주어야 한다. “우리는 아무 이야기나 하되, 말을 하지 않고 입을 다물고 있는 집단원이 있어서는 안 됩니다. 누구나 다 자신의 이야기를 꺼내놓고 참석해야 합니다.” 또한 솔직하게 과장하거나 숨기지 말고, 직면하고 있는 문제들을 그대로 내놓고 함께 이야기를 나누는 시간임을 설명해 주어야 한다.

이러한 설명을 통해 참여하는 이들은 '내가 이 모임에서는 지지받을 수 있겠구나.', '내가 어떤 문제를 내놓았을 때 내 고민을 해결 할 수 있겠구나.' 하는 느낌을 갖게 되어 집단에 대한 매력을 느끼고 더 적극적으로 참여하게 된다.

2) 상호 작용 촉진

일반적으로 이 단계에서 집단원들은 새로운 집단을 만나 낯선 상황이라고 생각하고 이 낯선 상황에서 자신을 노출시켜야 한다는 것을 걱정하기도 한다. 이로 인해 집단원들은 주위를 살피고 먼저 나서려고 하지 않으며 적극적으로 참여하려 하지 않게 보이기도 한다. 이러한 모습은 집단에서 자신의 문제를 잘 탐색할 수 있을까? 없을까? 하는 양가 감정을 가지고 있기 때문이다. 집단원들이 이 불안감을 해소하여 안심하고 집단에 참여할 수 있도록 돕는 것이 상담자의 역할이라고 할 수 있겠다.

불안감을 해소하기 위해서 상담자는 자신을 소개하고 집단원들 상호 간에 인사 또는 소개하는 시간을 진행한다. 자기소개 방법은 여러 가지가 있는데, 두 사람이 짝이 된 다음 일정 시간을 상대방을 집단원에게 소개하기, 집단원들의 별칭을 외우기, 느낌과 기대를 중심으로 한 자기소개하기, 전체 집단원을 차례로 모두 만나 상호 소개하는 개별적 소개 방법 등을 들 수 있다. 이 방법 중 어떤 것을 선택할 것인지는 집단의 분위기, 집단의 크기, 집단의 기간, 집단의 목적, 집단원들의 친숙도 등에 따라 다르기 때문에 상담자는 집단 분위기에 맞게 현명하게 선택해야 된다. 이 활동을 통해 집단원들의 참여 단계에서 생길 수 있는 불안을 감소시키고 집단의 부드럽고 신뢰로운 분위기를 조성할 수 있도록 상담자는 노력해야 할 것이다.

소개가 끝난 다음 상담자는 집단원들에게 지금 여기의 느낌을 말하도록 한다.

"여러분이 집단에 올 때 어떤 느낌을 가지고 왔는가?", "현재 느낌은 어떠한가?" 와 같은 가벼운 유도 질문을 할 수 있다. 반응을 보이는 집단원들의 경우 그 느낌을 공감해 주는 종합적인 반영을 해주어야 한다. 따라서 참여 단계에서 생길 수 있는 불안감에 대하여 다루어 주어 불안을 감소시키고 편안한 분위기를 조성하여 집단에 긍정적으로 참여할 수 있도록 해야 한다.

3) 신뢰감 조성

집단상담의 참여 단계에서 집단원들은 집단과 상담자에 대한 신뢰감이 낮다. 그러므로 이 시기에 신뢰감을 형성하는 것이 기본적으로 고려해야 할 가장 중요한 요소가 된다. 신뢰감은 참여 단계뿐만 아니라 집단의 지속성을 위해서도 필수적이다.

집단 초기에 집단원들은 신뢰감 형성에 큰 관심을 기울이는데, 이는 신뢰감이 서로 깊은 관련성을 맺을 수 있는지를 결정하는 기준이 되기 때문이다. 만약 신뢰감이 형성되지 않는다면 집단 내 상호 작용은 피상적일 수밖에 없고, 자신의 문제에 대한 자기 탐색도 일어나기 어려워진다. 따라서 상담자는 집단이 진정한 자신을 만나고 '내가 누구이며 어떤 사람인가'를 솔직히 밝힐 수 있는 안전한 장소임을 보여주어야 한다.

집단원들은 수용적이고 안전한 분위기 속에서 자신을 소개하고 다른 집단원들과 인사를 나누면서 상호 신뢰감을 형성해 간다. 신뢰감이 형성되면 집단원들은 평가, 판단, 비난의 두려움 없이 자신을 표현하고 집단 활동에 적극적으로 참여하게 된다. 또한, 자기 개방을 통해 자신의 문제에 적극적으로 탐색하며 표출할 수 있다. 하지만 신뢰감이 형성되지 않으면 자신을 개방하는 것을 꺼리고 적극적이지 않으며 집단에 융화되려 하지 않게 된다.

상담자는 먼저 적극적으로 경청하고 적절하게 자기 개방을 함으로써 집단원들에게 모범을 보여야 한다. 상담자 자신에 대한 소개와 집단의 목적에 대해 설명하며 집단을 시작할 수 있다. 이때 상담자는 자신이 집단원들을 위해 노력하고자 하며, 도움을 줄 수 있는 지식을 갖추었고 이해력 있는 사람임을 알려야 한다.

상담자는 신뢰감을 잘 형성하기 위해 편안하고 자연스러운 분위기를 만들어 집단원들이 잘 적응하도록 돕는 것이 중요하다. 이를 위해 집단의 목적, 기본 규칙, 집단원들의 권리, 비밀 보장 등에 대해 이해할 수 있도록 설명하며 집단에 대한 진솔성을 보여주어야 한다.

또한 집단원들이 집단 내에서 문제에 대해 의사소통하기에 충분히 안전하고 수용적인 곳이라고 느낄 수 있도록 위협적이지 않은 분위기를 수립하는 데 노력해야 한다. 상담자의 목소리는 집단원이 표현하는 감정에 관심을 갖고 있으며, 그들을 이해하고 있다는 메시지를 전달해야 한다.

상담자는 집단원을 평등한 관계에서 바라보아야 한다. 만약 상담자가 집단원과 비교하여 우월한 입장에 있다고 생각하게 되면, 집단원은 자신이 열등한 사람으로 취급받고 있다고 느껴 개인적인 문제를 이야기하고자 하는 동기가 줄어들 수 있기 때문이다. 상담자가 집단원의 이름을 가능한 한 빨리 기억하는 것도 신뢰감 형성에 도움이 된다. 이는 집단원들에 대한 각별한 관심과 존중감을 전달하는 효과가 있다.

결론적으로, 신뢰감 형성은 집단 참여 단계의 중요 과업이며, 이에 대한 책임은 상담자와 집단원 모두에게 있다. 상담자는 집단원의 행동에 수용적인 태도를 지니고, 집단원들은 적극적이고 비방어적인 태도로 집단에 참여함으로써 성공적으로 신뢰감을 형성할 수 있다.

4) 집단 구조화

집단 구조화란 집단원들에게 집단의 성격과 목적, 상담자의 역할과 집단원의 역할, 집단을 운영하는 데 필요한 기본 규칙과 지켜야 할 기본적인 행동 기준 등에 대해 설명하고 가르쳐 주는 것을 말한다.

집단 구조화의 목적은 참여자로 하여금 성공적인 집단 경험을 위한 준비를 하도록 안내하는 데 있다. 집단 구조화는 준비 모임이나 첫 번째 집단 모임에서 집중적으로 실시되지만 대개의 경우 단 한 번의 모임으로 끝나지 않고 집단 발달의 전 과정에 걸쳐 이루어진다. 하지만 집단 초기에 시행되는 집단의 구조화는 각별한 의미와 중요성을 지닌다. 집단 초기에는 참여자들이 집단의 성격이나 행동 기준 등에 대해 분명히 알지 못하기 때문에 어느 정도 인내가 필요하며 또한 초기 단계에 형성된 행동 패턴은 이후에도 지속되는 경향이 있기 때문에 집단 초기에 바람직한 행동 패턴을 학습할 필요가 있다.

구조화가 잘 형성되지 않으면 집단원들은 불안감을 느끼게 되고 집단원들의 자발적인 행동을 억누르는 결과를 초래할 수 있다. 따라서 상담자는 운영하는 집단에 맞게 적절한 정도의 구조화를 제공해야 된다. 지나치게 구조화하거나 많은 것을 가르치려는 것과 너무 적게 개입하는 것 사이에 적절한 균형을 유지하는 것이 중요하다.

상담자가 너무 많은 구조화를 시도하면 집단원들의 자율성을 침해하고 자칫 집단의 분위기가 경직되며 상담자에게 지나친 의존을 하게 되어 집단 스스로 학습하는 것을 저해할 우려가 있다. 반대로 상담자가 너무 적게 개입하여 충분한 구조화를 하지 않으면 집단은 혼란을 경험하고 비생산적인 상호 작용에 빠져 집단의 목표 달성에 실패할 수도 있다. 따라서 상담자는 집단원들의 성격, 특성, 이전 집단의 경험 등을 고려하여 적절한 구조화를 제공할 수 있도록 유의하여야 한다. 집단 초기에 이루어지는 적절한 구조화는 참여하는 집단원들의 예상 불안을 감소시키고 바람직한 집단 규범을 형성하는데 큰 영향을 끼친다.

3 집단의 기본 규칙과 목표 설정

1) 기본 규칙

집단의 기본 규칙이란 집단의 순조로운 진행과 안정되고 편안한 분위기의 유지를 위해 필요한 기본적인 제반 규칙들을 의미한다. 이런 규칙들은 집단에 따라 다소 달라질 수 있지만 기본적으로 포함시켜야 할 규칙들은 다음과 같다.

- 집단원들은 결석이나 즉각 조퇴를 삼가하며 부득이한 경우 사전에 상담자와 전체 집단원에게 양해를 구해야 된다.
- 다른 집단원들에 관련된 개인적인 정보나 그들이 말한 내용에 대해서 비밀을 보장해야 된다.
- 집단 내에서 폭력을 행사해서는 안 되며 말로 다른 사람을 공격하는 것도 안 된다.
- 다른 집단원에게 행동을 강요해서는 안 되며 누구나 활동에 참여할 준비가 되지 않을 경우 참여하지 않을 권리를 행사할 수 있다.
- 집단에서 일어난 일이나 경험한 내용에 대해 집단이 끝난 뒤 다른 집단원들과 사적인 교류를 통해 집단 활동과 관련된 감정적 반응을 처리하는 일은 가능하면 피한다. 만약 그런 일이 발생했다면, 그 다음 회기에 와서 그때의 경험을 전체 집단에 보고토록 한다.
- 집단에 올 때 술이나 약물 등에 취한 상태로 와서는 안 된다.

집단에서 기본 규칙을 정하는 방법으로는 상담자가 먼저 규칙들을 제시하고 이것에 대해 설명한 다음 집단원에게 다른 필요한 규칙들을 생각해 보게 할 수도 있고, 다른 방법으로는 먼저 기본 규칙을 정의하는 필요성을 설명한 다음 집단원과 함께 기본 규칙을 만들어 나갈 수도 있다.

어떤 방식으로 진행을 하더라도 정해진 규칙에 대해서 집단원들이 질문하고 논의할 수 있는 시간을 갖도록 하여 집단원들이 집단의 기본 규칙의 내용에 대해 충분히 숙지할 수 있도록 안내해야 한다. 또 상담자는 정해진 기본 규칙들을 서약서 형식으로 만들어서 사전에 준비하거나 혹은 다음 회기에 준비하여 집단원들이 서명하게 하는 형식적 절차를 거칠 수도 있다.

2) 집단 목표의 설정

집단의 구조화에 이어 상담자는 집단원들과 함께 목표 설정 작업에 들어가게 된다. 구체적이고 분명한 목표의 설정은 집단상담의 방향 설정과 효과에 대한 평가에 있어서 없어서는 안 될 필수적인 부분이다.

분명하고 현실적인 목표가 세워졌을 때 집단원들은 집단에 참여하는 이유와 앞으로 집단에서 해야 할 활동 등에 대해서 명확하게 이해할 수 있으며 집단에 참여하는 동안 집단에서 어느 정도 성과나 행동 변화가 있었는지에 대해서도 평가할 수 있게 된다. 또 상담자도 마찬가지로 집단 활동의 내용과 운영 방식이 집단원 개개인의 목표 달성에 도움이 되고 있는지 주기적으로 평가해 볼 수 있다.

효과적인 목표를 설정하기 위해서는 다음의 상황에 주의해야 한다.

- 집단상담에서의 목표는 집단원들 간의 상호 협조로 이루어지는 것이 보통이다. 즉 어느 한 집단원이 달성하려고 하는 목표에 대해 주저하고 확신을 갖지 못할 때 다른 집단원들의 자극과 도움에 의해 결국 이 목표를 자기 자신의 것으로 구체화하여 성취하려는 의욕이 생기게 된다는 것이다.

- 목표는 구체적이어야 된다. 목표 달성을 위한 현실적인 순서 또는 기준 등을 분명히 밝히는 것이 중요하다. 구체적 목표는 목표 달성을 위해 어떤 행동을 언제 어디서 할 것인지 등을 반드시 포함하게 된다.

- 목표는 현재 문제행동을 대체하는 것이어야 한다. 자기가 문제시하는 행동을 단순히 중단하는 것만으로 충분하지 않고 생활 장면에서 취해야 할 바람직한 새 행동의 목표가 되어야 한다.

- 목표는 성취 가능한 것이어야 된다. 아무리 바람직한 행동이고 구체화된 행동이라도 비현실적으로 세워졌기 때문에 달성할 수 없는 것이라면 아무 소용이 없을 것이다. 즉 목표 행동을 시도했으나, 달성하지 못하는 경험을 하게 되면 아무리 노력해도 달라지지 않는다는 생각만을 굳히게 된다. 목표는 관찰 가능하고 측정 가능한 것이어야 된다.

- 목표의 설정은 전체적인 집단의 목적에 준하여 이루어져야 한다. 집단의 목표는 과정적 목표와 개인적 목표 두 가지가 있다. 과정적 목표는 집단의 과정을 활성화하는 데 도움을 주는 목표로서 참여자들이 자기 탐색과 자기이해를 촉진하는 효율적인 집단 분위기의 형성과 생산적인 상호 교류와 관련이 있다. 즉 과정적 목표는 참여자들의 생산적인 상호 교류를 촉진하여 참여자들이 개인적 목표를 성취하는 데 도움이 되는 목표라 할 수 있으며 집단원들이 어떻게 행동하면 집단이 활성화되고 신뢰 관계가 형성되어 깊이 있게 발달하겠는가와 관련된 목표이다.

  과정적 목표의 설정과 달성을 위해 상담자는 과정적 목표의 의미와 중요성을 설명하고 특히 과정적 목표가 개인적 목표 달성에 왜 필요한지를 참여자들이 충분히 납득하고 과정적 목표를 공유할 수 있도록 안내해야 한다.

  또 상담자는 집단원들과 같이 논의하여 과정적 목표 중에서 그 집단에 가장 필요하다고 여겨지는 몇 가지를 합의에 의해 선정한 다음 이를 큰 종이 계약서 형식으로 써서 잘 보일 수 있게 벽에 붙인다. 그리고 전 집단 과정을 통해서 모든 집단원들이 이 목표를 위해 실행 노력할 수 있도록 다짐을 하게 한다.

과정 목표 설정이 끝나고 나면 상담자는 집단원들 각자가 집단 경험을 통해 성취하고자 하는 개인적 목표를 설정하도록 도와주어야 한다. 상담자는 집단원들이 구체적인 목표를 자발적으로 설정하는 것을 어려워하기 때문에 집단원들의 구체적인 목표를 집단원 각자가 세우게 하는 몇 가지 방법을 준비해 두는 것이 중요하다. 집단원들이 자신의 목표를 구체화함으로써 서로의 목표에 대해 충분히 이해할 수 있도록 돕는 것은 상담자의 책임이다.

3) 개인 목표 달성

집단원 중에서는 집단에서 달성하고자 하는 분명하고 구체적인 목표를 갖고 집단에 참여하는 경우도 있지만 대부분 집단에서 어떤 도움을 받을 것이라는 막연한 기대를 갖고 있을 뿐 구체적인 목표에 대한 인식이 부족하다. 따라서 상담자는 집단원들이 개인적 목표를 구체화할 수 있도록 작업을 도와줘야 한다. 집단을 통한 개인적 목표를 구체적으로 제시하면 다음과 같다.

- 자존감을 향상시킨다.
- 자신의 한계를 받아들인다.
- 대인 관계에서 친밀감을 저해하는 행동을 줄인다.
- 자기 자신과 다른 사람을 신뢰하는 법을 배운다.
- 외적인 기준이나 당위적인 생각들로부터 좀 더 자유로워지고 덜 구속된다.
- 어떤 감정을 갖고 경험하는 것과 감정대로 행동하는 것 사이의 차이점을 배운다.
- 나뿐만 아니라 다른 사람들도 문제를 갖고 있고 힘들어한다는 점을 인식한다.
- 나 자신의 가치를 명료화하고 기존의 가치관을 수정할 것인지 그리고 어떤 식으로 수정할 것인지를 결정한다.

- 확실한 결과가 보장되지 않는 세상에서 좀 더 현명하게 선택하는 방법을 배운다.
- 다른 사람들을 배려하는 능력을 기른다.
- 다른 사람들과 좀 더 개방적이고 솔직하게 교류하는 방법을 배운다.
- 다른 사람들을 지지하고 직면하는 방법을 배운다.
- 다른 사람들에게 자신이 필요한 것을 요구하는 방법을 배운다.
- 다른 사람들의 필요와 감정에 민감하게 반응하는 방법을 배운다.

상담자가 우선적으로 해야 할 일은 개인적 목표 설정의 필요성을 설명하고 집단원들이 진지한 태도로 목표 설정 작업에 참여하도록 동기를 유발시키는 일이다. 이때 상담자는 개인적 목표 설정 및 달성에 대한 궁극적인 책임은 집단원 개개인에게 있다는 점을 주지시켜 집단원들의 자발적이고 능동적인 참여를 이끌어낼 필요가 있다. 집단원들이 집단에서 좀 더 많은 경험을 할수록 집단에서 얻고자 하는 것이 무엇인지를 좀 더 명확하게 깨닫거나 혹은 추가적인 목표를 생각해낼 수도 있다. 이런 경우 상담자는 초기에 행해진 개인적 목표들을 수정하거나 보완하는 작업을 도와주어야 한다. 목표 설정은 집단 초기에 이루어져야 하지만 목표를 규정하는 일은 이례적으로 완결될 수 있는 작업이 아니라 지속적인 과정을 통해 이루어지는 작업이고 상담자는 목표 설정의 이런 과정을 처음부터 참여자들에게 설명해 줄 필요가 있다.

목표를 설정할 때 상담자가 특히 유의해야 할 점은 경청이나 반영, 명료화, 해석 등 여러 기술을 활용하여 집단원들이 정한 목표들을 정해진 상담 기간 안에 달성할 수 있도록 하고 자기 자신뿐 아니라 다른 집단원에 의해서도 그 달성 여부가 판별될 수 있도록 가시적이고 구체적이며 조작적인 목표가 될 수 있도록 도와야 한다.

Red herring 9

두 개의 바퀴

"어머니는 내가 50살이 되도록 어떻게 살아야 하는지 모르는 인간으로 만들었다." 〈스카이캐슬〉이라는 드라마 속 강준상이라는 인물의 절규처럼, 많은 사람이 "어떻게 살아야 할지 모르는 인간"이 된 채 텅 빈 가슴으로 열심히 살아갑니다. 이들은 "어차피 죽을 건데.", "어차피 이별할 건데."라는 허무주의에 사로잡혀 욕망하지 않음으로써 좌절을 피하려 합니다. 그러나 길을 잃었다고 느낄 때, 우리는 '지금, 여기' 내 자리를 물을 용기가 필요합니다.

우리의 인생 마차를 움직이는 것은 두 개의 바퀴입니다.

– 타인을 위한 희생의 바퀴(이타심)
– 자기 자신을 만족시키는 바퀴(나르시시즘)

이 두 바퀴의 크기가 균형을 잘 맞출 때, 마차는 곧게 앞으로 나아갑니다. 그러나 둘 중 하나가 너무 크거나 작으면 마차는 같은 자리만 맴돌며 원을 그립니다. 30년을 살았든, 50년을 살았든 바퀴의 크기가 달랐기 때문에 누구를 위해 무엇을 위해 살았는지 모르는 허망함에 봉착하게 되는 것입니다.

이런 사람들은 모든 에너지를 외부에 쏟아부었기 때문에, 정작 자기 자신을 돌볼 에너지가 남아 있지 않습니다. 세상을 열심히 산 사람일지라도, 어느 날 가까운 사람으로부터 "누가 그렇게 살라 그랬어?"라는 차가운 말을 듣는 허망한 경험을 하게 됩니다.

지나치게 타인을 만족시키기 위해 자신을 희생시키는 사람이나, 오직 자신의 욕구만 관심 있는 사람들은 결국 균형이 깨진 바퀴로 달려온 사람들입니다. 열심히 살았지만, 소중한 사람들은 나로 인해 만신창이가 되어 있거나 혹은 주변에 남은 사람이 하나도 없어 달릴 수 없는 마차가 되어버립니다.

나르시시즘(Narcissism)은 인간을 행복하게 살아가게 하는 중요한 힘입니다. 이는 자신이 사랑받을 만한 가치가 있는 소중한 존재이고, 어떤 성과를 이루어 낼 만한 유능한 사람이라고 믿는 마음, 즉 자기 존중감의 기반입니다. 문제는 이 나르시시즘이 건강하지 못한 형태로 발현되는 것입니다.

흔히 알고 있는 자기애성 성격의 사람들은 타인에게 진정한 관심이 없습니다. 그들에게 주변 사람은 그저 자신의 나르시시즘을 충족시키기 위해 필요한 대상일 뿐입니다. 마치 아기가 엄마를 자신의 욕구를 채워주기 위한 존재로서 사랑하는 것과 같은 수준에 고착되어 있는 것입니다. 아기가 필요로 할 때 엄마는 언제 어디서나 당장 달려와야 하듯이, 이들은 주변 사람을 착취하고 사용합니다. 이들이 상담을 통해 자신의 병리적 나르시시즘을 대면하게 되면, 극심한 수치심과 죄책감을 느낍니다. 이는 그들에게 매우 충격적이고 힘든 과정입니다.

더 은밀한 문제는 이타심이 많은 사람 중에도 병리적인 나르시시즘을 가진 경우가 많다는 것입니다. 이들의 헌신은 타인에 대한 진정한 관심 때문이 아닙니다. 누군가에게 자신이 중요한 가치가 있는 사람이라고 느껴질 때, 누군가에게 영향력이 있는 사람이라고 느껴질 때만 살아있다고 느끼기 때문에 타인에게 헌신하는 것입니다.

이런 사람은 모든 에너지를 외부의 '헌신'에 쏟아부어, 정작 자신이나 자신의 가족을 돌보는 에너지가 남아있지 않습니다. 남들에게는 '좋은 사람'이지만, 가족들은 나 몰라라 하는 사람으로 비춰집니다. 이타적 헌신 자체는 건강한 것이지만, 이것이 균형을 잃으면 병리적으로 변하게 됩니다.

또 다른 모습은 자기 자신을 완벽한 사람으로 만들기 위해 열심히 사는 사람들입니다. 그들은 모임도 많고 바쁘게 살아가지만, 진심으로 마음을 나눌 친구는 없습니다. 내면의 텅 빈 느낌을 외부 활동과 일로 채우려고 하기 때문입니다.

인생의 마차가 멈출 때, "누가 너더러 그렇게 달리래."라는 질문을 받지 않으려면, 우리 인생의 두 바퀴가 균형 있는 크기로 커 가고 있는지 점검해 볼 필요가 있습니다. 필요한 것은 나의 나르시시즘과 타인의 나르시시즘을 공평하게 잘 볼 수 있고 적절하게 채워줄 수 있는 자기애와 타인에 대한 관심입니다.

상대방의 말이나 행동을 마음으로 읽어주는 것, 이것이 바로 공감(Empathy)입니다. 정확하게 듣고 이해해 주는 것이 마음을 이해해 주는 첫걸음입니다. 이를 위해서는 우선 하던 일을 멈추고 상대에게 집중해야 합니다.

상담심리에서는 인간은 요람에서 무덤에 가기까지 평생에 걸쳐 자기를 거울처럼 비춰줄 대상을 필요로 하며, 그 대상이 없으면 마음의 병을 갖게 된다고 말합니다. 대화를 하고, 다른 사람의 말을 들어주는 것은 극한의 절망적인 상황에서도 빠져나올 수 있게 하는 힘이 있습니다. 내 말을 들어 줄 사람이 있나요? 한번쯤 주위를 살피세요. 혼자서 장군하는 삶은 외롭습니다. "해는 져서 어두운데 찾아오는 사람은 없어……."

Group Counseling

CHAPTER 10

전환 단계

집단상담의 시작은 늘 조심스럽다. 이곳에 모인 사람들은 아직 서로에게 친숙하지 않은 낯선 존재들이다. 그들은 소개의 시간을 통해 서로의 존재를 희미하게 확인하며 첫 발을 내딛는다.

초기 참여 단계에서 집단원들은 깊숙한 내면의 이야기나 민감한 문제들을 꺼내 놓지 않는다. 그보다는 신뢰감을 형성하는 분위기 활성화 활동을 통해 조심스럽게 인사를 나누고, 부담 없는 자기소개를 하며 얕은 친밀감을 쌓아간다. 이것은 집단원들로서 동료 관계가 싹트는 순간이기도 하다. 하지만 마음 한구석에는 여전히 사적인 문제와 관심사를 공개하는 것에 대한 무거운 부담이 남아있다. 이 부담감은 곧바로 소극적인 참여로, 때로는 저항, 방어, 갈등이라는 이름의 벽을 쌓는 것으로 이어진다. 심지어 상담자에게 의존하려는 모습으로 나타나기도 한다.

이러한 저항과 갈등은 대개 집단이 출발하고 본격적인 '작업'이 시작되기 전에 나타나는 현상이다. 물론 이 벽은 집단이 진행되는 매 단계에서 불쑥 나타날 수 있으며, 각자의 성격에 따라 다른 모습으로 나타나기도 한다. 하지만 첫 회기가 끝나고 집단이 성숙해지기 전, 가장 활발하게 드러나는 이 문제들을 상담자는 결코 간과할 수 없다.

1 상담자의 역할

이 전환 단계에서 상담자가 이뤄야 할 가장 중요한 과업은 바로 신뢰롭고 안정된 집단 분위기를 조성하여, 앞으로 이어질 '작업 단계'를 위한 토대를 다지는 일이다. 행동 변화라는 진정한 성과를 얻으려면, 먼저 집단이 흔들림 없이 신뢰로 가득 찬 공간이 되어야 한다. 안정감과 신뢰가 부족하면 집단원들의 상호 작용은 겉핥기식에 머무를 수밖에 없다. 깊은 자기 개방, 솔직한 피드백, 그리고 문제를 정면으로 마주하는 직면은 불가능해진다.

따라서 집단원들은 이곳이 있는 그대로의 느낌과 생각을 공유할 수 있고, 새로운 행동을 주저 없이 실험해 볼 수 있는 안전하고 신뢰로운 장소라는 확신을 가져야 한다.

이러한 환경을 만들기 위해 상담자는 특별한 기술을 사용하기보다, 진정성 있는 태도를 보여야 한다. 상담자는 가면을 쓰거나 연기를 하는 대신, 자신의 느낌과 말이 일치하는 행동을 솔선수범하여야 하며 집단원들에게 바라는 행동을 자신이 먼저 실천하고, 온정적이고 긍정적이며 수용적인 태도로 집단 활동에 임해야 한다. 자신과 집단을 신뢰하는 마음을 가지며, 동시에 집단원들이 신뢰감 형성을 방해하는 요소(두려움, 불안)에 대해서도 솔직하게 이야기할 수 있도록 격려한다. 상담자는 집단원의 성장에 큰 해를 끼치지 않는 한, 그들의 말과 행동을 따뜻하게 신뢰하고 수용하며 격려하는 반응을 보여야 한다.

또한 이 단계에서 상담자의 반드시 기억해야 하는 책무 중 하나는 집단원들이 참여 과정에서 자연스레 겪게 되는 망설임, 저항, 방어 같은 감정들을 스스로 자각하고 정리하도록 돕는 것이다. 결국 이 단계의 성공 여부는 오롯이 상담자에게 달려 있다. 상담자가 집단원들에게 얼마나 수용적이고 신뢰로운 태도를 보여주었는지, 그리고 상담 기술을 얼마나 능숙하게 발휘했는지에 따라 집단이 다음 단계인 성숙으로 나아갈 수 있을지가 결정되는 것이다.

2 전환 단계의 주요 과제

전환 단계에서의 주요 과제는 집단원들의 집단 과정에서 일어나는 저항, 갈등, 방어 등을 자각하고 정리하도록 돕는 것이다. 이러한 요소들은 집단 과정의 방해 요소가 될 수 있지만, 잘만 다루어진다면 오히려 집단의 응집력을 높이며 창조적인 문제 해결을 촉진하는 요소로 작용할 수 있다.

● 의존성 처리 : 주도권의 이동

– 참여 단계에서 상담자가 거의 주도적으로 오리엔테이션을 임했기에, 집단원들은 전환 단계에서도 상담자에게 의존하려는 경향을 띠게 된다. 집단원들은 상담자에게 집단을 주도하고, 지시하고, 충고하고, 평가해 주길 기대한다. 심지어 집단원과 상호 작용을 할 때에도 상담자를 향하여 말함으로써 그의 시인과 수용을 바라게 된다. 그러나 상담자는 집단 활동의 책임을 집단원에게 이동시키는 것이 바람직하다. 예를 들어, 한 집단원이 상담자를 향해 "상담자님 생각은 어떠세요?"라고 물었을 때, 상담자는 직접 응답하려 하지 않고 다음과 같이 대처한다.

- 의존성 탐색 : 집단원에게 의존하고 있다는 사실을 탐색하도록 돕는다.
- 반응 돌리기 : 반응의 방향을 다른 집단원들에게 돌려 집단의 자원을 이끌어내고 참여를 촉진한다.
- 공감과 반영 : 집단의 욕구에 공감해 준 다음, 그가 다른 집단원보다 상담자의 관심과 반응을 더욱 가치롭게 여기고 있다는 사실을 반영해 줌으로써 집단으로 하여금 그 사실을 스스로 깨닫도록 한다.

이렇게 함으로써 상담자는 집단에게 주도성의 책임을 나눠 가질 수 있도록 학습시킨다. 상담자 스스로 답하기보다 집단과 집단의 자원을 이끌어내는 역할을 수행해야 한다. 상담자가 집단에 도움이 될 멋진 생각이 떠올라 개입하고 싶더라도, 가능하면 집단을 신뢰하고 기다리는 것이 활발한 집단을 위해 도움이 된다. 상담은 인내를 필요로 하는 과정이다. 상담자는 집단과 집단의 과정을 신뢰하고 관망하는 능력을 길러야 한다.

3 저항

집단상담의 전환 단계는 침묵 속에 숨겨진 저항이라는 거대한 벽과, 폭풍처럼 몰아치는 갈등이라는 그림자와 마주하는 시간이다. 이 현상들은 집단원들이 느끼는 불편함의 무의식적인 시도이자, 피할 수 없는 성장의 징후이다.

저항이란 집단 과정 중 집단원이 어떤 이유로든 불편함을 느낄 때, 그것을 회피하거나 벗어나고자 하는 행동을 뜻한다.

집단원들이 불편함을 느끼는 세 가지 영역은 다음과 같다.

- 지나치게 심각한 주제에 직면했을 때
- 민감하거나 논쟁적인 사안을 다루게 될 때
- 사적이고 개인적인 문제가 공개될 위협을 느꼈을 때

특히 비자발적 참여의 경우, 저항 현상은 더욱 두드러지게 나타나며, 흔히 침묵이나 소극적인 참여로 이어진다.

1) 저항이 나타나는 일반적인 형식

- 회의론 : 첫 모임 때, “내가 왜 이 집단에 참여했는지 모르겠다.”, “이 집단이 어떻게 도움이 될지 모르겠다.”고 솔직하게 또는 비아냥거리듯 말한다.
- 소극적 자세 : 팔짱을 낀 채 앉아, 순서에 마지못해 하는 것 외에 자발적인 참여를 거의 하지 않는다.
- 주제 이탈 : 집단과는 상관없는 주제들(영화, 스포츠, 최신 패션, 연예인 이야기 등)을 중심으로 집단의 화제를 이끌고 간다.
- 변화에 대한 거부 : 집단 자체에는 순응하는 듯 보이나, 정작 자기 변화에 대해서는 강력한 저항을 보인다.

- 부정적 기대 : 집단의 효과성에 대한 부정적인 기대를 갖는다. "이 집단은 별 도움이 되지 못할 것"이라고 생각하며, 호의적이고 협조적인 참여를 거부한다.

2) 저항의 심층적 원인

- 신뢰감의 결여 : 집단원이 소속 집단에 대해 제대로 신뢰하지 못할 때 저항이 생긴다.
- 분노 : 집단 내에서 개인적인 욕구가 충족되지 못하거나, 다른 집단원의 발언 때문에 자존심이 상하는 경험을 하면서 분노를 느끼고 그 결과 저항을 보인다.
- 무력감 : 집단 내에서 '내가 과연 무엇을 할 수 있을까.' 회의하며, '아무것도 모르고 아무것도 할 수 없다.'는 무력감 때문에 집단 활동에 제대로 참여하지 않는다.
- 집단의 생산성 결여 : 집단이 비생산성을 보이거나, 집단원이 보기에 시시하고 의미 없는 주제들을 다룰 때 저항이 일어난다.
- 적대감 : 다른 집단원뿐 아니라 상담자에 대해서도 적대감을 느낀다.

저항 반응은 결국 자신과 다른 집단원들, 사적인 문제나 심층적 고민거리를 탐색하지 못하도록 방어하려는 무의식적 시도이다. 따라서 상담자는 저항 반응을 집단에 있어서 피할 수 없는 하나의 현상으로 인정해야 한다. 만약 집단이 이를 인정하고 탐색하지 않으면 집단 과정은 크게 방해받기 때문이다.

저항을 처리하는 효과적인 방법은 집단이 그것을 과정의 필수적인 요소로 인정하고 함께 취급하는 것이다. 상담자는 저항을 집단원이 어떤 '모험'을 감행하기 전에 자연스럽게 나타내는 반응으로 이해하고 존중하며, 그것을 집단원 스스로 인정하고 처리하도록 격려하는 개방적인 집단 분위기를 조성해야 한다.

4 갈등

저항이 어느 정도 처리되고 집단원들이 집단에 참여하기 시작하면, 지금 여기(here-and-now)에서 처음으로 나타나는 상호 작용은 상담자나 다른 집단원들을 향한 부정적 감정의 표출인 갈등이다. 저항과 함께 갈등은 집단상담뿐 아니라 일반적인 인간관계에서도 피할 수 없는 현상이다. 따라서 상담자가 관심을 가져야 할 문제는 갈등이 생기지 않도록 막을 수 있느냐 하는 것보다, 오히려 그것을 어떻게 다루어야 할 것인가에 있다고 할 수 있다.

집단상담이 저항기를 지나 갈등기로 접어들면, 집단의 역동은 이전과는 완전히 다른 차원으로 폭발한다. 얄롬(Yalom)이 통찰했듯이, 만약 저항기가 "내가 이 집단에 참여할 것인가, 수용될 것인가?"라는 질문에 초점을 두었다면, 갈등기는 "내가 지배할 것인가, 지배당할 것인가?"라는 근원적인 힘겨루기로 옮겨간다.

집단상담의 전환 단계는 단순히 감정적 갈등뿐 아니라, 집단의 근간을 흔드는 구조적 원인들까지 표면 위로 끌어올린다. 이 시기는 집단원들이 상담자로부터 독립하여 진정한 '우리'가 되기 위해 반드시 치러야 하는 통과 의례와 같다.

1) 전환 단계에서 나타나는 주요 갈등 유형

이 단계에서 발생하는 갈등은 다음과 같은 구조적 배경을 갖고 있다.

- 의사소통 부재 및 불명확성 : 집단원들 사이의 소통 부족이나 메시지의 불명확성이 오해와 불신이라는 안개를 낳는다. 정보 공유가 제한적이거나 왜곡될 때, 갈등은 더욱 깊어진다.

- 역할과 책임의 불분명함 : 각자의 역할과 책임이 명확히 정해지지 않으면, 권한과 의무 수행에 혼란이 생긴다. 이는 곧 권력 다툼이나 충돌로 이어지며, 리더십이나 의사결정 구조가 불안정한 집단일수록 갈등은 더욱 심화된다.

- 자원 및 관심사의 충돌 : 제한된 시간, 공간, 상담자의 관심 같은 자원을 두고 집단원들 간의 경쟁이 발생한다. 개인적 욕구와 집단 목표 간의 불일치는 협력을 저해하고 저항의 씨앗을 뿌린다.

이러한 구조적 원인들은 갈등의 근본적 배경으로 작용하기에, 중재와 문제 해결을 위해서는 원인별 세심한 접근, 투명한 의사소통, 명확한 역할 분담, 그리고 공정한 자원 배분이 필수적이다.

2) 주요 쟁점 : 권력, 저항, 그리고 상담자의 방어

전환 단계에서는 특히 다음과 같은 세 가지 문제들이 폭발적으로 드러난다.

- 주도권(권력) 쟁탈전 : 집단원들은 스스로 만족할 만한 주도권이나 세력을 확보하려고 하며, 이 쟁탈전의 결과로 집단 내에 일종의 사회적 위계질서가 세워진다. 이때 집단원들은 상대방의 부정적인 측면을 비판하며 자신의 장점을 내세워 지배적인 위치를 차지하려 한다. 그들은 상대방에 대한 진정한 이해나 수용 없이, 오직 승리를 위한 '충분한 조언'을 일삼는다.

- 상담자에 대한 적대감과 저항의 표면화 : 집단 참여 전, 집단원들은 상담자가 자신만을 위해 존재할 것이라는 비현실적인 기대를 품는다. 하지만 상담이 진행될수록 현실이 기대와 다름을 깨닫고, 상담자뿐 아니라 다른 집단원들에게도 적대감을 느끼게 된다. 이 순간, 상담자는 자신이 집단원의 문제에 대한 해결사가 아님을, 그리고 집단은 스스로 자신의 문제를 탐색하는 과정임을 집단원들에게 명확히 알려주어야 한다. 이 점은 상담자 자신도 항상 명심해야 할 원칙이다.

- 상담자 자신의 불편함이나 저항에 대한 방어 : 특히 경험이 부족한 초심자 상담자에게서 자주 나타나는 문제이다. 자신이 반드시 집단에 필요한 인물이 되어야 한다는 생각 때문에, 집단원들이나 일어난 상황에 대해 방어적인 태도를 보이게 된다. 만약 상담자가 가진 부정적인 감정을 다루지 않고 회피하면, 상담자 자신이 집단에 대한 흥미가 저하될 수 있다. 또한, 집단원들은 상담자를 본받아 부정적인 감정을 생산적으로 다루는 방법을 배울 기회를 놓치게 된다.

상담자는 집단 과정에서 불가피한 갈등 상황을 "건설적인 효과를 얻기 위해서는 어떻게 활용할 수 있겠는가?"라는 차원에서 제대로 이해하고 적절히 대처할 수 있어야 한다. 상담자는 이 도전에 맞서 함께 공격하거나 움츠러들기보다, 이를 공감하고 수용함으로써 갈등을 피하거나 숨기지 않고 생산적으로 처리하는 기회로 삼아야 한다.

3) 갈등을 다루는 주요 중재 기법

상담자는 갈등 표출과 저항이 활발한 전환 단계에서 다음의 중재 기법들을 활용하여 집단원들의 감정을 수용하고 갈등의 긍정적인 전환을 촉진하여야 한다.

- 경청과 반영 : 집단원들이 표출하는 감정과 생각을 주의 깊게 듣고, 이를 상담자가 다시 말해주는 기법이다. 집단원이 이해받고 있음을 느끼게 하여 갈등 완화에 도움을 준다.

- 명료화 : 애매하거나 불분명한 감정이나 생각을 명확히 하여 갈등의 본질을 파악하도록 돕는다. 이를 통해 집단원 스스로 자신의 감정을 인식하고 표현할 수 있도록 한다.

- 직면 : 갈등이나 저항이 나타날 때, 이를 회피하지 않고 직접 드러내어 집단원들이 자신의 행동과 감정을 직시하게 한다. 다만, 부드럽고 긍정적인 태도로 진행해야 변화로 연결된다.

- 해석 : 갈등의 이면에 숨겨진 심리적 의미나 이유를 설명해 주어 집단원들이 자신의 행동이나 감정을 새롭게 이해할 수 있게 한다.

- 자기 개방 : 상담자가 자신의 경험이나 느낌을 솔직하게 드러내어 집단원들과 신뢰를 구축하고, 집단 분위기를 안정시키는 데 사용한다.

4) 갈등 관리 사례

갈등은 집단상담 시 때때로 예상치 못한 폭풍우를 몰고 온다. 여기에, 가족 내 의견 충돌을 주제로 한 집단에서 발생했던 갈등 사례가 있다. 집단원들은 각자의 가족 안에서 함께하는 시간 부족과, 의견 충돌 시 효과적인 대화가 불가능하다는 공통의 문제를 짊어지고 있었다. 이 고통스러운 쟁점은 집단 내에서도 불만과 저항이라는 형태로 표출되기 시작했다.

이 혼란의 순간, 상담자는 이 갈등을 단순히 잠재우는 것이 아니라, 성장의 기회로 삼기 위해 공동의 목표를 향해 효율적이고 효과적으로 나아가도록 돕는 갈등 전환 퍼실리테이션 기법(Facilitation)을 사용하여 해결하고자 했다.

- 공감 단계 : 울타리를 세우다

– 상담자는 가장 먼저 갈등 당사자들의 감정을 진심으로 수용하고, 그들의 기대 사항을 귀 기울여 들었다. 그리고 집단 규칙을 다시 한번 명확히 정하여, 서로를 공격하지 않고 안전하게 대화할 수 있는 심리적 울타리를 형성했다.

- 문제 규정 단계 : 실타래를 풀다

– 갈등의 쟁점과 입장을 객관적으로 분리하는 작업이 이어졌다. 집단원들은 자신의 주장과 분노를 포스트잇 등에 기록하고 모두가 볼 수 있도록 공유했다. 이 과정을 통해 갈등의 본질이 무엇이고, 무엇이 진정한 쟁점인지가 명확하게 드러났다.

- 이해 관심사 단계 : 마음속 동기를 보다

– 겉으로 드러난 입장 뒤에 숨겨진 개인별 이해 관심사를 확인하는 시간이었다. 왜 그들이 그러한 입장을 고수하는지, 그 밑바탕에 깔린 진짜 욕구가 무엇인지 파악하며 상호 이해의 기반이 마련되었다. 이제 그들은 서로를 적으로 보기보다, 각자의 필요를 가진 인간으로 보기 시작했다.

- 정보 공유 단계 : 투명한 창을 열다

– 갈등과 관련된 정보와 입장을 개방적으로 공유함으로써, 집단원들 사이의 정보 격차를 줄여나갔다. 숨겨진 의도나 오해의 여지를 없애고, 투명한 상태에서 대화를 이어갈 수 있게 되었다.

- 옵션 개발 단계 : 함께 지혜를 모으다

– 이제 비난과 분노 대신 지혜를 모을 차례였다. 집단은 문제 해결을 위한 다양한 해결 방안을 함께 모색하고, 각 방안의 장단점을 보완하며 선택지를 풍부하게 만들었다.

- 합의안 결정 단계 : 새로운 약속을 맺다

– 마지막으로, 객관적이고 합리적인 기준을 적용하여 모두가 수용할 수 있는 최적의 해결책을 선택했다. 이는 단순히 문제를 해결하는 것을 넘어, 집단원들이 협력적인 관계를 맺는 새로운 약속이었다.

● 결론 : 갈등이 협력으로 전환되다

– 이 체계적인 과정은 갈등을 일방적인 해결에서 벗어나 상호 이해와 협력적인 전환으로 이끌었다. 그 결과, 집단원들의 적극적인 참여와 긍정적인 변화가 촉진되었다.

상담자는 이 모든 과정에서 중재자 역할을 수행하며, 집단원들의 감정을 수용하고 명료화를 도왔으며, 적절한 선택적 피드백을 제공함으로써 갈등 완화와 건강한 의사소통의 모델이 되었다.

즉, 전환 단계의 갈등은 공개적인 문제 표출에서 출발하지만, 상담자의 체계적인 단계별 중재를 통해 집단 내 신뢰와 협력으로 전환되는 관리의 과정을 거치게 된 것이다.

5 집단 응집력(Group Cohesiveness)

집단 응집력이란 집단에 남아있도록 유도하는 모든 힘의 합을 뜻하며, 구성원들이 느끼는 집단의 매력 수준이다. 저항과 갈등이라는 폭풍우를 생산적으로 견뎌내고 나면, 집단에는 비로소 응집력이라는 단단한 울타리가 세워진다. 이것은 집단원들이 경험하는 매력, 소속감, 결속감, 일치감을 모두 포함하는 따뜻한 상태이다. 마치 격렬한 시험기를 통과한 집단원들이 "만약 부정적인 반응과 갈등의 표현이 허용된다면, 이제부터는 서로 믿고 가까워져도 될 것 같다"고 무언의 약속을 나누는 것과 같다.

1) 응집력의 본질과 징후

응집력은 집단 내에서 각자의 개성을 표현할 수 있고, 충분한 친밀감을 허용하는 서로 간의 깊은 유대이다. 이 결속은 집단원들의 서로에 대한 매력 때문일 수도 있고, 때로는 외부로부터의 위협이나 집단 해체에 대한 반응으로 출현하기도 한다. 응집력이 발달하기 전에는 집단원들의 자기표현과 자기 노출이 자유롭지 못하며, 자기방어적이고 피상적인 대화가 많다. 그들은 상담자에게 많은 기대를 걸고 의지하며, 불만이 있을 때 상담자에게 그것을 투사하기 쉽다.

진정한 신뢰와 응집력은 신체 활동을 많이 하는 것만으로는 얻어지지 않는다. 그것은 각 집단원들이 진솔한 자신의 모습을 개방하고, 이것이 다른 집단원들에게 수용되며, 상호 작용 중에 일어나는 갈등들이 성공적으로 해결되어 갈 때 비로소 가능하다.

- 협조적인 행동 : 집단원들이 협조적인 행동을 보이고, 회기를 위해 준비하며, 시간을 잘 지키려고 노력한다.

- 안전 구축 : 집단을 안전한 장소로 만들려는 노력으로 신뢰 부족이나 신뢰하는 것에 대한 두려움 등을 표현한다.

- 경청과 수용 : 상대의 말을 경청하고 있는 그대로 수용하려는 지지와 배려가 나타난다. 집단은 결국 연대감이다. 구성원들은 집단 안에서 사회 어디에서도 느끼지 못하는 따뜻함과 자신을 일원으로 받아주는 공동의 생각, 즉 가족 같은 공동체 의식을 경험한다. 철학자인 레비나스(Lévinas)가 강조했듯이, 나와 남이 하나가 되는 것이 인간 윤리의 으뜸이며, 타인에 대한 무한한 책무를 지고 타인을 나의 가족처럼 여기는 태도가 집단 응집력의 근간이다.

- 자아 존중감과 공적 존중감 : 응집력의 근본적인 바탕은 자아 존중감이다. 내가 스스로 가치가 있다고 여기는 자아 존중감이 타인에게도 존중을 돌려주는 공적 존중감으로 연결된다. 집단을 중요하게 여기는 집단의 평가와 집단원들 간의 상호 존중 수준이 응집력을 높이는 데 도움을 준다.

- 현재에 입각한 상호 작용 : 집단 상호 작용에서 '지금 여기'에 입각하여 상대에 대한 지각과 반응을 표현한다. 집단의 응집력은 집단 과정이 진행되는 동안 계속 변화하는 유동적인 요소이다. 만약 어떤 집단원이 "나는 지금, 여기이 집단의 일부가 아니다."라고 느낀다면 응집력은 떨어진다.

응집력은 저절로 자동적으로 발달하는 것이 아니다. 그것은 집단원들끼리 위험을 감수하며 성취하는 결속의 과정이다.

2) 응집력을 키우고 유지하는 여섯 가지 방법

집단 응집력은 다음과 같은 여섯 가지 다양한 방식을 통해 발달하고 유지되며 증가한다.

- 신뢰의 구축 : 신뢰는 응집력에 결정적인 영향을 미친다. 따라서 응집력을 이루기 위해서는 먼저 집단원들 간의 신뢰가 형성되어야 한다. 신뢰를 구축하는 가장 좋은 방법은 상호 의견과 감정을 존중하는 분위기를 조성하는 것이다. 집단원들은 자신들이 지각하는 신뢰의 수준만큼 자신들의 감정을 개방적으로 표현해 나간다.

- 위험 감소와 공유 : 집단원들이 자신의 중요한 부분들을 집단원들과 공유하고자 한다면, 이는 위험 감소와 함께 응집력을 증가시키는 것을 학습하고 있는 것이다. 집단원들에 의해 이 개방이 수용되고 공유되면 가장 이상적이다.

그렇지 않은 경우에는 상담자라도 집단 내에서 일어나고 있는 반응들을 공유하는 모델을 보여주어야 한다. 성공적인 위험 감소 행동은 집단원들을 가깝게 느끼도록 돕는다.

- 적극적인 참여자로 초대 : 응집력은 모든 집단원들이 적극적인 참여자가 되도록 초대함으로써 증가한다. 말이 없거나 위축된 집단원들에게 집단에 대한 느낌을 표현하도록 초대하고, 말이 없는 이유들에 관해 함께 탐색할 수 있다. 지도력을 집단원들과 공유함으로써 응집력이 발전할 수 있다. 상담자는 피드백과 공유를 격려하여 집단원 대 집단원 상호 작용을 촉진해야 한다.

- 갈등의 정직한 탐색 : 집단 내에서 갈등은 불가피하다. 집단원들이 갈등의 근원을 인식하고 함께 이것을 다루는 것이 바람직하다. 집단에서 일어나는 갈등들을 수용하고 서로의 차이들을 정직하게 탐색함으로써 응집력은 강화된다.

- 집단의 매력 증가 : 집단원들의 집단의 매력이 클수록 응집력은 증가한다. 집단원들이 흥미 있어 하는 주제들을 집단에서 다루고, 존중받는다고 느끼며, 집단 분위기가 지지적이라면 집단은 매력적으로 지각될 것이다.

- 생각, 느낌, 반응의 노출 격려 : 집단원들의 집단 내에서 일어나는 것에 대한 자신들의 생각, 느낌, 반응들을 노출하도록 격려하는 것이 좋다.

3) 집단 응집력의 중요성

응집력은 일체감, 하나됨, '우리 집단' 등으로 표현되며, 때로는 단순한 소외감으로부터 벗어남을 넘어 어떤 의식의 고양된 상태를 체험하기도 한다. 그 순간 모든 집단원의 의식은 높은 수준으로 끌어올려지며 매우 정화된 의식을 경험한다.

동시에 보다 더 높은 응집력으로 인해 매우 강한 '하나된 우리'의 느낌을 갖게 한다. 이 결과, 집단이 끝난 후에도 이 느낌을 되새기면서 집단원 개인은 "이웃과 함께 살아가고 있으며, 결국 혼자가 아니라는 느낌"을 가지고 안정감을 얻는다. 어떤 역경을 만났다 할지라도 이것을 상기하고는 힘을 낼 수 있다.

따라서 집단의 응집력이야말로 집단의 성공을 이끄는 가장 강력한 결정 요인이다. 응집이 잘 되는 집단은 실패할 수가 없다.

- 높은 응집력의 효과 : 응집력이 높은 집단은 자기 탐색, 개방에 집중하고, 문제를 함께 해결하며 집단 활동에 적극적으로 동참한다. 자신의 느낌과 생각을 표현하므로 집단이 잘 운영될 수밖에 없다.

- 참여 증대 : 높은 응집력은 좋은 출석률, 집단원들의 더 많은 참여, 영향력, 그리고 더 많은 효과를 낳아 소정의 목적 달성을 가능하게 한다.

- 피드백의 역할 : 응집력이 높은 집단은 주로 긍정적인 피드백이 많지만, 실제로 부정적인 표현들도 자연스럽게 할 수 있어 서로의 성장을 도모하는 것이 응집력의 특징이다. 다만, 집단이 자신을 지켜보는 것 같은 느낌을 준다면 응집력이 낮아져 성공하지 못하는 집단이 된다.

- 집단상담의 목적 달성 : 집단상담에 참여하는 이유는 근원적인 문제, 주로 대인 관계 문제를 해결하고 치유하고자 함이다. 집단에 적극적으로 동참하여 자신의 느낌과 생각을 즉각적으로 표현하고, 친밀감, 수용, 지지, 온정, 돌봄, 상호 의존, 경험의 공유 등을 통해 응집력이 높아진 집단은 그 목적을 달성하는 데 효과적이다.

Red herring 10

'덜컹' 하는 순간

누군가가 내 앞 마당에 죽어 있었습니다. 내가 죽인 것 같지는 않지만, 일단 그 시체를 어디론가 옮겨야 했기에 마당에 있던 커다란 드럼통에 넣어 두었습니다. 만지기도 싫고 무섭기까지 한데 이제 그것을 치울 일이 걱정입니다. '저렇게 계속 두면 썩고 벌레도 생길 텐데, 냄새도 점점 더 심해질 텐데……. 어떡하지?' 그때 한 소녀가 나타나 이렇게 말합니다. "포크레인을 불러서 치우세요. 돈이 좀 들겠지만 그러면 깨끗해질 거예요." '아 맞다. 내가 왜 그 생각을 못했지.' 하다 꿈에서 깨어납니다.

이 꿈은 정신분석 상담을 받고 싶지만, 비용이 많이 드는 것에 대한 고민을 하던 상담자가 꾼 꿈이었습니다. 무서운 시체처럼, 존재를 알면서도 치우지 못하는 것, 보이지 않게 덮어두었지만 계속 신경이 쓰이는 그것은 바로 억압해 놓은 어떤 감정이나 외상(Trauma)입니다.

우리가 흔히 '심인성(心因性)'이라고 부르는 증상들이 여기서 비롯됩니다. 표현되지 못하고 억압된 감정은 마치 끓는 뚝배기처럼 살아있는 것이라 결코 얌전히 있지 않습니다. 꿈으로 나타나거나 몸에 신경질적인 증상을 만들어서라도 뚫고 나오려 합니다. 그러다가 촉발될 만한 강한 자극이라도 생기면, 억압된 무의식은 우리가 가는 길에 걸림돌이 됩니다. 관계를 망치거나, 일 처리 능력을 상실하거나, 어렵게 성취한 일들을 한 방에 와르르 무너뜨리기도 합니다.

무의식에 억압된 내용들은 우리가 의지적으로 통제할 수 없습니다. 이것이 바로 무서운 점입니다. 하지만 의식화된 것은 더 이상 통제 불능의 것이 아닙니다. 뭔지 모르면 무섭고 다룰 수 없지만, 알면 다룰 수 있는 감정이 됩니다.

살면서 '덜컹'하고 걸리는 순간이 있습니다. 잘 달리던 자동차가 갑자기 연기가 나고 이상한 소리가 나는 상황을 상상해 봅시다. 일단 비상등을 켜고 갓길에 차를 무조건 세워야 합니다. 문제를 무시하고 급한 마음에 그냥 달리다간 대형 사고가 날 수 있기 때문입니다.

사람 역시 마찬가지입니다. 늘 하던 일상이 어렵게 느껴진 지 2~3개월 이상 되었다면 전문가를 만나봐야 합니다.

이유 없이 화가 나서 통제할 수 없고
강박적인 행동이나 생각을 멈출 수 없으며
통제되지 않은 불안감이 밀려온다면,

이는 마음의 비상등이 켜진 순간입니다. 무기력감 때문에 아무것도 할 수 없고 살고 싶은 마음까지 없어졌다면, 잠시 멈춰야 합니다.

프로이트는 어떤 꿈을 반복해서 꾸는 것을 반복 강박이라고 불렀습니다. 반복되는 악몽은 우리가 억압하고 싶어 하는 어린 시절의 외상을 극복하고 싶어 하는 몸부림입니다.

그 외상은 우리에게 "이렇게 살아서 뭐하나.", "편히 쉬고 싶다."는 생각을 가져다 줍니다. 그 외상이 해석되기 전까지는 우리에게 삶을 이어가고 싶지 않을 정도의 큰 감정 덩어리를 남기지만, 해석이 된다면 충분히 처리할 수 있는 정도의 감정으로 변하게 됩니다. 살면서 '덜컹'하는 순간이 있다면, 나도 모르는 내 안에 해결해야 할 큰 과제가 있다는 신호입니다.

우리는 무의식의 문 앞에서 도망가고 싶습니다. 상자를 열 것인가? 도망갈 것인가? 진정한 평안을 찾기 위해서는 그 상자를 열어보려는 노력을 계속해야 합니다. 왜냐하면, 드럼통에 넣어 둔 시체처럼, 무의식은 의식보다도 더 강력하게 내 삶 전체에 영향을 끼치기 때문입니다. 호미로 막을 일을 가래로 막게 되는 사태를 피하기 위해, 우리는 용기를 내어 시체를 꺼내 장례를 치러주어야 합니다.

CHAPTER 11

작업 단계

작업 단계는 집단상담에 참여한 사람들이 문제점을 해결하고, 실천 가능한 대안 행동을 모색하며, 실질적인 변화를 만들어가는 가장 핵심적인 시기이다.

집단은 마치 하나의 유기체와 같다. 전환 단계에서 작업 단계로 넘어가는 이행기는 특히 그러하다. 실질적으로 이 단계들은 명확하게 칼로 자른 듯 구분되지 않고, 여러 부분이 겹쳐서 나타난다. 집단은 단계마다 명확한 구분선이 있는 것이 아니다.

설령 집단이 공식적으로 작업 단계에 돌입했다고 해도, 반드시 모든 집단원들이 최적의 기능을 일제히 발휘하는 것은 아니다. 집단원들이 어떤 마음을 가지고 있느냐는 사람마다 모두 다르고, 그들의 발전 상황 또한 같을 수 없다. 집단원 개개인의 차이는 사실 모든 집단 단계의 특징이다. 진정한 작업 단계로의 진입은, 지금까지 집단원들이 마음속에 품고 있었던 감정들을 솔직하게 털어놓음으로써 가능하게 된다.

이 과정에서 집단원들 간의 신뢰를 손상시킬 수 있는 반응들에 대해 깊이 탐구하고 표현하지 않으면, 집단은 작업 단계로 원활히 나갈 수 없게 된다. 집단은 이제 작업 단계에서 자신의 갈등을 해결하겠다는 각오를 해야 한다. 자신에게 떠오르는 지각과 반응을 인정하고, 추측과 오해를 해소하며, 갈등을 해결해 나가는 법을 배워야 한다. 이에 상담자는 집단원이 자신의 생각이나 감정, 행동에 대해 평가를 받는 위험을 감수하게 될지라도, 계속해서 새로운 방식으로 시도할 수 있도록 격려해야 한다.

1 작업 단계 시 집단원의 역할

작업 단계는 의미 있는 문제를 집단원과 함께 경험하면서 해결을 위해 노력하는 단계라고 할 수 있다. 따라서 이 단계에 도달하고 계속 유지하기 위해서는 집단원이 해야 할 역할과 과제를 알고 예상되는 문제에 대비해야 한다.

작업 단계에서 집단원들의 역할과 과제는 다음과 같다.

- 집단원들은 함께 경험하고 싶은 주제를 집단에 개방해야 한다.
- 피드백을 주고받는 데 있어 개방적이어야 한다.
- 자신이 다른 집단원에게 어떠한 영향을 받는지에 대한 경험을 나누는 등의 방식으로 어떤 상담자적 기능을 수행해야 한다.
- 집단에서 습득한 새로운 행동을 일상생활에서 기꺼이 실습해 보고 그 결과를 집단에 보고해야 한다.
- 다른 집단원에 대해 지지하거나 도전하며 자기 직면에 임해야 한다.
- 계속 집단 만족도에 대해 평가하고, 필요하면 단계를 바꾸는 데 능동적으로 참여해야 한다.

이 단계에서 상담자의 역할은 집단원들과 많이 공유된다. 하지만 상담자는 몇 가지 기능을 잘 수행할 때 집단의 역동을 촉진시킬 수 있고, 집단원의 문제 해결에 도움을 줄 수 있다. 집단원들은 자신에 대한 깊이 있고 의미 있는 탐색을 통해 다양한 방식으로 상호 작용하면, 그 결과로 치료적 요소와 변화를 위한 요소들이 고르게 나타난다.

- 자기 개방과 감정의 정화 : 집단원들이 그동안 숨겨왔던 서러움과 아픔을 털어놓고 눈물을 흘리며 답답함을 해소한다. 자기 이야기는 감정과 깊이 맞닿아 있기에, 이 단계에서 정화(Catharsis) 작용이 활발하게 일어난다.

- 행동 패턴의 자각 및 인정 : 집단원들과의 나눔을 통해 자신의 대인 관계 어려움, 사회생활 문제, 감정의 문제 등 고유의 행동 패턴을 객관적으로 인식하고 인정한다.

- 실천 가능한 대안 행동의 탐색 및 실행 : 문제 해결을 위해 실제 삶에 적용할 수 있는 구체적인 행동 방안을 찾고, 이를 시도하는 계획을 세운다. 이 과정이 있어야 집단상담의 의미가 있다.

2 상담자의 역할

상담자는 집단원들의 적극적인 참여를 촉진하면서 산으로 가지 않도록 의사나 생각들을 조정하고, 문제 해결을 위한 생산적인 활동을 솔선수범하며 모델의 역할을 수행한다. 특히 실천 가능한 대안 행동을 조리 있게 탐색하도록 돕는 역할이 중요하다.

- 지금-여기 초점 맞추기 : 상담자는 집단원들이 현재 자신의 감정과 행동, 상호 작용에 집중하도록 유도하여 집단 내 현실적인 문제 해결과 상호 이해를 깊게 한다.

- 갈등 수용과 적극적 해결 : 집단 내 갈등을 회피하지 않고 인정하며, 구성원들이 갈등을 토의하고 해결하는 과정을 지도한다. 이를 통해 집단 응집력과 생산성을 높인다.

- 피드백 문화 조성 : 집단원들이 서로 건설적인 피드백을 주고받게 하여 상호 성장과 신뢰감을 증진시킨다.

- 새로운 행동 도전과 실천 격려 : 집단 외부 상황에서의 변화 실천을 위해 집단 내에서 새로운 행동을 시도하고 연습할 기회를 제공한다.

- 갈등 문제의 분리 및 명료화 : 집단 진행 과정 시 발생하는 갈등의 핵심 사안과 감정을 분리하여 문제를 명확히 한다. 갈등의 원인을 객관적으로 파악하고 집단원들이 문제 자체에 초점을 맞추도록 유도한다.

- 중재와 조정 : 상담자가 중재자로서 갈등 당사자 간 대화를 촉진하고, 상호 이해를 돕는 조정 역할을 수행한다. 협상과 타협의 장을 마련하여 집단원들이 공동 해결책을 모색하게 한다.

- 공동 목표 재확인 : 상담자는 끊임없이 집단의 공통 목표와 가치를 상기시켜 단합을 강화하고, 갈등이 집단 목적 달성에 장애가 되지 않도록 방향을 제시한다.

3 작업 단계의 목표 : 변화를 향한 심층 탐색과 학습

집단상담의 궁극적인 목적은 참여자의 행동 변화를 촉진하는 데 있다. 그러므로 집단상담의 효과는 집단원의 행동 변화로 측정되어야 하며, 이러한 변화는 단순히 집단 장면에서뿐 아니라 일상생활에서도 가시적으로 나타나야 한다.

이렇게 볼 때, 작업 단계의 주된 과업은 집단원들이 상호 간의 도움을 주고받음으로써 행동 변화를 촉진하는 일이다.

이를 위해 작업 단계에서는 다음과 같은 몇 가지 과정을 거치는 것이 바람직하다.

1) 자기 노출과 감정의 정화

집단은 이 단계에서 이미 상호 작용의 방법을 터득하고 자기 개방을 공유할 정도의 신뢰 관계를 형성했기 때문에, 집단원들은 더 의미 있는 자기 노출을 감행하기 시작한다.

집단원들이 개인적인 상황을 숨긴다면 다른 사람들의 진정한 관심을 얻기 어려울 수 있다. 진정한 관심이란 그 사람에 대해 깊이 알게 된다는 것을 의미하기 때문이다. 집단원이 의미 있는 자기 문제를 노출하게 되면, 상담자는 집단원들의 공감과 자기 노출 기법을 활용하여 그 문제와 관련된 여러 가지 감정적 응어리를 토로할 수 있도록 도울 필요가 있다. 이때 비로소 집단원들은 자신의 내면 더 깊은 부분을 노출할 것을 깨닫고 덜 방어적이게 된다.

예를 들어, 한 집단원이 남편과의 관계를 노출하면서 눈물을 머금거나 분노의 모습을 나타낼 수 있다. 이때 상담자는 그 집단원으로부터 동의를 얻은 다음 시간을 할애하여 그 문제를 깊게 다룰 수 있다. 대부분의 사람들은 문제의 원인을 자신보다는 타인이나 환경으로 돌려 상대방을 탓하는 경우가 많다. 그러므로 처음에 나타나는 감정적 응어리는 상대방에 대한 부정적 정서, 섭섭함, 답답함, 원망 등으로 이루어지며, 그 책임도 상대방에게 전가시키며 그를 비난하게 된다.

또 집단원 중에는 이 상황에서 재빨리 위로하고 지지하는 반응을 통해 상처를 싸매려 하거나 충분한 해결책을 제시하려는 사람도 나타난다. 상담자는 이와 같은 행동을 나타내는 집단원을 부드럽게 저지하고, 집단으로 하여금 공감과 자기 노출을 통해 그 감정의 응어리를 충분히 토로할 수 있도록 돕는다. 이와 동시에 집단에서 충분히 이해받고 수용된 감정을 느끼도록 도와야 한다.

자기 노출이 집단의 과정에서 필요하긴 하지만, 아직 노출할 준비가 되지 않은 상태에서 강요에 의해서 이루어져서는 안 된다. 집단원들 간의 상호 신뢰 관계가 충분히 형성되었다면, 집단원들은 자발적으로 자기 노출과 공감 반응을 하게 되어 있다. 모두 다 그렇지는 않지만, 자기 노출이 쉽지 않기 때문에 주저하는 경우도 많다. 그럴 때는 상담자가 재량껏 자기 노출을 격려할 수 있다. 부정적 감정의 응어리를 정화하는 것은 그 자체로도 치료적이다. 부정적 감정의 응어리를 지니고 있는 한, 자신이나 타인 또는 환경에 대하여 객관적인 지각이나 통찰을 할 수 없기 때문이다.

그러므로, 상담자는 집단원의 문제를 취급할 때 집단으로 하여금 여유를 가지고 그의 감정을 공감해 주도록 돕는 동시에, 유사한 자신들의 경험을 노출하도록 격려함으로써 내심 사무친 감정적 응어리를 충분히 정화하도록 촉진해야 한다. 집단원들은 타인의 감정을 이해함으로써 자신도 유사한 경험의 소유자임을 깨닫게 된다. 자신이 겪은 유사한 경험이 있다면 노출하도록 도움으로써 집단원 상호 간의 동료 의식도 느끼게 할 수 있다.

집단에서 정화 작용이 치료적 효과를 지니기는 하지만, 그것만으로는 지속적 변화를 일으키지 못한다. 따라서 상담자는 집단원의 행동 변화를 이끌기 위하여 집단으로 하여금 바람직하지 못한 행동 패턴을 취급할 수 있도록 이끌어야 한다.

2) 비효과적 행동의 취급

집단원의 문제와 관련된 감정 응어리가 충분히 정화되고 나면, 내담자가 문제 상황에 빠져서 헤어나지 못하도록 하는 비효과적 행동 패턴을 탐색하고, 이해하며, 수용하도록 돕는 작업을 시작해야 한다. 지금까지 집단원의 주된 지적은 주로 타인이나 환경 쪽에 초점을 두고 상대편의 문제점에 대해서였다. 그러나 이제 집단원들은 자기 자신 쪽으로 시선을 돌려야 할 뿐 아니라, 스스로 행동이 어떠한지를 탐색해야 한다.

예를 들면, 대인 관계에 문제가 있다고 생각하는 집단원의 경우 자신의 자극 행동이 상대방이 자신에게 어떤 반응을 하도록 만들었는지에 대해 스스로 탐색해야 한다.

이를 위해서 상담자는 집단으로 하여금 그 집단원의 행동 패턴에 대하여 효과적으로 피드백을 하거나 직면을 하게 하여, 그로 하여금 자신의 비효과적 행동 패턴을 이해하고 수용한 후 이를 효과적인 행동 패턴으로 대체할 수 있도록 도와야 한다. 어떤 사람이든지 오랫동안 사용한 자신만의 행동 패턴을 변화시키는 것은 쉽지 않다. 누구나 처음에 집단의 피드백과 직면을 받았다면 괴로움이 들었거나 회피하려고 했을 것이다.

상담자는 집단원에게 이 집단에서 자기이해의 도움을 받기 위해 자신의 문제를 집단에서 취급하고 있는지 집단원에게 확인함으로써 그 집단원의 동의를 얻어야 한다. 그렇지 않을 경우 저항에 부딪혀 귀중한 에너지와 시간을 낭비할 수 있다. 그러므로 집단에서 이루어지는 피드백과 직면은 집단 밖의 문제를 지금 여기에 문제로 전환하는 것이 더 효과적이다.

다시 말하면, 집단 밖에서 있었던 문제와 관련된 집단원의 행동 패턴을 집단 내의 집단원 간 상호 작용에서 나타난 그 집단원의 행동 패턴과 연관지어야 한다. 실제로 집단 밖에서 사용하는 행동 패턴은 집단 안에서도 그대로 사용되기 마련이다. 대화 중에 상대방의 말을 경청하지 않고 중간에 끼어들어 대화가 중단되는 비효과적인 행동 패턴으로 인하여 대인 관계에서 문제를 경험하고 있는 집단원의 경우, 집단 안에서도 비슷하게 집단원들과의 상호 작용에서 말을 끝까지 듣지 못하고 도중에 끼어들어 상대방과의 대화가 단절됨으로 인해 집단원에게서도 좋은 반응을 얻지 못하는 행동 패턴을 나타낼 것이다.

집단원들의 이러한 행동에 대하여 구체적이고 시의적으로 맞닥뜨릴 뿐만 아니라, 그런 행동이 집단원들에게 어떤 부정적인 반응을 불러일으킨다는 사실까지를 피드백함으로써, 그 집단 내에서의 자신의 비효과적 행동 패턴을 이해하고 수용함과 동시에 바로 그것이 사람들과의 관계를 악화시키는 자신의 비효과적 행동 패턴임을 깨닫고 인정하도록 도울 수 있다.

자기 노출처럼, 피드백과 직면은 작업 단계에서 필수적인 요소이다. 집단의 지지적인 환경 속에서 이루어지는 피드백과 직면은 진실한 관심의 표명으로 받아들여질 수 있다. 건설적인 피드백과 직면은 집단으로 하여금 그의 말과 행동을 검토하게 만들고 통찰을 행동으로 옮기게 하는 일종의 초대장이다. 따라서 상담자는 집단원들이 피드백과 직면을 할 때에, 상대방을 판단하거나 공격하는 대신 자신의 반응을 나누어 가지는 방식으로 피드백과 직면을 하도록 도와야 한다.

이를 위해서 상담자는 집단원들에게 효과적인 피드백과 직면을 가르치기 위해, 스스로 건설적이고 관심 어린 피드백과 직면을 적시에 시범을 보여주는 것이 중요하다. 상담자가 직면 기법을 사용할 때는 다음과 같은 점을 주의해야 한다.

첫째, 사람 전체를 규정지어 판단하지 말고 취급해야 할 특정한 행동에 대하여 구체적으로 도전해야 한다.

둘째, 특정 집단원 행동이나 반응에 대하여 가지고 있는 상담자 자신의 느낌을 솔직히 털어놓아야 한다.

대부분의 집단원들은 정도의 차이는 있겠지만, 지금까지 자신의 행동 패턴을 그것이 비록 비효과적이라 하더라도 인정하고 받아들이기 쉽지 않을 것이다. 그러므로 집단원들이 자신의 비효과적인 행동 패턴을 탐색하고 이해하고 수용하기까지는 부인, 분노, 타협, 의기소침과 같은 우여곡절의 과정을 거친다는 사실을 명심하고, 조급하거나 무리하게 임하지 않고 여유를 가지고 집단의 흐름에 따라 인내하는 태도를 가질 필요가 있다.

3) 바람직한 대안 행동의 취급

작업 단계의 또 다른 핵심적 과제는 바람직한 대안 행동의 탐색, 선택, 학습의 작업에 들어가는 것이다. 집단원이 자신의 비효과적 행동 패턴을 알고 인정한 다음에는, 상담자는 집단원과 함께 문제 해결에 도움이 될 효과적이고 바람직한 대안 행동을 탐색하고 학습한다.

집단원이 자신의 문제 발생과 지속이 비효과적인 행동 패턴이었다는 사실을 이해하고 수용한다면, 집단원은 스스로 그 문제에서 헤어날 대안 행동을 찾고자 할 것이다. 이때 집단은 문제 해결에 도움이 될 바람직한 대안 행동을 탐색하기 시작한다.

상담자는 브레인스토밍을 활용하여 집단원들로 하여금 자유로운 대안을 제시하도록 하고, 여러 측면에서 가능성과 효과성을 논의하게 하여 적절한 대안 행동을 선정하도록 돕는다. 바람직한 대안 행동이 선정되었으면, 집단원들은 그것을 실습할 수 있도록 지지한다.

대안 행동의 학습에는 역할놀이를 도입하는 것이 효과적인데, 상담자는 집단원으로 하여금 역할놀이를 통해 자신의 입장뿐 아니라 상대방의 입장이 되어봄으로써 보다 넓은 시각을 갖도록 도와줄 필요가 있다. 집단이 협력하여 대안 행동을 탐색, 선정, 학습하려면 해당 집단원은 물론 전체 집단이 대안 행동 학습의 가능성을 확신해야 한다. 그러므로 상담자는 집단으로 하여금 변화 가능성에 대한 희망을 갖도록 도와야 한다.

얄롬에 의하면 희망은 집단상담의 중요한 치료적 요인 중의 하나라고 한다. 상담자는 집단원들이 나타내는 개선점에 주의를 환기시키고, 미세하지만 긍정적인 방향으로 움직임을 보일 때 격려를 하며, 집단원들로 하여금 상호 간의 진보를 인정하게 하거나 각자의 진보에 책임을 지도록 도움으로써 집단의 희망을 불러일으킬 수도 있다.

이처럼 행동 변화를 위해서는 희망이 필요하고 희망 자체가 치료적 요인으로 작용할 수 있다. 그러나 실제로 행동 변화가 일어나기 위해서는 집단원들이 대안 행동을 학습하겠다는 확고한 의지를 지녀야 한다. 이는 무엇을 변화시키면 어떻게 변화시킨다는 결단을 의미한다. 해당 집단원은 물론 다른 집단원들까지 합심하여 행동 학습의 계획을 세우고 그것을 해결하기 위해 심신을 투여하며, 이를 실행하기 위한 방법 탐색에 최선을 다하는 동시에, 실행에 어려움을 겪거나 실패할 때 좌절하지 않도록 상호 간에 지지하고 격려하려는 다짐과 노력이 필요하다.

상담 장면에서 학습한 행동이 실생활의 삶에 영향을 미칠 수 있도록, 집단원이 바람직한 대안 행동을 어느 정도 학습하였다면, 집단은 그로 하여금 집단 밖의 문제 상황에 새로 익힌 대안 행동을 조심스럽게 시도해 보도록 도와야 한다. 상담자는 집단원이 그 실행 여부와 실행 결과에 대해서 다음 주 집단에서 보고할 수 있도록 한다.

실행 예보와 결과를 다음 집단에서 보고한다는 사실은 상담자와 집단의 기대에 부응하며, 그 부응에 답하고자 하는 동기를 부여함으로써 집단원의 실천 가능성을 높인다. 집단원의 보고를 들은 상담자와 집단원들은 실행 여부와 결과에 대해서는 충분한 인정과 격려를 해주고, 미비한 점이 있다면 집단에서 다시 논의하고 연습하는 과정을 반복하여 새로운 대안 행동을 완전히 학습할 수 있도록 도울 수 있다.

Red herring 11

감정

우리 삶의 가장 중요한 안내자는 바로 감정입니다. 감정은 단순한 기분이 아니라, 우리 유기체가 효율적으로 생존 문제를 해결하도록 돕기 위해 진화해 온 가장 빠르고 정확한 신호입니다. 감정은 불안, 우울, 분노, 공포 등 여러 가지 모양으로 다가옵니다.

불안은 마음의 경고등입니다. 다가오는 위험을 가장 먼저 감지하여 우리에게 회피하라는 신호를 보냅니다. 불안하다는 것은 곧, 생존을 위한 시스템이 정상 작동 중이라는 뜻입니다.

우울은 중요한 것을 상실했거나, 상실이 예견되는 상황에서 발생하는 깊은 신호입니다. 이는 잠시 멈춰 서서 상실의 무게를 인정하고 내면을 정리할 시간을 요구합니다.

분노는 자신의 정체성과 존엄을 지켜야 한다는 강력한 명령입니다. 화가 나는 상황은 다양하지만, 본질은 같습니다. 자존심에 상처를 입거나 존재 가치를 무시당했을 때 분노를 느낍니다. 이 분노를 조절하기 어려운 것은, 그 안에 자기 자신을 지키려는 강렬한 욕망이 담겨 있기 때문입니다.

공포는 유기체를 보호하기 위해 발달된 원초적 신호입니다. 위험을 감지하면 신체에 활력을 부여하여 그 상황에서 빠르게 벗어나 안전한 곳을 찾도록 본능적으로 이끌어 줍니다.

감정은 이유 없이 결정적으로 발생하는 것이 아닙니다. 모든 감정은 유기체에게 '지금 우리가 가야 할 길'을 신속하게 알려주는 중요한 기능을 가지고 있습니다. 인간은 이성의 동물이기 이전에 감정의 동물인 것입니다. 감정에는 사회적 기능도 있습니다. 감정은 상호 작용을 촉진하고 관계를 창조하거나 유지하며, 때로는 관계를 종료시키는 지시적 기능을 합니다.

미소는 타인과의 관계를 촉진시키는 부드러운 신호입니다.

울음은 타인에게 정서적 지원과 도움을 요청하는 절박한 신호입니다.

우리는 흔히 "감정적으로 반응하지 마라.", "감정에 충실했다가 잘못된 선택을 했다."며 감정을 비난하곤 합니다. 하지만 감정은 이성만으로는 알 수 없는 '감각적인 진실'을 찾아내기도 합니다.

이제 정신 건강에 대한 이야기를 해 봅시다.

흔히 사람들은 정신적으로 건강한 상태를 고요하고 평온한 상태로 오해합니다. 하지만 프로이트가 알았듯이, 우리 모두는 적어도 약간씩은 신경증적입니다. 정신분석에서는 정신 건강이란 개념 자체를 논하지 않습니다. 신경증은 인간 존재의 자연스러운 한 부분이며, 인간이라면 누구나 불안을 경험합니다.

불안한 것은 그 사람이 살아있다는 증거입니다. 정신적으로 건강하다는 것은 갈등과 생존 경쟁으로 인해 괴로운 상태 그 자체가 정상이라는 것을 인정하는 것입니다. 마음이 끊임없이 요동치고 계속 변하는 것이 정상입니다. 충격적 사고를 겪고, 사랑하는 이의 죽음을 지켜보면서 고통을 느끼는 것이 자연스럽습니다. 누군가 죽어가는 과정을 보고도 담담함에 빠져들거나, 안타까운 일이 벌어졌는데도 '나는 책임이 없다.'며 무감각하다면 그것이야말로 비정상입니다.

마음의 변화 과정에서는 당연히 끊임없는 오류가 일어납니다. 오류가 일어나는 것이 정상이지, 완벽한 것이 정상이 아닙니다. 그렇다고 해서 "괴로운 것을 무조건 참고 견뎌라."고 하거나 "고통스러운 감정을 괜찮다고 받아들여라."는 뜻은 결코 아닙니다. 단지, 우리가 '정상의 기준'을 어떻게 규정할 것인가를 묻고 싶을 뿐입니다. 끊임없이 요동치고 갈등하며, 실수하고, 불안해하는 그 모습 자체가 바로 살아있는 인간의 자연스러운 모습이며, 그 모습을 인정하는 것이 진정한 정신 건강의 출발점입니다.

Group Counseling

CHAPTER 12

종결 단계

1 종결 단계의 주요 특징 및 나타나는 현상

2 종결 단계에서 다루어야 할 핵심 과제

3 상담자의 역할

집단상담의 종결 단계는 단순한 끝맺음이 아니라, 집단원들이 집단 경험을 내면화하고 미래의 삶에 연결하는 매우 중요한 과정이다. 흔히 '시작이 반'이라고 하지만, 집단상담에서는 "끝이 좋아야 다 좋다."는 말이 있듯이 종결의 완성도가 집단상담의 전체 효과를 좌우한다. 이 단계는 집단원들이 자신의 문제를 해결하고, 집단의 성과를 확인하며, 긍정적인 변화를 강화하여 당당하게 삶터로 돌아가도록 돕는 마무리 과정이다. 약속한 시간이 되었을 때, 종결 단계는 집단상담을 마주한다. 마치 연극의 막이 내려가듯, 정해진 횟수에 다다름으로써 집단은 필연적으로 끝을 맺는다. 하지만 이 끝은 단순한 마침표가 아니라, 변화를 유발하는 데 결정적인 영향을 끼치는 중요한 순간이다.

상담자는 집단원들이 집단 안에서 깨닫지 못했던 바람직하지 못한 행동 패턴을 올바로 이해하고, 새로운 행동 패턴을 익힘으로써 애초의 목적을 달성했을 때, 비로소 그 집단은 종결의 문턱에 들어섰음을 인지해야 한다. 자신을 진정으로 사랑할 수 있게 되고, 문제적 상황들을 융통성 있게 대처하며, 자신의 가치를 신뢰하고 이를 추구하게 되었다면, 그것이 곧 집단상담을 종결시켜야 할 시점임을 깨달아야 한다.

종결 단계를 오히려 '하나의 출발'로 보라는 말이 있다. 집단원과 상담자 모두가 집단 과정에서 배운 것을 미래의 실제 생활 장면에 어떻게 적용할 것인가를 골똘히 생각해야 한다는 의미다. 마치 도입 단계가 집단의 토대를 다지듯, 이 종결 단계는 집단 과정에서 매우 매우 중요한 위치를 차지한다. 왜냐하면 집단원들은 이 단계에서 자신에 대해 알게 된 것과 관련된 결정을 내리는 데 필요한 인지적인 일에 참여하기 때문이다. 만일 상담자가 이 중요한 단계를 충분히 다루지 못한다면, 집단원들이 집단에서 배운 것을 현실에 사용할 수 있는 기회가 크게 감소한다. 더욱 심각한 일은, 집단원들이 미해결 과제를 안은 채 떠날 수 있으며, 이러한 문제들을 어떻게 종결하고 정리해야 하는지에 대한 아무런 방향도 없이 집단을 나설 수 있다는 점이다.

이러한 종결의 중요성에 비추어, 종결 처리 기간을 얼마나 가져갈 것인가도 중요한 문제다. 종결 단계의 길이는 집단의 유형, 목적, 모임 횟수, 그리고 집단원의 요구에 따라 달라질 수 있으나, 대체로 마지막 1~2회기 정도면 충분하다. 보통 한 회기의 길이가 1시간 30분에서 2시간 정도이고, 집단상담의 전체 회기가 10회에서 12회기일 경우에 이 기준이 해당된다. 중요한 것은 종결 단계가 약속된 시기에 이루어져야 하며, 집단원들이 자신과 타인을 사랑하고 이해할 수 있을 때 종결되어야 한다는 점이다.

매슬로우가 말했듯이, 집단상담의 종결은 성숙된 삶의 기본 태도라고 할 수 있는 자질이 갖춰졌을 때 이루어져야 한다. 곧 자신과 타인에 대한 객관적 이해, 수용적인 태도, 솔직하고 자연스러운 표현을 할 수 있는 준비가 되었을 때 말이다. 따라서 집단상담의 경험은 집단원들이 집단을 종결한 이후에도 주위 사람에 대해 지배나 경쟁보다는 조화를 추구하고, 감정의 발산보다는 절제를 통해 자신의 수양과 성숙을 위해 노력하는 계기가 되어야 한다.

집단의 종결 시에는 집단원들이 집단에서 학습한 것을 실제의 삶에 적용할 수 있어야 한다. 그러나 개인에 따라서는 미해결 과제가 여전히 남아있거나, 혹은 추후에 문제가 재발할 가능성도 있다. 그러므로 상담자는 집단을 떠난 뒤 그들이 직면하게 될 심리적인 문제들을 위해 추가적인 집단상담이나 개인상담의 가능성을 시사해 주는 것이 바람직하다.

상담자는 집단상담의 전 과정에서 집단원들이 각자 행동에 대한 자기 통찰을 향상하도록 끊임없이 훈련시켜야 하지만, 특히 종결 부분에서는 앞으로의 행동 방향에 대하여 주의를 기울이도록 상기시켜야 할 것이다. 이 끝은 곧 새로운 시작이기 때문이다.

1 종결 단계의 주요 특징 및 나타나는 현상

종결 단계가 다가옴에 따라 집단원들에게서는 여러 가지 특징적인 행동과 감정들이 관찰된다. 상담자는 이러한 변화를 종결의 자연스러운 신호로 이해하고 적절하게 다루어야 한다.

● 소극적 참여 및 행동 변화

집단원들은 자신의 핵심 문제가 어느 정도 해결되거나 정리되었다고 느끼면서, 이전 단계(작업 단계)에 비해 자기 노출 빈도가 감소한다.

집단 활동에 대한 에너지와 적극성이 전반적으로 줄어드는 경향을 보인다. 이는 집단에 대한 의존도를 줄이고 독립적인 삶을 준비하는 심리적 이탈의 징후로 볼 수 있다.

● 다양하고 복합적인 감정 다루기

집단의 종료는 집단원들에게 일종의 이별과 상실감을 안겨준다. 집단 내에서 형성했던 안정감, 소속감, 친밀한 관계의 종식에 대한 허전함이나 슬픔이 표출될 수 있다. 때로는 미해결된 문제나 아쉬움, 그리고 종결 자체에 대한 저항의 감정(예 : 집단원 간의 불필요한 갈등 유발, 결석 증가 등)이 나타나기도 한다. 상담자는 집단원들이 이러한 복합적인 이별 감정을 자유롭게 표출하고 건강하게 정리할 수 있도록 안전한 환경을 제공해야 한다. 예를 들어, 집단 후의 뒤풀이나 작은 의례를 통해 감정을 해소하고 관계를 마무리하도록 도울 수 있다.

2 종결 단계에서 다루어야 할 핵심 과제

성공적인 종결을 위해서는 집단원들이 과거의 경험을 통합하고 미래로 나아갈 준비를 할 수 있도록 다음과 같은 과제들을 수행해야 한다.

● 과정 개관 및 정리

집단상담의 전 과정을 되돌아보며 주요 사건, 핵심 학습 내용, 감정적 전환점 등을 객관적으로 정리한다. 상담자 또는 집단원들이 집단 초기의 목표와 현재의 성과를 비교하며 맥락을 부여한다.

● 성장 및 변화 평가

종결 단계에서 집단원 각자의 성장과 변화를 사정해 보는 일이 필수적이다. 따라서 상담자는 집단원들로 하여금 그들의 성장을 집단 시작 시점과 현재를 비교해 살펴볼 뿐 아니라 그것의 적용 가능성도 알아보도록 도와야 된다. 집단원 스스로 집단 참여를 통해 얻은 자신의 성장과 변화를 구체적으로 평가하도록 촉진한다. "내가 집단 전과 후에 달라진 점은 무엇인가?"에 답하게 한다. 집단원들은 서로에게 솔직하고 건설적인 피드백을 주고받으며, 타인이 본 자신의 긍정적인 변화를 확인하여 성과를 강화한다.

예를 들면 상담자는 "이제 집단을 종결할 때입니다. 서로의 집단 경험을 나누어 보기로 합시다. 각자 그동안의 집단 과정에서 의미 있었던 경험 두세 가지를 떠올려 봅시다. 그리고 준비된 집단원들부터 함께 나눠보기로 합시다."라고 말할 수 있다.

이때 상담자가 유의할 점은 집단원들의 경험이 학습 결과를 구체적이고 가시적인 행동 용어로 진술하도록 도와야 한다. 예를 들어 집단원들이 "집단 경험이 참 좋았다." 또는 "많은 것을 얻었다."와 같이 막연하고 일반적으로 진술할 때 상담자는 구체적으로 무엇이 좋았으며 어떤 행동을 학습하였는지에 대하여 의사 확인 또는 질문을 함으로써 도울 수 있다.

● 미래 계획 및 작별 인사

집단을 떠난 후 현실 세계에서 변화된 행동과 태도를 어떻게 유지하고 적용할 것인지에 대한 구체적인 행동 방향에 주의를 기울이도록 상기시킨다. 서로에게 진심을 담아 작별 인사를 나누며 관계를 긍정적으로 종결하고, 필요하다면 연락처 교환 등 사회적 지지망을 확인한다.

참여 단계에서 집단원들이 예기불안을 경험했었다면 종결 단계에서는 이별에 대한 아쉬움을 경험하게 된다. 참여 단계에서 집단원들은 양가감정의 불안과 시작의 공포를 집단에 충분히 표현하도록 요구받듯이 종결 단계에서도 집단을 떠나는 것과 집단에서의 연습이 아닌 현실에서 부딪히면서 경험할 수 있는 두려움과 관심들을 서로 나누도록 격려받게 된다.

집단원에 따라 실제로 집단 경험이 그의 삶에 있어서 매우 특별한 사건이 될 수 있다. 집단에서 형성한 관계가 지금까지 맺어왔던 인간관계 중에서 가장 친근하고 친밀한 관계일 수도 있다. 이러한 집단의 경우 집단의 종결은 특별할 것이다. 특히 집단에서 남다른 의미 있는 경험을 가진 집단원들은 종결의 상실과 슬픔의 감정들이 더 크게 일어날 수 있다.

이처럼 집단에 대한 의미가 큰 집단원들은 집단이 곧 끝날 것이라는 불안과 그 현실을 회피 거부의 형태를 취하는 분리의 감정을 나타낼 수 있다. 따라서 상담자는 이들에 대해 현실을 직면시키고 집단원들로 하여금 이러한 감정들을 표출할 시간적 여유를 주어 상호 간의 아쉬움을 공유하도록 도울 필요가 있다.

상담자는 집단의 종료를 받아들일 수 있게 집단원들에게 “이제 우리의 모임이 끝나가고 있습니다. 지금 여러분은 어떠한 느낌이 드나요? 그리고 이 집단에서 집단원 서로의 관계는 어떠했습니까? 먼저 준비된 집단으로부터 함께 나누도록 합시다."라고 말할 수 있다. 이에 대해 집단원들은 "처음엔 서로 낯설고 어색해서 이 시간을 어떻게 보낼까 걱정을 많이 했지만, 그래서 처음에는 말을 제대로 할 수도 없었지만 그러나 지금은 모두와 친하게 됐다. 이제 집단이 끝나고 헤어져야 한다고 생각하니 허전하고 내가 잘 적응할 수 있을까? 걱정된다." 이런 식으로 자기감정을 표현할 수도 있다. 이때 상담자들은 그 집단원이 다른 집단원과의 분리 감정을 겪고 있음을 이해하고 도움을 줄 수도 있다.

집단원들의 종결에 대한 불안한 감정에 대해 상담자는 "여러분들은 그동안 서로 이해하고 온정적이며 지지적으로 집단 과정에 참여했기 때문에 집단의 장이 아닌 현실의 대인 관계에서도 참여를 잘 할 수 있는 자신감이 생겼으리라고 확신한다."라고 말하며 자신감과 격려를 불어넣어 줄 수도 있다. 이러한 지지는 집단원들에게 집단을 종결하는 데 동반되어 있을 상실과 슬픔과 불안을 감소시키고 자신감을 가지고 집단을 떠날 수 있게 한다.

● 미해결 과제 다루기

종결 단계에서는 집단에서 학습한 내용을 집단 밖에서도 활용할 수 있는 새로운 시작, 즉 집단 경험에서 느꼈던 긍정성을 밖에서 시도해 볼 수 있는 희망을 가지고 떠나도록 돕는 것이 바람직하다.

따라서 상담자는 집단원들이 목표 달성에 미해결된 사항은 없는지를 확인할 필요가 있다. 상담자는 집단원들에게 그동안의 집단 활동에서 마무리 짓지 못한 채 남겨진 과제나 집단원 간의 부정적 감정을 지니고 있는 건 없는지 특히 개인적인 문제를 해결하지 못하여 아쉬운 사람은 없는지를 확인해 보는 것이다. 이때 미해결 과제가 있는 집단원들의 태도는 두 종류로 나누어 볼 수 있다.

첫째, 늦었지만 자기 개방하자는 생각과 둘째, 노출해 보아야 해결하지 못할 테니 접어두자는 생각이다. 가령 자신의 과제가 미해결되어 불충분하다고 생각하여 이 단계에서 노출하려 할 수 있는데, 이 단계에서 미해결 과제를 다룬다는 것은 전체 마무리에 영향을 줄 수도 있다. 그러나 그것을 무시하거나 중단하는 것도 바람직하지 않다. 따라서 상담자는 아쉬워하는 집단원의 마음에 공감해 주고 미흡하다고 생각되는 내용을 이 시기에 충분히 다루지 못하게 됨을 이해시킨다. 하지만 지금 집단이 끝나지만 개별적으로 도와줄 수 있고 또 다른 기관이나 다른 전문가에 의뢰할 수 있음도 공지하여 집단원들이 편안한 마음으로 종결할 수 있도록 도와야 한다.

● 피드백 주고받기

집단원들은 매 회기 피드백을 주고받는다. 하지만 종결 단계의 피드백은 지금까지 관찰해 온 집단원의 행동 변화를 종합적으로 하는 것을 특징으로 한다. 각 회기의 마지막 부분에서는 집단원들로 하여금 느낌 나누기 기회를 제공할 수 있다. 집단 전체에게 하고 싶은 말을 하거나 또는 말하기를 원치 않을 수도 있을 것이다. 이럴 경우 상담자는 꼭 필요한 경우를 제외하고는 반응을 강요하지 않아도 좋다.

상담자는 집단원에게 집단 과정에서 자신이 어떻게 지각했는지 집단이 자신에게 어떤 의미를 지니는지 집단 전체에게 어떤 말을 하고 싶은지를 말하게 할 수 있다. 이 과정에서 어떤 집단원은 피드백을 받고 화를 내며 공격적이 되고 방어적인 태도를 취하기도 한다. 이와 같은 경험은 마음을 상하게 하는 일이 될 수도 있지만 개인의 행동은 변화나 집단의 발전을 위해서는 이와 같은 고통스러운 경험을 필요로 한다. 상대방의 마음을 상하게 하거나 그로부터 거부당할 가능성을 인정하면서도 모험을 하지 않으면 안 된다는 것을 집단원들은 알게 되었다. 그렇기 때문에 정직하고 솔직한 피드백은 화를 내게 할지라도 결국에 그에게 유익을 주게 되므로 상호 간의 친밀감을 증가시키게 되는 것이다.

종결 단계에서의 피드백은 부정적인 것보다는 긍정적인 측면에 초점을 두는 것이 효과적이다. 상대방에 대한 피드백은 칭찬 대 건설적인 비판이 적어도 3:1은

되어야 도움을 줄 수 있다고 한다. 즉 세 번의 칭찬과 한 번의 비판이 되어야 효과적이다.

집단원들이 집단에서 성취한 긍정적인 변화에 대하여 피드백을 함으로써 좋은 감정과 자신감, 희망을 지니고 집단을 종결할 수 있도록 돕는 것이 중요하다. 피드백 방법 중에서 효과적인 방법은 한 집단원을 두고 전체 집단원이 돌아가면서 피드백을 해주는 방법이 있는데, 피드백 받는 집단원은 다른 말은 하지 않고 감사함만 표현하게 한 뒤 종합적으로 요약 반응하도록 하는 형식으로 진행되는 것이 더 효과적이라고 할 수 있다.

3 상담자의 역할

- 자신감과 희망 심어주기

상담자는 종결 단계에서 집단원들이 자신감, 희망, 성취감, 용기를 가지고 집단을 떠나 삶터로 힘차게 복귀할 수 있도록 인도하는 것이 가장 중요하다. 집단상담의 종결 단계에서 상담자는 집단원들이 그동안 성취한 성과와 긍정적인 학습에 대해 진심으로 지지하고 격려해야 한다. 이 시간은 단순히 헤어지는 순간이 아니라, 집단원들이 집단 종결 후에도 성장을 계속할 수 있는 방법을 스스로 찾도록 탐색하게 하는 중요한 과정이다.

상담자는 집단원들에게 성장을 멈추지 않도록 여러 가능성을 열어준다. 예를 들어, 더 많은 경험을 위해 다른 집단에 참가할 수도 있고, 더 깊은 문제가 있다면 개인상담도 받을 수 있음을 알려주어 지속적인 성장에 필요한 활동을 찾아볼 수 있게 돕는다. 하지만 집단을 떠난 후, 집단원들이 곧바로 일상에서 배운 것을 적용하는 데 어려움을 겪을 수도 있다. 현실의 벽에 부딪히면 낙담하기 쉽고, 이는 자칫 집단상담의 효과를 과소평가하게 만들 수도 있다. 집단 내에서는 서로의 지지가 있었지만, 현실에서는 지지적인 환경 없이 새로운 행동을 계속하는 데 어려움을 느낄 수 있기 때문이다. 또한 시간이 지나면 성장을 위한 노력이나 꾸준한 연습이 필요하다는 것을 잊고, 자신이 배운 소중한 내용을 사용하지 않게 될 수도 있다.

이러한 점들을 고려하여, 상담자는 집단 종결 후에도 추후 상담이나 개인상담의 기회를 제공할 수 있음을 알려준다. 또한, 집단의 종결이 끝이 아니라 새로운 '자기이해를 위한 시작'이 될 수 있음을 집단원들에게 인식시키고 따뜻하게 격려해야 한다.

● 긍정적 변화의 강화 및 격려

집단원들이 경험하고 느꼈던 긍정적인 변화와 새롭게 습득한 기술을 다시 한번 명확히 확인시켜 준다. 이러한 긍정적 변화를 일상생활에서 행동으로 옮길 수 있도록 강한 다짐을 격려한다. 종결 단계에서 상담자의 따뜻하고 확신에 찬 격려는 변화 실천을 주저하는 마음을 북돋아주는 결정적인 힘이 된다. 상담자는 집단을 마치기 전, 그동안 자기 성장을 위해 열심히 참여해 준 것에 대해 고마움을 표현한다. 그리고 집단을 통해 많은 성취를 이룩했고, 이번 경험이 집단원들의 새로운 삶을 위한 중요한 계기가 되었음을 진심으로 말해준다. 그러나 집단에서 학습한 것을 자신의 것으로 완전히 만들기 위해서는 지속적인 노력이 필요함을 상기시켜 준다. 또한, 사회에서 학습한 내용을 실행에 옮길 때는 지혜롭게 대처해야 함을 잊지 않도록 언급해 준다.

마지막으로, 지지와 격려의 롤링 페이퍼(Rolling Paper)를 돌리거나, 집단원 모두가 둥글게 서서 한 명씩 차례로 언어적, 비언어적인 반응을 교환하며 진심 어린 작별 인사를 나눈다. 이러한 의식을 통해 집단의 전 과정은 의미 있게 서로를 격려하면서 마무리된다.

상담자는 집단원들로 하여금 학습 결과를 잘 정리하도록 도와줌으로써, 이를 실천하겠다는 의지와 희망을 갖게 해야 한다. 그리고 무엇보다 집단상담 경험에 대한 긍정적인 시각을 가지고 힘차게 떠날 수 있도록 도와주는 것이 상담자의 마지막이자 가장 중요한 역할이다.

● 추수 지도(Follow-up) 및 지속적 지원 계획

집단에서 시간 부족 등으로 깊이 있게 다루지 못한 문제가 있거나, 집중적인 개입이 더 필요한 집단원에게는 주저하지 않고 개인상담을 권유하거나 전문 상담자를 신뢰롭게 소개해 준다.

또한 상담자는 추후에 개설될 심화 집단상담이나 새로운 집단의 기회와 상세 정보를 알려주어, 집단 경험을 통해 촉발된 변화가 지속되기를 기대하는 차후 효과(추수 효과)를 높인다.

집단상담은 끝이 좋아야 다 좋다는 말처럼, 시작뿐만 아니라 마무리가 가장 중요하다. 만약 종결 단계를 흐지부지하거나 감정적으로 처리하지 못하고 급하게 끝낸다면, 집단원들은 미완의 과제를 안고 떠나게 되어 집단 경험 전체의 효과를 반감시킬 수 있다.

상담자는 이 종결 단계를 통해 집단의 성과를 확실히 다지고, 집단원들이 스스로의 힘으로 성장하고 발전할 수 있는 지속적인 계기를 만들도록 인도해야 한다.

Red herring 12

눈 위에서 차 바퀴가 미끄러질 때

'레드 헤링(Red herring)' 꼭지를 무라카미 하루키로 시작했으니 무라카미 하루키로 끝내려 합니다. 하루키는 섬뜩한 진실을 말합니다. "우리는 삶의 과정에서 진실한 자신의 모습을 조금씩 발견하게 되지만, 발견할수록 자기 자신을 상실해 간다."

복잡한 인간의 마음은 '옳은 말' 몇 마디로 쉽게 변하지 않습니다. 우리는 누군가를 작정하고 설득하려고 덤벼들면, 오히려 그 시도가 통하지 않는다는 것을 경험으로 잘 알고 있습니다. "내 말 좀 들어라! 내 말이 맞다!" 결국 이렇게 시작된 대화는 높은 확률로 "네가 뭔데 이래라저래라 하느냐?"는 감정적인 말싸움으로 끝나기 일쑤입니다.

우리는 타인의 생각, 믿음, 태도, 행동을 바꾸려는 의도를 설득이라고 부릅니다. 설득이라는 이름을 붙이지 않더라도, 우리는 끊임없이 상호 작용하며 다른 사람의 마음을 바꿔 놓으려 합니다. 그러나 토론이나 논쟁에서 어느 쪽도 논리적 추론에 따라 자신의 생각을 바꾸지 않는 것처럼, 아무리 옳은 말이라도 타인이 자신에게 강요당한다는 느낌이 들면, 상대방은 오히려 그 주장에 반박하고 싶은 마음이 더 강해집니다.

가장 흔한 예가 바로 '술 마시지 말라.'는 잔소리입니다. 잔소리를 들을수록 술을 마시고 싶은 마음이 더 커집니다. 심리학에서는 이를 심리적 역반응(Psychological Reactance)이라고 부릅니다.

사람은 자신의 개인의 자유가 침해되고 도전받는다고 느끼면, 오히려 그 나쁜 행동에 대한 매력이 커져서 그 행동을 하고 싶은 충동이 강하게 생깁니다. 금지할수록 더 하고 싶어지는 이 역설적인 심리는 우리의 행동을 지배합니다.

결국, 사람에게는 정서 우선주의가 작동합니다. 감정을 배제한 채 오직 옳은 말(이성)에만 의지하면, 다른 사람의 마음을 변화시킬 수 없을 뿐만 아니라, 의도와는 상관없이 관계가 악화될 수도 있습니다.

사람은 '생각한 뒤' 변하는 것이 아니라, '느낀 뒤에' 변합니다. 불확실하고 모호하며 예측할 수 없는 상황일수록 우리는 생각보다 느낌(감정)에 더욱 의존하게 됩니다. 누군가와 적대적인 관계라면, 상대가 아무리 옳은 말을 하더라도 그 말에 맞춰 자신의 생각을 바꿀 가능성은 희박합니다. 부정적 감정이 지배적인 순간에는 이성, 논리, 분석에 따른 옳은 말은 아무런 힘을 발휘하지 못합니다.

우리 안에는 교정 반사(Correctional Reflex)라는 본능적인 정서가 있습니다. 무언가 잘못되거나 일이 틀어지는 것을 보면, 반사적으로 옳은 말을 사용해서 그것을 지적하고 고치려고 하는 충동입니다. 그러나 다른 사람과의 관계를 개선하고 싶다면, '옳은 말로 상대를 바로잡아야겠다.'는 마음을 먼저 억눌러야 합니다.

눈 위에서 차 바퀴가 미끄러질 때를 생각해 봅시다. 차를 더 미끄러지지 않게 하려면, 미끄러지는 그 방향으로 핸들을 돌려야 합니다. 그래야 차를 다시 도로로 돌아오게 할 마찰력이 생깁니다. 다른 사람의 미끄러지는 마음을 바로잡기 위한 원리도 이와 다르지 않습니다.

상대방이 비록 잘못된 방향으로 미끄러지는 것 같더라도, 일단은 미끄러지는 그 방향(상대방의 마음)으로 함께 핸들을 돌려주어야 합니다. 그래야 그 사람의 마음을 다시 돌아오게 할 마찰력(신뢰와 공감)이 생깁니다. 상대를 옳은 말로 '옳게' 만들려고 너무 애쓰면 오히려 관계에 사고가 날 뿐입니다.

이 말은 반드시 기억해야 합니다. "지식은 행동을 변화시키지 못한다." 자신의 지식과 직업에 정면으로 위배되는 삶을 사는 사람들을 보십시오. 정신 나간 정신과 의사, 비만 상태의 의사, 이혼한 결혼 상담 전문가의 존재는 지식이 행동을 바꾸지 못한다는 씁쓸한 증거입니다.

결국, 상대방의 마음을 바꾸고 싶다면, 당신의 논리 대신 그들의 감정에 먼저 다가가야 합니다. 이해와 공감이라는 마찰력이 생겨난 뒤에야 비로소 상대는 스스로 핸들을 돌릴 준비를 시작합니다.

Group Counseling

참고 문헌

참/고/문/헌

강진령 (2011). 집단상담의 실제. 서울: 학지사.

권경인, 김창대 (2008). 대가에게 배우는 집단상담. 서울: 학지사.

김경희 (2014). 집단상담 사례연구. 서울: 양서원.

김경희 (2018). 집단상담의 실제: 학교와 상담현장. 서울: 양서원.

김계현 (2000). 상담심리학 연구 II: 집단상담과 집단치료. 서울: 한국가이던스.

김계현 (2005). 집단상담의 발달단계와 리더의 과제. 서울: 시그마프레스.

김계현 (2011). 집단상담의 실제. 서울: 시그마프레스.

김나래 (2016). 자아존중감 향상을 위한 집단상담. 서울: 양서원.

김영희 (2010). 학교상담자를 위한 집단상담. 서울: 학지사.

김인규 (2012). 집단상담 평가와 연구. 서울: 법문사.

김자영 (2019). 놀이치료 집단상담. 서울: 학지사.

김정규 (2013). 집단상담. 서울: 양서원.

김정규 (2019). 집단상담(개정판). 서울: 양서원.

김창대 (2017). 집단상담자 발달과 전문성. 서울: 학지사.

김춘경 (2009). 집단상담의 기초와 실제. 서울: 학지사.

김태경 (2016). 집단상담: 과정과 기법. 서울: 양성원.

김혜란 (2009). 집단상담 프로그램 개발의 실제. 서울: 학지사.

김혜란, 김광수 (2008). 집단상담의 기초. 서울: 학지사.

노안영 (2011). 집단상담 이론과 실제. 서울: 학지사.

노안영 (2003). 집단상담의 이론과 기법. 서울: 학지사.

박성희 (2012). 집단상담의 실제와 적용. 서울: 학지사.

박순용 (2015). 집단과정과 집단상담. 서울: 동문사.

박은혜 (2012). 학교 집단상담의 실제. 서울: 동문사.

박지원 (2005). 집단상담 프로그램 개발과 평가. 서울: 학지사.

박지원 (2012). 청소년 집단상담 프로그램의 실제. 서울: 학지사.

박지현 (2015). 상담수련생을 위한 집단상담 훈련. 서울: 학지사.

배성은 (2019). 집단상담의 리더십과 기법. 서울: 학지사.

서미옥 (2018). 집단상담과 집단 역동. 서울: 시그마프레스.

손정선 (2014). 집단상담의 이해와 적용. 서울: 양서원.

신성만 (2007). 집단상담의 과정과 개입전략. 서울: 동문사.

양승민 (2014). 집단상담의 이론적 쟁점들. 서울: 학지사.

오상우 (2011). 집단상담 슈퍼비전. 서울: 학지사.

유미경 (2015). 진로집단상담 프로그램의 개발과 운영. 서울: 학지사.

윤성혜 (2018). 미술치료 집단상담의 이론과 실제. 서울: 학지사.

이가영 (2017). 부부 · 가족 집단상담의 실제. 서울: 학지사.

이선혜 (2010). 집단상담의 이해. 서울: 교육과학사.

이수민 (2014). 정서조절을 위한 집단상담 프로그램. 서울: 학지사.

이수연 (2013). 대학생 집단상담의 이론과 실제. 서울: 학지사.

이수현 (2004). 집단상담자의 역할과 리더십. 서울: 학지사.

이영주 (2017). 집단상담의 실제: 단계 · 기법 · 사례. 서울: 시그마프레스.

이영희 (2009). 집단상담의 윤리와 전문성. 서울: 학지사.

이장호 (1993). 집단과 집단상담. 서울: 법문사.

이장호, 이수현, 김인규 (1997). 집단상담의 이론과 실제. 서울: 법문사.

이진화 (2020). 인지행동 집단상담 프로그램. 서울: 학지사.

이현림 (2002). 집단상담의 이해와 실제. 서울: 동문사.

이현림 (2012). 집단상담의 이론과 실제. 서울: 동문사.

장성숙 (2018). 집단상담의 윤리와 법적 쟁점. 서울: 학지사.

장현숙 (2013). 대인 관계 향상 집단상담. 서울: 동문사.

정남운 (2013). 집단상담의 실제와 평가. 서울: 학지사.

정미경 (2011). 아동 · 청소년 집단상담. 서울: 학지사.

조성호 (2013). 집단상담. 서울: 공동체.

최규련 (2016). 집단상담의 발달이론과 적용. 서울: 학지사.

최은숙 (2015). 집단상담: 이론과 실제. 서울: 학지사.

한상미 (2020). 대학생 집단상담 사례와 프로그램. 서울: 양서원.

한영란 (2011). 집단상담과 집단치료. 서울: 동문사.

Agazarian, Y. M. (1997). *Systems-Centered Therapy for Groups*. New York, NY: Guilford Press.

Bauman, S. (2011). Group Leader Style and Functions. In J. L. DeLucia-Waack et al. (Eds.), *Handbook of Group Counseling and Psychotherapy*. Thousand Oaks, CA: Sage.

Brabender, V. (2011). Group Development. In J. L. DeLucia-Waack et al. (Eds.), *Handbook of Group Counseling and Psychotherapy*. Thousand Oaks, CA: Sage.

Brabender, V., Fallon, A., & Smolar, A. I. (2004). *Essentials of Group Therapy*. New York, NY: Wiley.

Brown, N. W. (2011). Group Leadership Teaching and Training. In J. L. DeLucia-Waack et al. (Eds.), *Handbook of Group Counseling and Psychotherapy*. Thousand Oaks, CA: Sage.

Brown, N. W. (2011). *Psychoeducational Groups: Process and Practice* (3rd ed.). New York, NY: Routledge.

Burlingame, G. M., Fuhriman, A., & Johnson, J. E. (2004). Process and Outcome in Group Counseling and Psychotherapy. In J. L. DeLucia-Waack et al. (Eds.), *Handbook of Group Counseling and Psychotherapy*. Thousand Oaks, CA: Sage.

Chen, E. C., Kivlighan, D. M., & Gelso, C. J. (2001). *Group Leadership Skills: Interpersonal Process in Group Counseling and Therapy*. Pacific Grove, CA: Brooks/Cole.

Corey, G. (2016). *Theory and Practice of Group Counseling* (9th ed.). Boston, MA: Cengage Learning.

Corey, G., Corey, M. S., & Corey, C. (2018). *Groups: Process and Practice* (10th ed.). Boston, MA: Cengage Learning.

Corey, M. S., Corey, G., & Haynes, R. (2014). *Groups in Action: Evolution and Challenges* (Workbook). Belmont, CA: Brooks/Cole.

DeLucia-Waack, J. L., Kalodner, C. R., & Riva, M. T. (2004). *Handbook of Group Counseling and Psychotherapy*. Thousand Oaks, CA: Sage.

Fehr, S. S. (2003). *Introduction to Group Therapy*. New York, NY: Haworth Press.

Forsyth, D. R. (2011). The Nature and Significance of Groups. In J. L. DeLucia-Waack et al. (Eds.), *Handbook of Group Counseling and Psychotherapy*. Thousand Oaks, CA: Sage.

Forsyth, D. R. (2014). *Group Dynamics* (6th ed.). Belmont, CA: Wadsworth.

Foy, D. W., Eriksson, C. B., & Trice, G. A. (2011). *Group Therapy for Trauma*. New York, NY: Guilford Press.

Gladding, S. T. (2011). Creativity and Spontaneity in Groups. In J. L. DeLucia-Waack et al. (Eds.), *Handbook of Group Counseling and Psychotherapy*. Thousand Oaks, CA: Sage.

Gladding, S. T. (2015). *Groups: A Counseling Specialty* (7th ed.). Upper Saddle River, NJ: Pearson.

Hage, S. M., et al. (2011). A Social Justice Approach to Group Counseling. In J. L. DeLucia-Waack et al. (Eds.), *Handbook of Group Counseling and Psychotherapy*. Thousand Oaks, CA: Sage.

Kivlighan, D. M., et al. (2011). Therapeutic Factors in Group Counseling: Asking New Questions. In J. L. DeLucia-Waack et al. (Eds.), *Handbook of Group Counseling and Psychotherapy*. Thousand Oaks, CA: Sage.

Kline, W. B. (2003). *Interactive Group Counseling and Therapy*. Upper Saddle River, NJ: Merrill/Prentice Hall.

Leddick, G. R. (2011). The History of Group Counseling. In J. L. DeLucia-Waack et al. (Eds.), *Handbook of Group Counseling and Psychotherapy*. Thousand Oaks, CA: Sage.

MacKenzie, K. R. (1997). *Time-Managed Group Psychotherapy*. Washington, DC: American Psychiatric Press.

Malekoff, A. (2014). *Group Work with Adolescents: Principles and Practice* (3rd ed.). New York, NY: Guilford Press.

Marmarosh, C. L., & Van Horn, S. M. (2011). Cohesion in Counseling and Psychotherapy

Groups. In J. L. DeLucia–Waack et al. (Eds.), *Handbook of Group Counseling and Psychotherapy*. Thousand Oaks, CA: Sage.

McClendon, D. T., & Burlingame, G. M. (2011). Group Climate: A Construct in Search of Clarity. In J. L. DeLucia–Waack et al. (Eds.), *Handbook of Group Counseling and Psychotherapy*. Thousand Oaks, CA: Sage.

Mckenzie, J. F., & Smeltzer, J. L. (2001). Planning, Implementing, and Evaluating Health Promotion Programs: A Primer (group work chapters). Boston, MA: Allyn & Bacon.

McWhirter, J. J., et al. (2011). International Group Counseling. In J. L. DeLucia–Waack et al. (Eds.), *Handbook of Group Counseling and Psychotherapy*. Thousand Oaks, CA: Sage.

McWhirter, J. J., McWhirter, B. T., McWhirter, A. M., & McWhirter, E. H. (2012). *Group Counseling: Strategies and Skills*. New York, NY: Routledge.

Newmeyer, M. D. (2011). Group Techniques. In J. L. DeLucia–Waack et al. (Eds.), *Handbook of Group Counseling and Psychotherapy*. Thousand Oaks, CA: Sage.

Page, B. J. (2011). Online Groups and Distance Counseling. In J. L. DeLucia–Waack et al. (Eds.), *Handbook of Group Counseling and Psychotherapy*. Thousand Oaks, CA: Sage.

Page, B. J. (2011). Online Groups. In J. L. DeLucia–Waack et al. (Eds.), *Handbook of Group Counseling and Psychotherapy*. Thousand Oaks, CA: Sage.

Rapin, L. S. (2011). Ethics, Best Practices, and Law in Group Counseling. In J. L. DeLucia–Waack et al. (Eds.), *Handbook of Group Counseling and Psychotherapy*. Thousand Oaks, CA: Sage.

Riva, M. T. (2011). Supervision of Group Counseling. In J. L. DeLucia–Waack et al. (Eds.), *Handbook of Group Counseling and Psychotherapy*. Thousand Oaks, CA: Sage.

Riva, M. T., & Korinek, A. W. (2004). *Group Counseling and Psychotherapy: Teaching, Research, and Practice*. Boston, MA: Houghton Mifflin.

Rutan, J. S., Stone, W. N., & Shay, J. J. (2013). *Psychodynamic Group Psychotherapy* (5th ed.). New York, NY: Guilford Press.

Schopler, J. H., & Galinsky, M. J. (1993). *Support Groups as Open Systems: A Model for Practice and Research*. New York, NY: Haworth Press.

Shapiro, J. L. (2011). Brief Group Treatment. In J. L. DeLucia-Waack et al. (Eds.), *Handbook of Group Counseling and Psychotherapy*. Thousand Oaks, CA: Sage.

Silverman, P. R. (2011). Mutual Help Groups: What Are They and What Makes Them Work? In J. L. DeLucia-Waack et al. (Eds.), *Handbook of Group Counseling and Psychotherapy*. Thousand Oaks, CA: Sage.

Toseland, R. W., & Rivas, R. F. (2017). *An Introduction to Group Work Practice* (8th ed.). Boston, MA: Pearson.

Trotzer, J. P. (2011). Personhood of the Leader. In J. L. DeLucia-Waack et al. (Eds.), *Handbook of Group Counseling and Psychotherapy*. Thousand Oaks, CA: Sage.

Waldo, M. (2011). Prevention Groups. In J. L. DeLucia-Waack et al. (Eds.), *Handbook of Group Counseling and Psychotherapy*. Thousand Oaks, CA: Sage.

Ward, D. E. (2011). Definition of Group Counseling. In J. L. DeLucia-Waack et al. (Eds.), *Handbook of Group Counseling and Psychotherapy*. Thousand Oaks, CA: Sage.

Yalom, I. D. (1983). *Inpatient Group Psychotherapy*. New York, NY: Basic Books.

Yalom, I. D., & Leszcz, M. (2005). *The Theory and Practice of Group Psychotherapy* (5th ed.). New York, NY: Basic Books.

저/자/소/개

조 윤

현) 서정대학교 사회복지상담과 교수

조윤 교수는 학부에서 철학과 신학을 전공하며 인간 존재의 근원적 의미와 삶의 본질적 가치를 탐구하였습니다. 이문재 시인의 시구처럼 '함부로 길 나서 길 너머를 그리워하는' 20대를 보내다가 문득 빈집 같은 인간의 마음에 관심이 옮겨가 연세대학교와 가톨릭대학교 대학원에서 상담심리학을 전공하며 인간의 마음과 행동을 헤아려 보고자 하였습니다.

대한민국 공군 군종상담실장으로 활동하였고 공군대학에서 상담의 여러 과정을 경험하고 가르쳤습니다.

2021년부터 서정대학교 사회복지상담과에서 사회복지사를 꿈꾸는 학생들과 더불어 존재에 대한 인문학적 숙고와 영성적 통찰, 그리고 사회복지 현장에서 상담심리학의 실천적 기법을 융합하여 인간에 대한 깊은 이해와 따뜻한 시선을 전하고자 애쓰고 있습니다.

지은 책으로는 '내 영혼의 푸른 숲', '흔들리지 않는 자가 흔들리지 않는 것을 본다'와 서정대학교 교수님들과 더불어 집필한 '인간행동과 사회환경', '사회복지실천기술론', '상담심리학'이 있습니다.

집단상담

초 판 1쇄 인쇄 2026년 2월 20일
초 판 1쇄 발행 2026년 2월 27일

지 은 이 | 조 윤
펴 낸 이 | 김기섭
편 집 인 | 이윤희
펴 낸 곳 | 창지사 www.changjisa.com
08589 서울시 금천구 가산디지털 1로 83 파트너스타워 1차 9층
전화 (02)719-2211~3
팩스 (02)701-9386
등 록 | 1977년 4월 28일 · 제1-421호

ISBN 978-89-426-1978-8 (93330)

값 25,000원